艺术鉴藏丛书

范景中　主编

# 闲居与雅玩

## 明代吴地书画收藏世家研究

王照宇　著

中国美术学院出版社

# 目　录

# 明代文徵明家族古书画鉴藏研究

明嘉靖十五年（1536）五月二十日，文徵明的长兄文奎亡故，文徵明（图 1）为之撰写了《亡兄双湖府君墓志铭》，铭文篇首如许写道：

府君讳奎，字徵静。后以字行，别字静伯。有田在阳城、沙湖之间，因号双湖居士。吾文氏自庐陵徙衡山，再徙苏，占数长洲。高祖而上，世以武胄相承。至曾大父存心府君讳惠，始业儒，教授里中。先大父讳洪，始登科为涞水教谕。后以先君升朝，追赠太仆寺丞。继以叔父中丞贵，加少卿。先君讳林，起进士，仕终温州知府。[1]

文家先辈世以武胄相承，真正业儒事文应从文徵明的曾祖父文惠（1399—1468）开始，尤以其父文林在 1472 年，叔父文森在 1478 年双双高中进士为转折点，开启了一个世代业儒的家族。严格意义来讲，往往世代业儒崇文的家族才会去从事真正意义上的书画收藏，虽然明清时期，江南地区几乎所有的文人都曾多多少少染指过古书画的收藏，如朱存理，一生贫穷如洗，却也收藏古代典籍书画。[2] 文徵明家族究竟何时开始收藏古代书画，我们从传世的书画作品和相关文献中都没有找到文徵明父辈文林（1445—1499）和文森（1462—1525）关于书画的文字，仅知其祖曾从龙游一不知名的士绅手中购得一帧王献之的法书《地黄汤帖》：“子敬地黄汤帖一纸，后有‘秋壑’印文，三桥跋谓

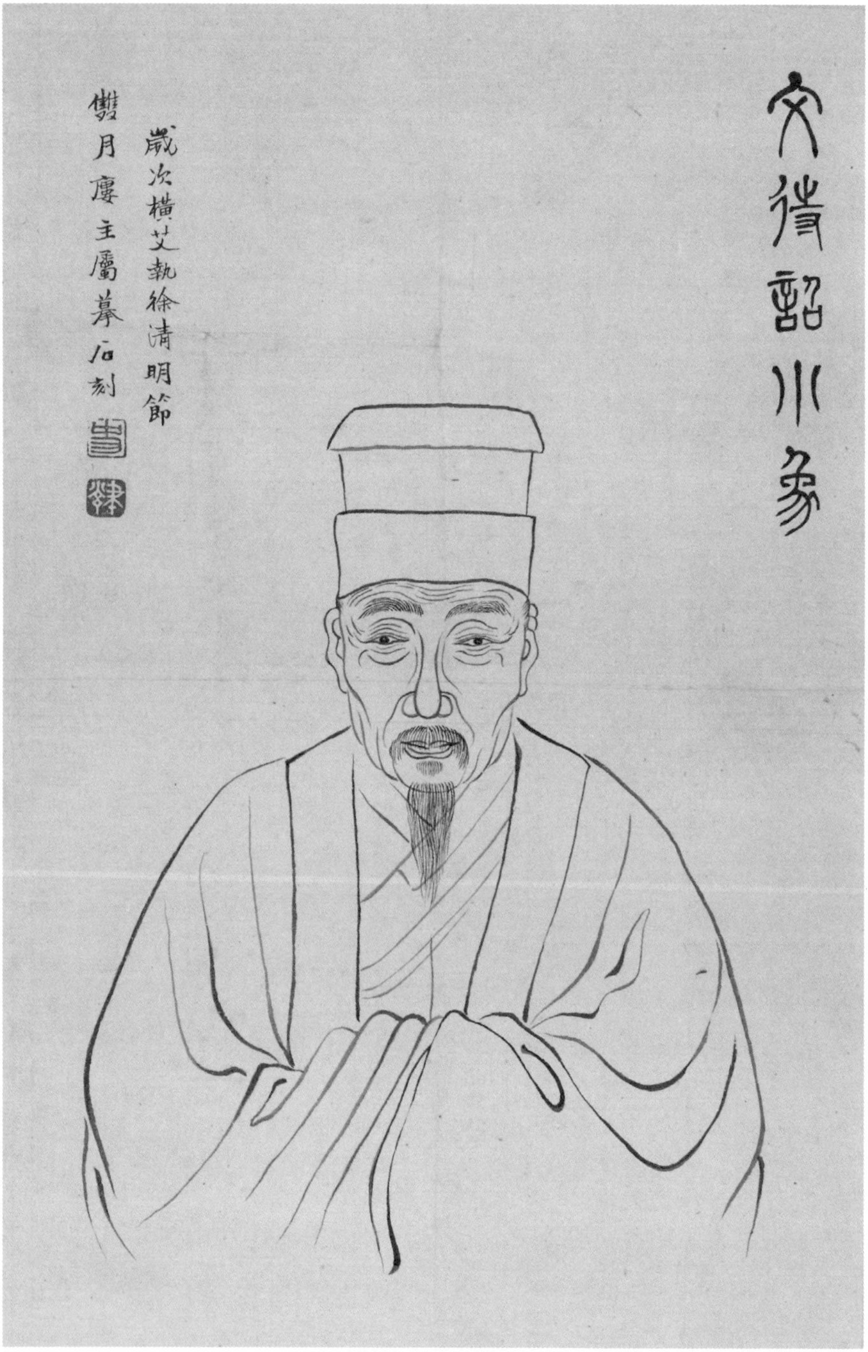


图1　史聿光《文徵明小像》纸本　35.8cm ×21cm　无锡博物院藏

其祖得之龙游士绅家。衡山先生每以自随，王雅宜见而健羡，乃归之。及雅宜殁，复归文氏三桥，称为唐钩之最佳者。余细玩之，笔意全是米老，知为海岳临本，又如右军东山松帖，乃米老书。”[3] 王献之的这帧《地黄汤帖》原本早已佚，现存墨迹是唐人摹本，纵 25.3 厘米，横 24 厘米，六行，四十四字，现藏日本东京台东区立书道博物馆。（图 2）文彭在书帖贉纸后的题识中说：“右唐摹晋王献之地黄汤帖，盖先曾祖从学龙游，得之于一士大夫之家，传之先君”，可知，该书帖是文徵明的祖父文洪（1461 年左右在世）得之于浙江龙游。有意味的是，《地黄汤帖》和《东山松帖》二帖均曾藏于文家，二帖面貌却并不完全相同，《东山松帖》的用笔具有明显的宋人特点，《地黄汤帖》的笔划流畅娴熟，应该晚于《东山松帖》。在安岐以前，《东山松帖》上一枚罕见的“文徵明”印章[4]就已有著录，[5]而且清人对于米芾临本的论断也深信不疑，实际上这枚“文徵明”白文方印极为罕见，其真伪待考。

此外尚有文林收藏的赵孟頫《临智永真草千字文》和赵雍《临李公麟马图》：

古今人书千文甚多，如赵魏公，此卷尤秀润可贵者，按方正学跋语，宋舍人仲珩尝评此以为公中年得意笔。仲珩为国初书家第一手，其言如此，岂待他人言哉？此卷初为临海叶夷仲惠仲之物，今文太仆宗儒得之，太仆之子壁好文而能书，必有以识其妙也。[6]

文中的“文太仆宗儒”，即文徵明之父文林，赵孟頫的这卷《临智永真草千字文》，原系叶见泰旧藏，[7]后归文林。“予尝观唐陈闳马图，叹其精绝，今见仲穆临李伯时之作，真能继之。至于胡人牵马，尤极其态，所谓心合意会，又不止于云满身者，此图仲穆写寄其弟奕者，后入昆山顾仲瑛家，今为文待御宗严得之。”[8]文待御宗严，即文徵明的叔父文森，赵雍的《临李公麟马图》原系顾仲瑛家藏之物，后归文

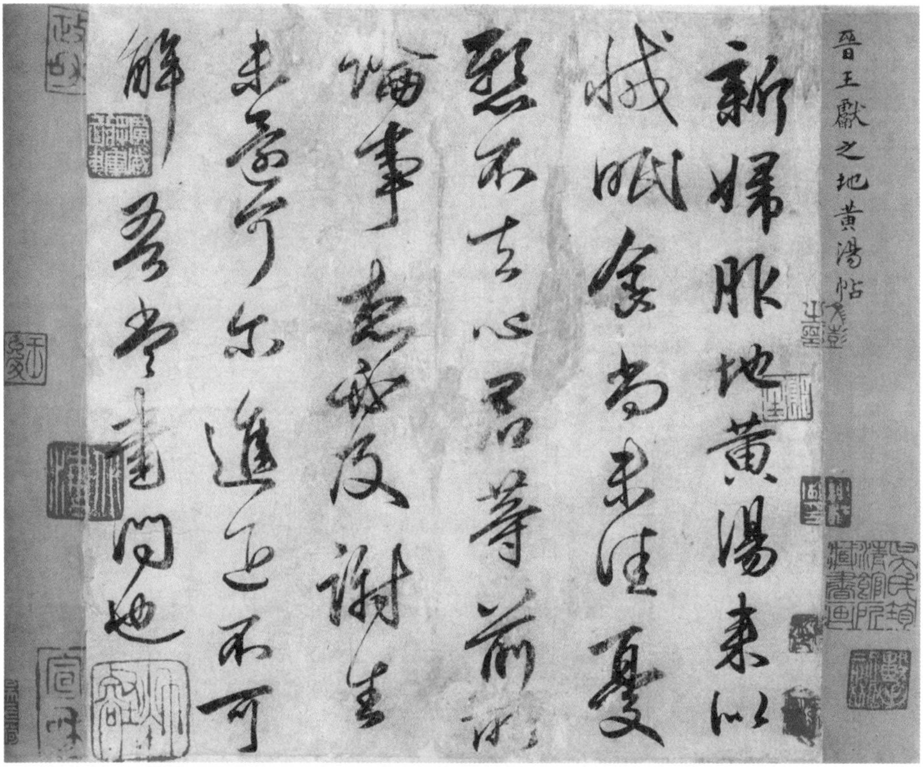

图2 ［晋］王献之《地黄汤帖》摹本　纸本　25.3cm×24cm　日本东京台东区立书道博物馆藏

森。根据这几件藏品的收藏情况，我们可以大抵推测出文家的收藏当始自文徵明的祖父文洪，以及父辈文林和文森，其时间约在15世纪中晚期至16世纪初期，但都不成规模。自文洪开始，文家的收藏习尚一直延续到文徵明的曾孙辈，如清初的文从简（1574—1648）就曾继续使用其祖上的收藏章“停云”和“悟言室印”等，构建了一个前后延续六代人计约二百余年的收藏世家。

万历年间著名书画鉴藏家詹景凤（1532—1602）《东图玄览》卷二记载了文徵明买卖书画的一件轶事：

乙酉（1585）长安灯市，予同沈太常纯甫往，见唐伯虎一细绢小幅山水，学王摩诘，笔墨精雅，不着色，上有文徵仲题诗，伯虎复自题。又有吴仲圭一小幅墨菜，傍有倪元镇七言绝句诗，上又有黄子久题百余字，皆真。予助纯甫购得之。其年秋，莫廷韩入京，纯甫以示廷韩，廷韩谓为伪作，纯甫即以赠其故人。予昔闻云间莫廷韩、顾汝和、修和三人，赏识并具大法眼，而廷韩二画则如此。汝和于丁丑年灯市自买二巨幅刘松年，大喜，夸示友人，以为奇货。予闻，急从借观，不但赝而浊俗。汝和问："何为赝？"予具道所以，乃大服。余因语汝和："以伯兄之精赏而买赝物，何也？"汝和笑曰："岂唯弟也，如文太史，非吾乡所谓法眼示者耶？太史曾买沈启南一山水幅悬中堂，予适至，称真。太史曰：'岂啻真而已？得意笔也。'顷以八百文购得，岂不便宜？时予念欲从太史乞去，太史不忍割。既辞出，至专诸巷，则有人持一幅来鬻，如太史所买者，予以钱七百购得之。及问，鬻予太史亦此人也。问以语太史，太史好胜，卒不服，太史且然。"兄何少弟之失二画哉？予谓人称赏识而每每于辨真赝失之，必具瞪观率易。又自恃精赏，不一一与精求乃尔耳。故予每见一书一画，必从容借观，展阅数番，熟视详订，凝神注精其内，若身与昔人接，心与昔人洽，了了无复疑，乃始品陟称鉴定。即予聪明不逮人，庶几以精研胜，遍于天下名家所藏，恐十未失一也。"[9]

写此文时，詹景凤已五十三岁，此时的他已过目古物书画无数，鉴定经验极为丰富，眼力自是过人，对鉴定之道自然有着透彻的理解。文中可知文徵明不仅参与书画买卖，而且对于自己的鉴定水平亦十分自负。

隋人书《出师颂》传世有"宣和本"和"绍兴本"两个本子，2003 年 7 月故宫博物院斥 2200 万元人民币巨资从嘉德拍卖公司收购了其中的"绍兴本"（纸本，纵 21.2 厘米，横 127.8 厘米）。（图 3）对于这两个本子，安岐认为它们"是晋是隋，俱不失为神妙之迹"，"余窃谓二迹皆自幼安临出，特绍兴之所入者佳，而宣和之所藏当小次耳"，[10] 安岐认为"绍兴本"优于"宣和本"，而后者就曾经文家收藏，[11] 乃是“文寿承于都下买得，数年后以七十金售与项元汴”，[12] 惜此本已佚。

另外，文家的藏品亦有部分来自文徵明的业师沈周，《东图玄览》载:“文休承家藏梅花道人古松，根盘绝壁，诘曲轮困，下架石峰，而枝复上青天，其势如龙。笔法古劲，下有数石峰，峰下作大棘刺乱叶，墨汁淋漓，原沈石田家物。”[13]沈家和文家在藏品上的来

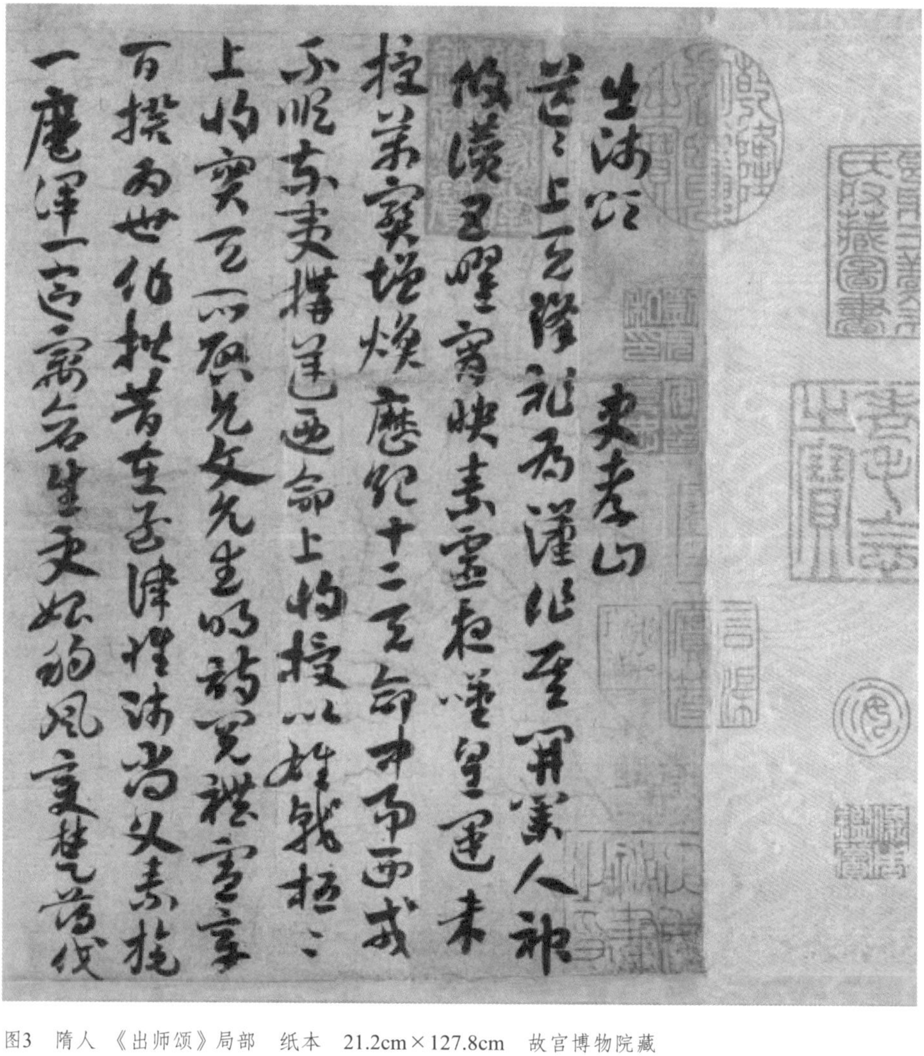

图3　隋人《出师颂》局部　纸本　21.2cm×127.8cm　故宫博物院藏

往，肯定不止此一件，限于文献限制，我们无法在数量上进行推测。还有一部分藏品则来自藏家们彼此之间的书画交换，如原藏朱存理之手的《米芾临虞世南汝南公主墓志铭》墨迹，就是文徵明用家藏的《孔子庙碑》换来的。[14]据刘金库先生研究，嘉兴的项元汴家族和文家在藏品上的来往最多，项家的许多藏品就直接来源于文家。[15]惜文家未有收藏著录存世，我们对其藏品的具体情况也难以了解清楚。谢巍认为文徵明的《甫田集》"所载其过目之古书画名迹，已有百数，若计成化、弘治、正德、嘉靖四朝诸名家书画，当有数百。其于嘉靖二年至五年在翰林待诏任上，内府所藏亦必有过目者，以及收藏家、好事者送请鉴赏亦不少。且其家于嘉靖年间搜求书画不遗余力，所刻《停云馆帖》已可见收藏法书之富"。[16]实际上，《停云馆帖》中的法书墨迹主要来自苏州及周边地区藏家的收藏，而非文家自藏，这一点已有学者指出。[17]由是，我们大抵可以归纳出文家书画收藏的三个途径：祖上庋藏（数量极少）、市场购得、师友之间的相互交换与买卖（数量最多）。（图4）

诸多文献都曾记载文徵明是一个极为勤奋的人，他不仅勤于研习书画，而且经常参与书画鉴藏的实践活动，当时吴地的许多书画家、收藏家以及文人士大夫等都曾聘请他鉴定家藏书画，[18]诸如沈周、唐寅、华夏、[19]项元汴、聂双江、[20]陆宗瀛、[21]沈润卿、[22]史明古、[23]黄应龙、[24]邹光懋、[25]张鳌山、[26]张秉道、[27]王直夫等，[28]这些文人士大夫，或在朝为官，或耽于书画，他们大多不是专门的私人藏家，文徵明和他们相互交游酬唱，并将部分寓目过的书画藏品记录下来，留下了自己的鉴考意见，它们主要集中在文氏的书画著作和大量古书画作品上的题识文字之中，构成了后世学人研究文氏鉴考古书画的重要文献。

收藏的前提是善鉴，也就是得有一双"具眼"。有明一代，文徵明就获得了"大法眼"和"具眼"的美誉，詹景凤曾在其《东图玄览》一书中记载了这么一段对话：

图4 旧拓《停云馆帖》（局部）
纸本 21.5cm×11cm（每开）
无锡博物院藏

项（按：即项元汴）因谓余，今天下谁具双眼者？王氏二美（按：即王世贞、王世懋兄弟）则瞎汉，顾氏二汝（按：即顾汝和、顾汝修兄弟，嘉靖时期人）眇视者尔。唯文徵仲具双眼，则死已久。今天下谁具双眼者？意在欲我以双眼称之，而我顾徐徐答曰："四海九州岛如此广，天下人如此众，走未能尽见天下贤俊，乌能尽识天下之眼。"项因言："今天下具眼唯足下与汴耳。"余笑曰："卿眼自佳。"乃走，则不忍谓己独有双眼，亦不敢谓人尽无双眼。嗟夫，赏识亦难矣，一荆璞也，此以为宝，彼以为石。一燕石也，彼以为宝，此以为石，然独一物耳。"[29]

项元汴（1525—1590）看似狂人诳语，实却言之成理，因为他原本就是明代最大的商人收藏家和鉴定家。[30] 严格来讲，有明一代的书画鉴藏界，收藏丰赡且眼力过人者，无锡华夏、苏州王世贞、昆山张丑以及华亭董其昌等都堪为东南之冠，项氏唯独推崇文徵明为"天下双眼"，虽有主观偏颇之嫌，但也算言之有因。如唐晚期诗人林藻的行书《深慰帖》，[31] 原系北宋徽宗御府旧藏，《宣和书谱》卷十曾著录如下：

林藻，不知何许人也，传记莫得而详其行贯，作行书，其婉约丰妍处得智永笔法为多。有唐三百年书者特盛，虽至经生辈其落笔一自可观。盖唐人书学自太宗建弘文馆为教养之地，一时习尚为盛，至后之学者随其所得而各有成就，如藻之于智永是也。初，永刻意学书于王羲之，颇得其妙，所乏者风神，议者谓其章草入妙，隶书入能，于是一字之出可直五万，其为当时所慕如此。藻之步骤盖出入智永之域者，惜乎不能究永之学，亦交一臂而失之也。今御府所藏行书一《深慰帖》。[32]

林藻书法主宗智永和尚，属于“二王”系统，墨迹《深慰帖》早已佚，幸今有拓片存世，可观其字体结构严谨，章法舒缓，气息婉约，笔划饱满丰妍，确有“婉约丰妍”之气。明嘉靖乙丑年（1565）五月，文徵明次子文嘉查阅严嵩（1480—1567）被抄私人藏品时，看到了这件墨迹，他在《钤山堂书画记》中写道：“林藻《深慰帖》一，吴文定公家本，乃宣和内府所藏。别本云，匏庵先生家物，宋宣和御府录藏，林公书仅此帖耳。”[33]揣摩文嘉的语气，他认为该书帖不仅是真迹，而且认为它是林氏存世的一件孤本墨迹。由于《深慰帖》在入藏严氏之前曾被文徵明的诗文老师吴宽（1435—1504）所收藏，文徵明得以多次观看该书帖，并对之进行了详细考辨：

右唐林藻深慰帖，元人跋者五。李倜士弘，河东人，官侍读学士，谥章肃。张仲寿希静，本内臣，带学士承旨。邵亨贞复孺，陆人，寓华亭。袁华于英，昆山人，国初郡学训导。张适子宜，长洲人，终宣课大使。按诸跋谓此帖即《宣和书谱》所载，今验无祐陵印记，唯有绍兴二小玺，似为思陵所藏。盖南渡后，购收先朝书画，民间藏者。或有内府印记，即拆列以献。又当时多属曹勋、龙大渊审定，二人目力苦短，往往剪去前人题语。此帖或民间所献，或经曹、龙之手，皆未可知也。又有柯九思、陈彦廉名印，柯字敬仲，天台人，官奎章鉴书博士。此帖印记特多，且有“秘籍”字，盖其所藏也。而仲寿所题，亦云尝藏之。彦廉名宝生，泉州富商，元末居太仓，家有春草堂，所蓄书画极富，袁、张二人尝主其家。此帖又为陈氏题者，则此帖经三氏所藏无疑，后归吴江史明古，而吾师匏庵得之，故某数获观焉。今疏本末如此，其详则俟博雅君子。[34]

在诸多考辨书画的题识中，笔者以为上述文字最能体现文徵明鉴定书画的思想与方法。除去林藻的《深慰帖》，文氏对《黄庭经不全本》、杨凝式的《神仙起居法帖》、虞世南《汝南公主墓志铭》、赵孟頫《二体千字文》、颜真卿《争座位帖》、苏轼《五帖叔党一帖》、李建中《千字文》、佚名《玉枕兰亭》、李怀琳《绝交书》、江贯道《画卷》、赵孟頫《书洪范并图》、李公麟《孝经相》等书画的考辨，[35]也都能体现出系统、综合验证的鉴定特点。结合文徵明存世的书画题跋文字，可以对其书画鉴定特点进行归纳：

一是熟谙古代书画著录文献，并善于运用著录文献来考证作品的“名实”关系，如文氏对《黄庭经不全本》《杨凝式草书》《石本汝南帖》《临争座位帖》《送梨思言二帖石本》《深慰帖》等的考证。[36]

二是注意依凭藏品的印章来推断其流传过程，现藏故宫博物院的杨凝式《神仙起居法帖》（纸本，纵 27 厘米，横 21.2 厘米），文徵明首先考辨该帖不曾著录于《宣和书谱》《书史》以及《东观余论》等书。书帖上的印章和题识残缺不全，文氏认为可能是曹勋和龙大渊剪拆所致。根据印玺情况，文氏又认为该帖历经南宋高宗、贾似道，元李谦等人递藏，大体理清了它的流传过程，[37]今比对实物，证实了文氏的相关考证也确实无误。[38]

三是对于书画本身，乃至本身以外的题识中所涉及的历史人物，文氏都一一考订其行贯，这对于考究书画本身的内容，梳理藏品的流传过程，补缀相关史志等方面都具有实际意义。这一特点在《跋赵魏公马图》[39]《跋林藻深慰帖》[40]《题赵松雪千文》[41]《跋沈润卿所藏阎次平画》[42]以及《题七姬权厝志后》等文字中都可以看到。[43]

六朝以来，中国古书画的收藏与鉴考渐成体系，书画鉴考中详审作品使用材质、梳理作品流传过程、品评作品高下、探究作品师承家数等内容都能在刘宋虞龢的《论书表》一书中找到源薮。[44]文徵明对《深慰帖》等古代法书绘画的鉴定，其方法与思路完全承继了六朝以来中国古人的鉴定思致，文氏详细考证了书帖跋文作者的行贯、鉴藏印记、著录文献、流传过程以及书帖所具有的切割嫌疑等，这一系列讲究逻辑，注重经验，内外结合的方法在 20 世纪 80 年代，被徐邦达先生（1911—2012）称之为“目鉴”与“考订”：

“目鉴”，常常还需要结合文献数据考订一番，以补“目鉴”之不足；某一书画家传世作品较多，能作充分的对比时，“目鉴”的确能够解决问题，并不一定要靠考订的帮助。考订则不然，它先要靠“目鉴”来辨别哪件书画是“依样画葫芦”的摹、临本，还是没有依傍的凭空的伪造本，在这基础上才能进一步加以考订和探索，达到比较全面的理解和认识；考订次于目鉴。[45]

这种被称作“鉴考结合”的古书画鉴定方法，是当今古书画鉴定界最常用的套路。从这个意义上来讲，文徵明的古书画鉴定方法，现在看来其实质应是一种系统的、比较综合验证的方法，它代表了中国古书画鉴定方法的成熟。明末的顾复就曾说“文徵明小楷长跋，考订评论甚精”，[46]安岐也说他“考据精详”。[47]宋元以来称得上“具眼”的鉴定家，诸如米芾、郭天锡、周密、赵孟頫、柯九思、华夏、王世贞、韩世能、张丑、詹景凤、项元汴、董其昌、顾复、吴其贞、吴升、孙承泽、梁清标、高士奇、安岐等，真正能够做到集创作、收藏、鉴定三位一体的唯有米芾、赵孟頫、柯九思、文徵明、董其昌五人。他们将书画创作、收藏买卖与鉴定紧密结合，不同于商人鉴定家和文人鉴赏家，若从中国书画的文化内核来说，上述五人方算得上真正意义上的书画鉴藏家。20世纪以来的谢稚柳、张大千、王己千、徐邦达等就具有这个特点。基于这个标准，文徵明可以称得上是有明一代堪与董其昌相颉颃的唯一一位真正学术意义上的鉴藏家，他的鉴定方法体现了16世纪中国古书画鉴定方法已经形成了“鉴考结合”的特点，而这一特点在明清以来的古书画鉴定界广为流行。董其昌的影响较大，以至于他曾得意洋洋地夸自己是“三百年来一具眼人”，照他的说法，自元初到明末（1271—1644）的众多鉴藏家中，他的鉴定水平是最高的。文徵明不及的是，董其昌具有广泛的游历，过目古书画极多，这对于其鉴定水平的提高十分重要，文氏则不具备这个优势。但元明以来，能称得上“具眼”的鉴藏家绝不仅仅董氏一人，也有许多人终生把玩字画，惜未有著作存世，他们渐渐地就会被画史所淘汰，历史对人的选择自有其一套铁律。华夏、项元汴、王世贞、詹景凤、张丑等都比文徵明年纪为轻，而且在书画创作上的建树也远不及文徵明，在全面性方面更是逊色于文氏。就米芾、赵孟頫、柯九思、文徵明、董其昌五人而言，严格来讲有书画鉴藏文献存世者也只有米芾、文徵明、董其昌三人，这从中国古书画鉴定体系的成熟来看，文氏无疑是一个重要人物。

文氏在当时虽具有“大法眼”的美誉，但也并非没有“误鉴”之时。项元汴旧藏唐人草书《兰馨帖》，詹景凤认为“烟条疑宋僧彦修书，[48]而文太史作径寸余八分书题后，乃评为颠迹。彦修在宋未甚有名，书法豪纵似张，但乏古意，岂太史未之见耶？”[49]惜此帖早已佚，无从窥其原貌，也不便贸然做评判，古书画鉴定历来就容易产生分歧，见仁见智的情况极为常见，也不足为怪。

文家收藏书画，其目的在于创作，与商人性质的藏家不尽相同，从相关文献来看，其藏品多来自于他身边的师友，而文徵明和他的儿子们又有所不同，文徵明很少参与带有射利性质的书画买卖，文彭和文嘉则不然。[50]文家究竟收藏了哪些法书绘画，其总数究竟有多少？这些问题今天已难很难考证清楚，根据笔者的统计，文徵明父子先后收藏过的书画作品，其总数当在一百幅左右，至于过目并留下题识的作品则更是数目繁多，笔者从相关文献中析出文氏父子曾收藏过如下书画作品：

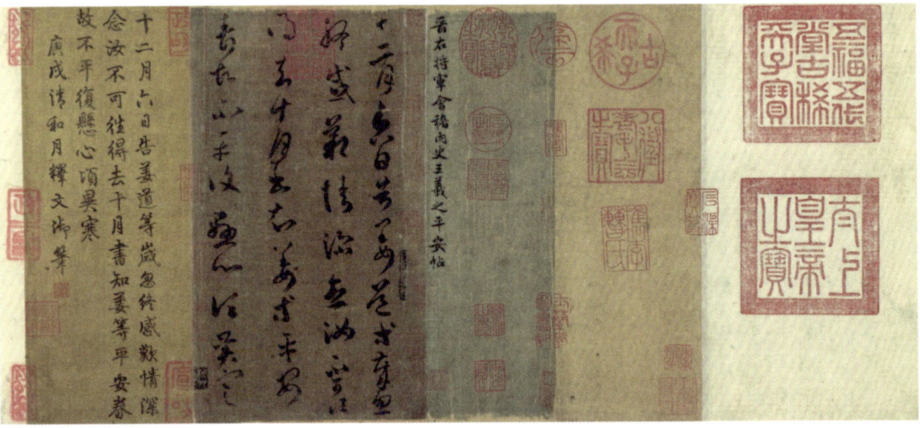

图5 ［晋］王羲之《平安帖》 绢本 24.5cm×13.8cm 龙美术馆藏

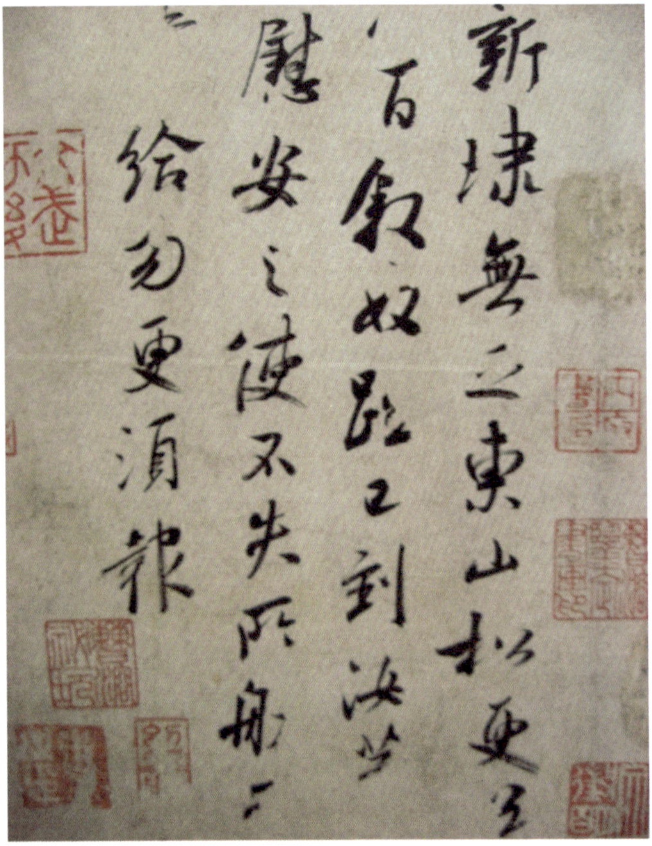

图6 文徵明藏王献之《东山松帖》 故宫博物院藏

图7 “文徵明”白文方印 王献之《东山松帖》 故宫博物院藏

| 序号 | 时代 | 作者 | 作品名称 | 尺寸(cm)质地 | 藏地 | 文家藏印 | 著录书目 |
|---|---|---|---|---|---|---|---|
| 1 | 西晋 | 索靖 | 章草《出师颂》(宣和本) | 尺寸不详 纸本 | 文彭曾藏，后归嘉兴项元汴，已佚 | 不详 | 《东图玄览》《钤山堂书画记》 |
| 2 | 东晋 | 王羲之 | 草书《平安帖》(图5) | 24.5×13.8 绢本 | 2010年北京嘉德秋季拍卖会 | “停云”朱文圆印、“文徵明印”白文方印、“衡山”朱文方印、“玉兰堂图书记”朱文长方印 | 《珊瑚网》《大观录》 |
| 3 | 东晋 | 王羲之 | 行书《七月帖》 | 尺寸不详 纸本 | 文徵明得之于金台灯市，现藏地不详 | 不详 | 《大观录》 |
| 4 | 东晋 | 王献之 | 行书《东山松帖》 | 22.8×22.3 麻纸本 | 故宫博物院 | “文徵明”白文方印(图6、图7) | 《宣和书谱》《中兴馆阁录》《容台集》《庚子销夏记》《墨缘汇观》 |
| 5 | 东晋 | 王献之 | 《地黄汤帖》 | 25.3×24 纸本 | 现藏日本东京台东区立书道博物馆 | “文彭之印”朱文方印 | 《庚子销夏记》 |
| 6 | 唐 | 李昭道 | 《醉道图》 | 尺寸不详 绢本设色 | 不详 | 不详 | 《钤山堂书画记》 |
| 7 | 唐 | 孙过庭 | 草书《书谱》下卷 | 尺寸不详 纸本 | 上卷现藏台北“故宫博物院”，下卷已佚 | 不详 | 《钤山堂书画记》 |
| 8 | 唐 | 怀素 | 小字《千字文》 | 尺寸不详 绢本 | 不详 | 不详 | 《庚子销夏记》 |
| 9 | 唐 | 怀素 | 大字《千字文》 | 尺寸和质地均不详 | 不详 | 卷内缺数行，徵明补之 | 《经训堂法书》 |
| 10 | 唐 | 怀素 | 《自叙帖》 | 尺寸和质地均不详 | 真本在文徵明家，后曾双钩一本售予严嵩。现藏地不详 | 不详 | 《东图玄览》 |
| 11 | 唐 | 佚名 | 摹本《兰亭序》 | 尺寸和质地均不详 | 不详 | 不详 | 《南画北渡》 |
| 12 | 唐 | 佚名 | 《文皇舞妓图》 | 尺寸不详 绢本设色 | 不详 | 不详 | 《东图玄览》 |
| 13 | 北宋 | 李成 | 《晴峦萧寺图》(图8) | 111.4×56 绢本设色 | 文彭曾藏，后归项元汴。与现藏美国纳尔逊—阿特金斯艺术博物馆的本子不同 | 不详 | 《妮古录》 |
| 14 | 北宋 | 米芾 | 行书《法华台诗帖》 | 29.8×42 纸本 | 故宫博物院 | “衡山”朱文方印[51] | 《石渠宝笈初编》 |
| 15 | 北宋 | 米芾 | 行书《砂步诗帖》(图9) | 29.6×38.5 纸本 | 故宫博物院 | “衡山”朱文方印 | 《墨缘汇观》《石渠宝笈初编》 |
| 16 | 北宋 | 米芾 | 《临争座位帖》 | 尺寸不详 纸本 | 不详 | 不详 | 《文待诏题跋》《钤山堂书画记》 |
| 17 | 北宋 | 米芾 | 《临虞世南汝南公主墓志铭》 | 尺寸不详 纸本 | 不详 | 不详 | 《文待诏题跋》 |
| 18 | 北宋 | 苏轼 | 《楚颂帖》拓本 | 尺寸不详 纸本 | 不详 | 不详 | 《文待诏题跋》 |

| 序号 | 时代 | 作者 | 作品名称 | 尺寸(cm)<br>质地 | 藏地 | 文家藏印 | 著录书目 |
|---|---|---|---|---|---|---|---|
| 19 | 北宋 | 苏轼 | 行楷书<br>《前赤壁赋》卷 | 23.9×258<br>纸本 | 台北"故宫博物院" | "停云"朱文圆印(两方)、"文徵明印"白文方印(两方)、"衡山"朱文方印、"悟言室印"白文方印、"文彭之印"朱文方印、"寿承氏"白文方印、"文氏图书之印"白文长方印 | 《东图玄览》<br>《钤山堂书画记》<br>《庚子销夏记》 |
| 20 | 北宋 | 文同 | 《画竹》卷 | 尺寸不详<br>纸本墨笔 | 不详 | 不详 | 《珊瑚网》 |
| 21 | 北宋 | 欧阳修 | 行楷书<br>《局事帖》 | 23.6×9.8<br>纸本 | 台北"故宫博物院" | "文徵明印"白文方印 | 《书画记》<br>《石渠宝笈初编》 |
| 22 | 南宋 | 马远 | 《松泉图》卷 | 尺寸不详<br>绢本设色 | 不详 | 不详 | 《东图玄览》 |
| 23 | 南宋 | 文天祥 | 行草书《过小青口诗遗墨》 | 尺寸不详<br>白纸本 | 不详 | 不详 | 《震泽集》 |
| 24 | 南宋 | 张即之 | 行书<br>《书楼钥撰汪氏报本庵记》 | 29.3×91.4<br>纸本 | 辽宁省博物馆 | "文徵明印"白文方印、"衡山"朱文方印 | 《石渠宝笈初编》 |
| 25 | 南宋 | 赵孟坚 | 《墨兰图》卷 | 34.5×90.2<br>纸本墨笔<br>(图 10) | 安岐旧藏,现藏故宫博物院 | 文徵明父子印章 | 《墨缘汇观》 |
| 26 | 元 | 钱选 | 《梨花图》卷 | 32.1×1059.5<br>纸本设色 | 美国纽约大都会艺术博物馆 | "衡山"朱文方印 | 《墨缘汇观》 |
| 27 | 元 | 赵孟頫 | 《二体千字文》 | 尺寸不详<br>纸本 | 不详 | 不详 | 《文待诏题跋》 |
| 28 | 元 | 赵孟頫 | 《临王右军服食帖》 | 尺寸不详<br>纸本 | 不详 | 不详 | 《文徵明集》 |
| 29 | 元 | 赵孟頫 | 《道德经》 | 尺寸不详<br>纸本 | 不详 | 不详 | 《钤山堂书画记》 |
| 30 | 元 | 赵孟頫 | 《续书谱》<br>阳文木刻本 | 尺寸不详<br>纸本 | 不详 | 不详 | 《钤山堂书画记》 |
| 31 | 元 | 赵孟頫 | 行书《致中峰和尚札》 | 30.5×62.7<br>纸本 | 故宫博物院 | "衡山"朱文方印、"文徵明印"白文方印 | 《文徵明年谱》 |
| 32 | 元 | 赵孟頫 | 《临智永千字文》 | 尺寸和质地均不详 | 不详,文林收藏 | 不详 | 《家藏集》 |
| 33 | 元 | 赵孟頫 | 楷书<br>《洛神赋》册 | 共六开,每开纵 25.7 厘米,横 10.3—13 厘米不等,纸本(图 11—图 13) | 故宫博物院 | "衡山"朱文方印、"文徵明印"白文方印、"三桥居士"白文方印、"文寿承氏"朱文方印 | 《式古堂书画汇考》 |
| 34 | 元 | 赵孟頫 | 《墨竹图》 | 尺寸不详<br>纸本墨笔 | 不详 | 不详 | 《东图玄览》 |
| 35 | 元 | 赵孟頫 | 《竹》(大幅) | 尺寸不详<br>绢本 | 文嘉得自宜兴,现藏地不详 | 不详 | 《东图玄览》 |
| 36 | 元 | 赵孟頫 | 行书<br>《常清净经》卷 | 尺寸不详<br>纸本 | 2011 年南京经典春季拍卖会 | "衡山"朱文方印、"文徵明印"白文方印 | 《珊瑚网》 |

| 序号 | 时代 | 作者 | 作品名称 | 尺寸(cm)质地 | 藏地 | 文家藏印 | 著录书目 |
|---|---|---|---|---|---|---|---|
| 37 | 元 | 赵孟頫 | 行书《归自吴门帖》 | 尺寸不详 粉蜡笺本 | 项元汴旧藏，现藏地不详 | 文徵明印和文彭印 | 《墨缘汇观》 |
| 38 | 元 | 赵孟頫 | 行书《自山上来帖》 | 尺寸不详 白纸本 | 不详 | 文徵明印和文彭印 | 《墨缘汇观》 |
| 39 | 元 | 赵孟頫 | 行书《得旨还南帖》 | 尺寸不详 白纸本 | 不详 | 文徵明印和文彭印 | 《墨缘汇观》 |
| 40 | 元 | 赵孟頫 | 行书《如在醉梦帖》 | 尺寸不详 白纸本 | 不详 | 文徵明印和文彭印 | 《墨缘汇观》 |
| 41 | 元 | 赵孟頫 | 行书《如对顶相帖》 | 尺寸不详 白纸本 | 不详 | 文徵明印和文彭印 | 《墨缘汇观》 |
| 42 | 元 | 赵孟頫 | 行书《以中还山帖》 | 尺寸不详 白纸本 | 不详 | 文徵明印和文彭印 | 《墨缘汇观》 |
| 43 | 元 | 赵孟頫 | 行书《千江入城帖》 | 尺寸不详 白纸本 | 不详 | 文徵明印和文彭印 | 《墨缘汇观》 |
| 44 | 元 | 赵孟頫 | 行书《雨后渐凉帖》 | 尺寸不详 白纸本 | 不详 | 文徵明印和文彭印 | 《墨缘汇观》 |
| 45 | 元 | 赵孟頫 | 行书《纷纷尘事帖》 | 尺寸不详 淡黄纸本 | 不详 | 文徵明印和文彭印 | 《墨缘汇观》 |
| 46 | 元 | 赵孟頫 | 行书《久不上状帖》 | 尺寸不详 白纸本 | 不详 | “衡山”朱文方印、“文彭之印”白文方印 | 《墨缘汇观》 |
| 47 | 元 | 赵孟頫 | 《画马》 | 尺寸不详 纸本设色 | 不详 | 不详 | 《吴都文粹续集》 |
| 48 | 元 | 赵孟頫 | 行书《书陶渊明归去来辞》卷 | 尺寸不详 白宋纸本 | 后归项元汴 | 不详 | 《墨缘汇观》 |
| 49 | 元 | 管道升 | 行书《拜别顶相帖》 | 尺寸不详 淡黄纸本 | 不详 | “衡山”朱文方印、“文徵明印”白文方印 | 《墨缘汇观》 |
| 50 | 元 | 揭傒斯 | 草书《杂诗》卷 | 尺寸不详 淡黄纸本 | 后归项元汴，现藏地不详 | 文徵明和文彭诸印 | 《墨缘汇观》 |
| 51 | 元 | 赵雍 | 《沙苑图》 | 尺寸和质地均不详 | 不详 | 不详 | 《南画北渡》 |
| 52 | 元 | 赵雍 | 《临李公麟马图》 | 尺寸和质地均不详 | 不详，文森收藏 | 不详 | 《家藏集》 |
| 53 | 元 | 吴镇 | 《竹谱》 | 尺寸不详 纸本墨笔 | 不详 | 不详 | 《文徵明年谱》 |
| 54 | 元 | 吴镇 | 《古松图》 | 尺寸不详 纸本墨笔 | 不详 | 不详 | 《东图玄览》 |
| 55 | 元 | 张雨 | 《自书诗》册 | 尺寸不详 纸本 | 不详 | 不详 | 《文徵明年谱》 |
| 56 | 元 | 钱逵 | 小楷《辨乌赋》 | 尺寸不详 纸本 | 不详 | 不详 | 《钤山堂书画记》 |
| 57 | 元 | 张贞居 | 《杂诗》册 | 尺寸不详 纸本 | 不详 | 不详 | 《清河书画舫》 |
| 58 | 明 | 宋克 | 《墨竹》 | 尺寸不详 纸本墨笔 | 不详 | 不详 | 《真迹日录》 |
| 59 | 明 | 沈周 | 石田画册 | 尺寸和质地均不详 | 不详，文嘉旧藏 | 不详 | 《江村销夏录》 |

| 序号 | 时代 | 作者 | 作品名称 | 尺寸(cm)质地 | 藏地 | 文家藏印 | 著录书目 |
|---|---|---|---|---|---|---|---|
| 60 | 明 | 祝允明 | 草书《知怀诗》 | 尺寸和质地均不详 | 上海博物馆 | 不详 | 《珊瑚网》 |
| 61 | 明 | 吴宽 | 《明太祖文》 | 尺寸和质地均不详 | 上海图书馆 | 不详 | 《与古同游——项元汴书画鉴藏研究》 |

图8 ［宋］ 李成 《晴峦萧寺图》
绢本设色 111.4cm×56cm
美国纳尔逊—阿特金斯艺术博物馆藏

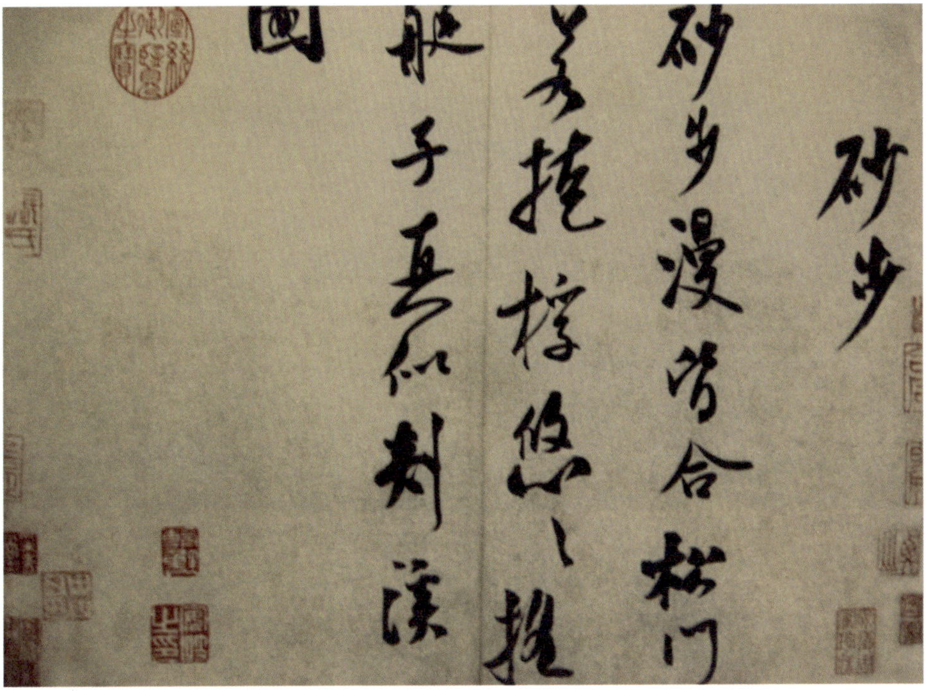

图9　文徵明藏米芾行书《砂步诗帖》局部　故宫博物院藏

限于条件所限，笔者已无法将文家的藏品全部析出，但可根据上述六十余件藏品大抵可以管窥到文家的书画收藏具有三个特点：一是多以古代大名家的法书为主，几乎不收藏小名家的作品，这些书家以“二王”体系为核心，旁涉宋人米芾和苏轼等。文氏似乎更偏爱元代大书家赵孟頫的作品，收藏赵氏的书法数量最多，这一点也已有学者指出。[52] 据时人何良俊说文氏曾经收藏过赵氏的一帧楷书《大洞玉经》，“每移至衡山斋中，即竟日展玩”，[53] 可见文氏确实很喜欢赵孟頫的书法，但文徵明父子的书法却并不酷肖赵孟頫，这倒是一桩很蹊跷的事情，因为它并不符合收藏与创作之间的关系。另根据藏品的目录，可以看出文家收藏书画具有十分明显的临摹学习意图，几无射利的动机，这一点尤以文徵明为甚。二是这些藏品多庋藏在文家的藏书楼“停云馆”和“玉兰堂”中，并钤盖“文徵明印”“衡山”“停云”“玉兰堂图书记”“悟言室印”“文氏图书之印”“梅溪精舍”等印章。其中“衡山”朱文方印和“文徵明印”白文方印几乎是每件藏品必盖的两方，（图14）“停云”朱文大圆印露脸的频率也较高，但不及前两枚。（图15）这些印章也多出现在文氏自作的书法作品中（“停云”印除外），说明文氏对于自创的作品，其用印并没有十分严格的程序可循。这些藏品中偶尔也会出现其子文彭的印信，[54]但数目不多，应是日后家族藏品分配的结果。三是至于声名煊赫的《停云馆帖》，其法书墨迹主要来自苏州及周边地区藏家的收藏，而非文家自藏。此外，文家似乎也参与一些书画的造假活动，《东图玄览》卷一曾记录了一件轶事：

怀素自叙，旧在文待诏家，吾歙罗舍人文龙幸于严相国，欲买献相国。托黄淳父许元复二人先商定所值，二人主为千金，罗遂致千金，文得千金，分百金为二人寿。予时以秋试过吴门，适当此物已去，遂不能得借观，恨甚。后十余年，见沈硕宜谦于白下，偶及此，沈曰：“此何足挂公怀？乃赝物尔。”予警问，沈曰：“昔某子甲从文氏借来，属寿承双钩填朱上石，予笑曰，跋真乃自叙却伪，模奚为者。寿承怒骂，真伪与若何干？”吾模讫掇二十金归耳，大抵吴人多真跋装伪本后索重值，以真本藏私人不与人观，此行径最为可恨。后又二十余年，为万历丙戌（1586），予以计偕到京师，韩祭酒敬堂语予，近见怀素自叙一卷，无跋，却是硬黄纸，纸厚甚，亦不能影摹，而字与石本毫发无差何也。予警问，今何在？曰：其人已持去。莫知何所之矣。予语以故，谓无跋必为真迹，韩因恨甚，以为与持去也。[55]

这件《自叙帖》真本早已不存，[56]文彭双钩廓填的伪本亦遗失，它们却生动真实地揭示出文彭参与伪造赝品的事情。刘九庵先生认为文彭还曾伪作过元人张雨的法书，[57]也有学者认为文彭还曾伪造赵孟頫的题跋，[58]这些事情似乎勾划出一个具有强烈射利心态的文人篆刻之“鼻祖”。

文徵明的两个儿子文彭和文嘉都承继了其父的鉴定专长，且尤以文嘉成就更为卓荦，那是因为文嘉有一本著录文献存世。文嘉作于1568年的《钤山堂书画记》，并不是严格的书画著录，充其量只是一本粗略的“抄家物资账单”而已，其中的部分书画文嘉对之略有考订，如现藏上海博物馆的王献之法书《鸭头丸帖》（绢本，纵26.1厘米，横26.9厘米），文嘉考订如下：“上题永和真迹，内附献之十三行鸭头，亦绢本真迹，别本无此帖。”[59]现藏台北“故宫博物院”的唐人孙过庭草书《书谱》，“上下两卷，上卷费鹅湖本，下卷吾家物也。纸墨精好，神采焕发，米元章谓其间甚有右军法，且云唐人学右军者，无出其右。则不得见右军者，见此足矣。别本云，真本，惜不全”。[60]也许是当时情况所限，文嘉的品评显得不是很严谨，美学式的，感觉性的述评无处不在，缺乏严谨考辨的色彩，但还是可以看出文嘉深湛的鉴定功夫。王献之的《鸭头丸帖》未必是真迹，但是唐人摹本却是时下书画界所公认的。孙过庭的《书谱》则是没有争议的唐人法书。文嘉认为颜真卿的《争座位帖》是北宋米芾的摹本，由于该书帖真迹早已佚失，我们无法推断文嘉所见的书帖的母本，也就无法做进一步的评论。在古书画鉴定中，辨别出作品的真伪有时并不是很复杂的事情，而给予作品一个准确的时空坐标则十分困难，从这一点来看，文嘉的眼力自有其过人之处。

1565年夏，文嘉在《钤山堂书画记》的结语处写道：

嘉靖乙丑五月，提学宾涯何公，檄余往阅官籍严氏书画，凡分宜（严嵩）之旧宅，袁州（严世蕃）之新宅，省城诸新宅所藏，尽发以观，历三阅月始勉毕事。当时漫记数目以呈，不暇详别。今日偶理旧箧得之，重录一过，稍为区分，随笔笺记一二传诸好事，明窗净几时一展阅，恍然神游于金题玉躞间也。[61]

此段题记解释了书中所录书画没有详加考订的因由，这也使得我们无从推断文嘉鉴定古书画的思致。有意思的是，文嘉也像他的父亲

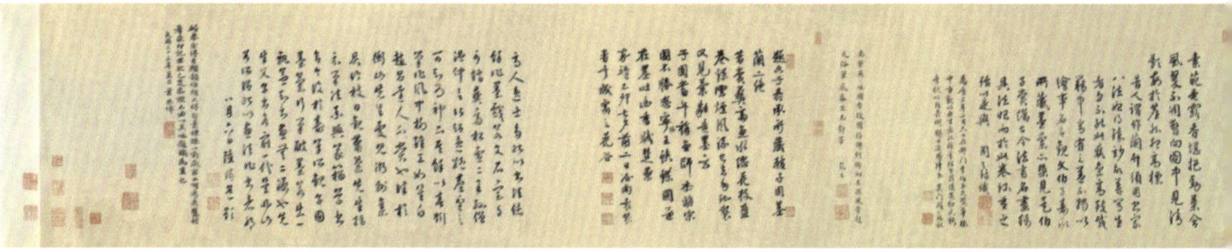

图10 ［宋］赵孟坚《墨兰图》全卷 纸本墨笔 34.5cm×90.2cm 故宫博物院藏

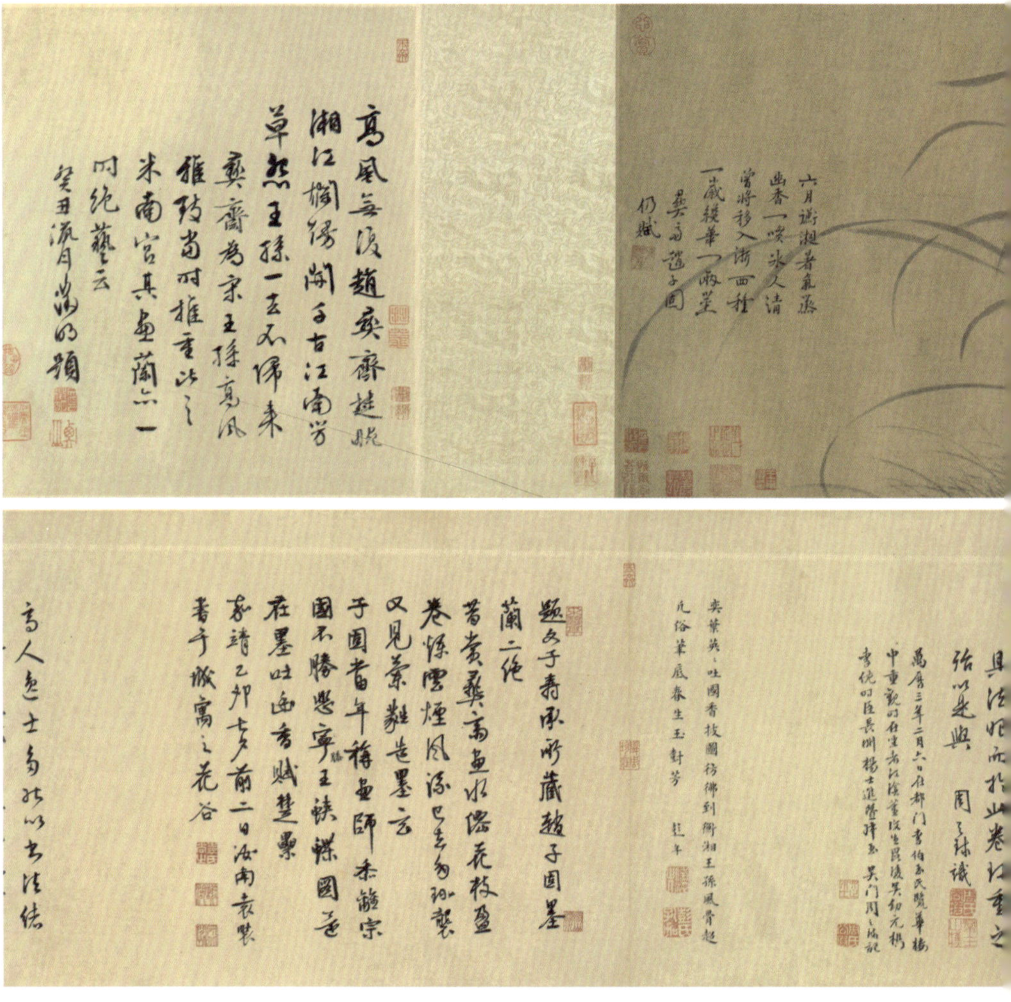

图10 ［宋］赵孟坚《墨兰图》卷（局部）

國香誰信非凡草自是
苕溪一種春此日王孫在
何處烏號尚憶鼎湖臣

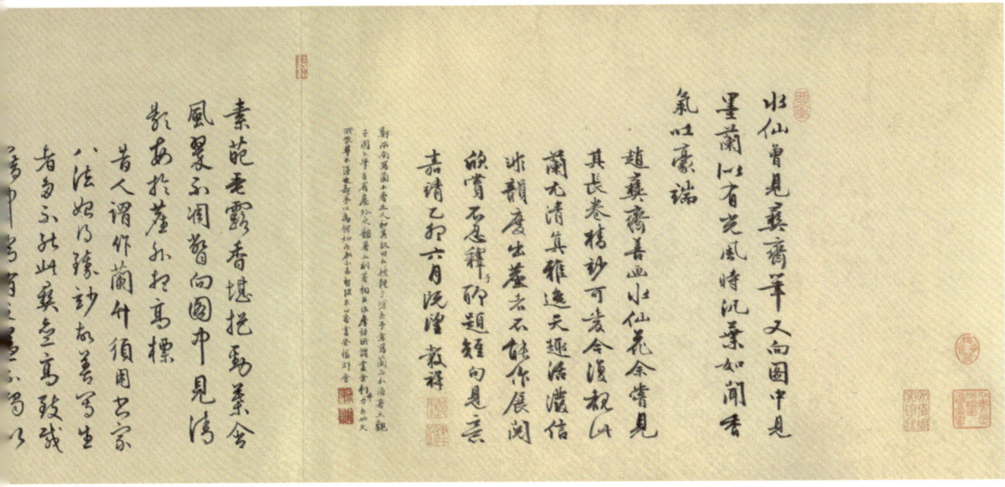

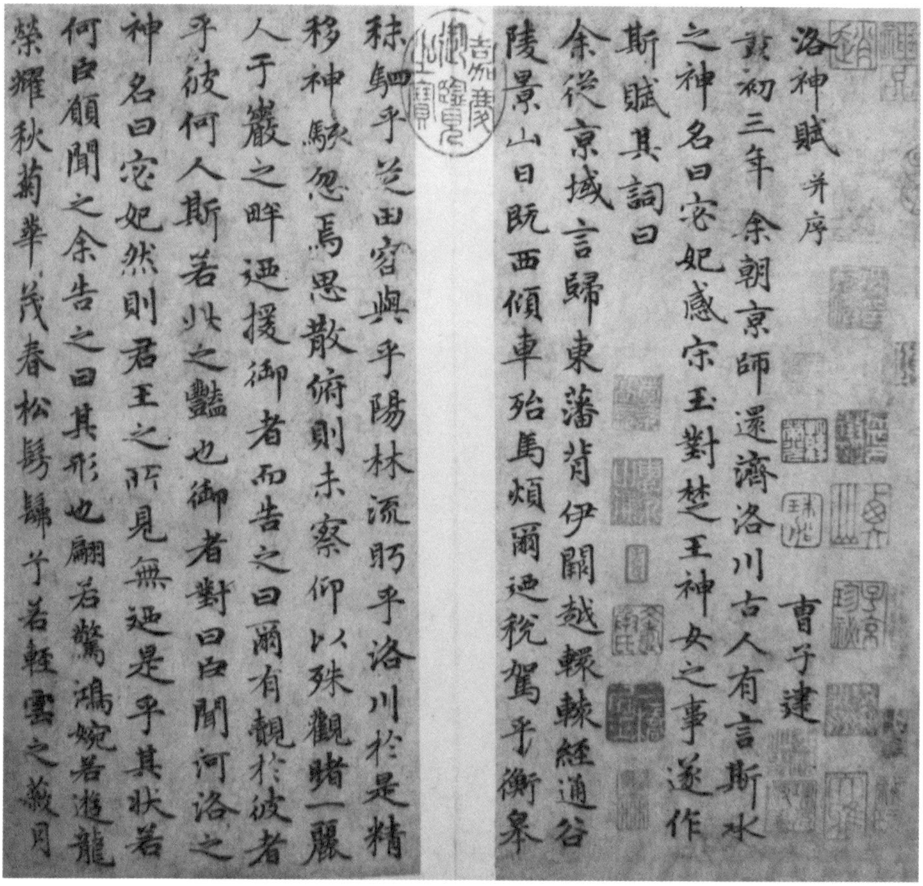

图11　文徵明藏赵孟頫楷书《洛神赋》册　故宫博物院藏

图12　“衡山”朱文方印
赵孟頫楷书《洛神赋》册
故宫博物院藏

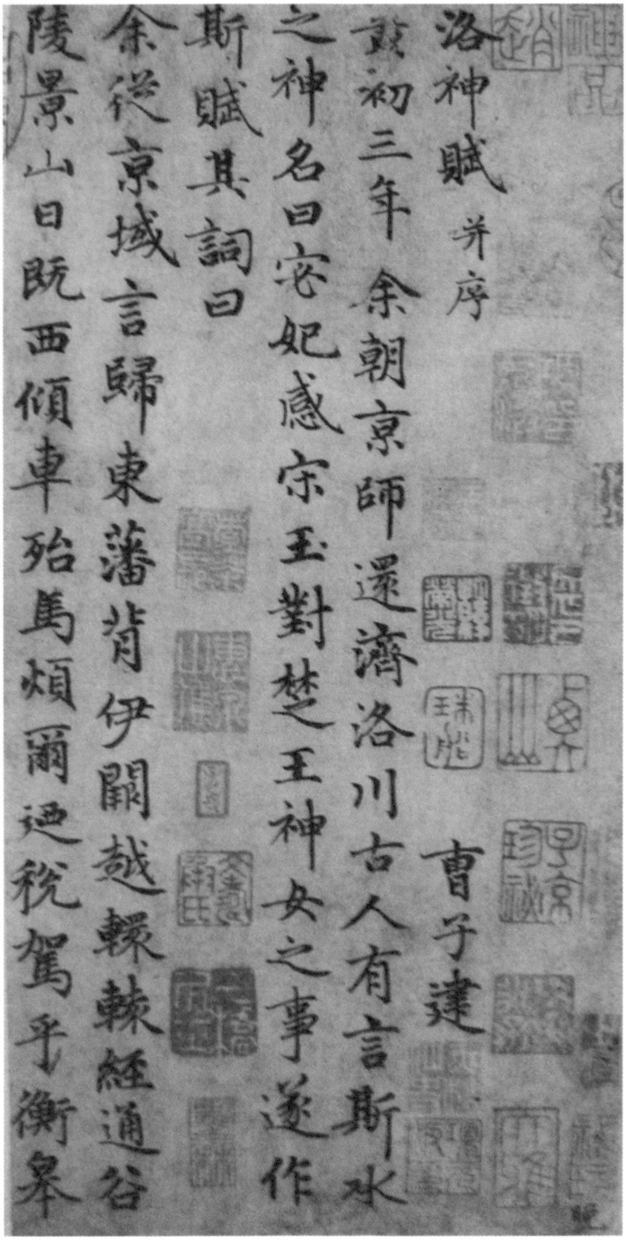

图13 文徵明藏赵孟頫楷书《洛神赋》册（局部）

图14“文徵明印”白文方印
赵孟頫楷书《洛神赋》册
故宫博物院藏

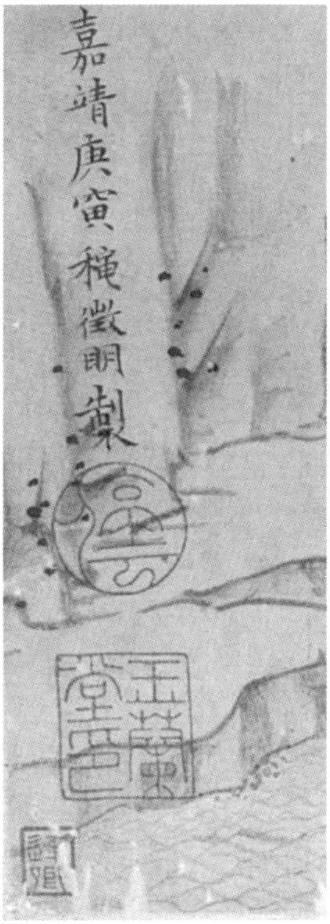

图15 文徵明印章
《东园图》卷
故宫博物院藏

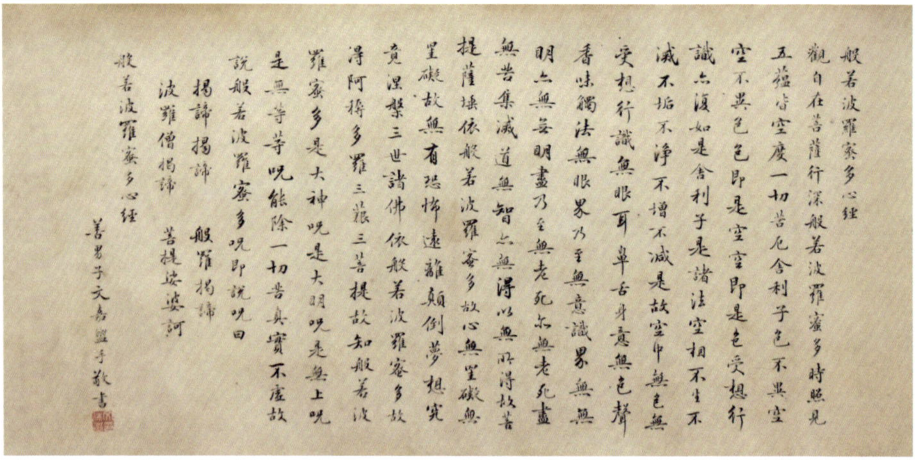

图16 ［明］丁云鹏款《应真渡海图》卷文嘉题识 纸本设色 32.2cm×667.5cm 无锡博物院藏

一样，经常在古书画作品上题写鉴语，留下了许多有关书画鉴定的文字，以至于后世许多“好事者”多伪造他的笔迹，题写在书画的赙纸或裱边处以求高价。如现藏无锡博物院的清宫旧藏丁云鹏《应真渡海图》卷（纸本设色，纵 32.2 厘米，横 667.5 厘米），（图 16）画幅整体艺术水平不低，其后赙纸却有文嘉的手写楷书《般若波罗密心经》，比对传世文嘉墨迹，此跋文显系伪迹，无疑是某位古玩商出于射利，借助文嘉大名以提升画价而已。和他的父亲一样，文彭也经常在书画作品上题写鉴定品评文字，这在《东图玄览》一书中记载颇多，存世的书画藏品中亦有为数不少的文彭题识，鉴于文彭没有专门的书画著录文献存世，兹不做详细研究。

集书画创作、收藏与鉴定为一体的文徵明父子，其文化意义远超过了他们作为“吴门画家”和“吴门书家”的身份，这一点不仅是文氏父子超越同侪的卓越之处，更是明中叶以来具有真正书画鉴藏学意义上的“具眼”典范。

（原载于《荣宝斋》2013 年第 8 期）

# 注释

1. 周道振:《文徵明集》，上海:上海古籍出版社，1987年，第710页。

2. 黄朋:《明代中期苏州地区书画鉴藏家群体研究》，南京:南京艺术学院博士学位论文，2002年，第25—27页。

3. [清]孙承泽:《庚子销夏记》，转引自卢辅圣:《中国书画全书》(第七册)，上海:上海书画出版社，1994年，第752页。

4. 《东山松帖》上的这枚“文徵明”白文方印极为罕见，不见于《中国书画家印鉴款识》一书，北京:文物出版社，1987年，第175—179页。也不见于王己千的《明清画家印鉴》，北京:商务印书馆，1940年，第16—17页。文氏藏品上一般都会钤盖“衡山”朱文方印，该作品却无此印，存疑待考。清人安岐的《墨缘汇观》曾著录该帖，亦提及该印，见《墨缘汇观》(卷一)，转引自卢辅圣:《中国书画全书》(第十册)，上海:上海书画出版社，1994年，第319页。

5. [清]安岐:《墨缘汇观》，转引自卢辅圣:《中国书画全书》(第十册)，上海:上海书画出版社，1994年，第319页。

6. [明]吴宽:《匏翁家藏集》(卷五十四)，四部丛刊初编本，上海涵芬楼影印，明正德刻本，1926年。

7. 叶见泰:1341—1390年，字夷仲，临海人，官终刑部主事。博学读古今兵法，悉用兵之道，善草书。

8. [明]吴宽:《匏翁家藏集》(卷五十五)，四部丛刊初编本，上海涵芬楼影印，明正德刻本，1926年。

9. [明]詹景凤:《东图玄览》，转引自卢辅圣:《中国书画全书》(第四册)，上海:上海书画出版社，1992年，第16页。

10. [清]安岐:《墨缘汇观》，转引自卢辅圣:《中国书画全书》(第十册)，上海:上海书画出版社，1994年，第319页。

11. 刘金库:《南画北渡——清代书画鉴藏中心研究》，石家庄:河北教育出版社，2008年，第241页。

12. [明]詹景凤:《东图玄览》，转引自卢辅圣:《中国书画全书》(第四册)，上海:上海书画出版社，1992年，第26页。

13. 同上，第23页。

14. 周道振:《文徵明集》，上海:上海古籍出版社，1987年，第522页。

15. 刘金库:《南画北渡——清代书画鉴藏中心研究》，石家庄:河北教育出版社，2008年，第58页。

16. 谢巍:《中国画学著作考录》，上海:上海书画出版社，1998年，第316页。

17. 黄朋：《明代中期苏州地区书画鉴藏家群体研究》，南京：南京艺术学院博士学位论文，2002年，第57页。

18. 杨仁恺：《中国书画鉴定学稿》，沈阳：辽海出版社，2000年，第299页。

19. 周道振：《无锡华夏真赏斋与文徵明》，《无锡文博》，1996年第2期，第15—17页。

20. 聂双江：1478—1563年，字文蔚，号双江，明代著名心学家。

21. 陆宗瀛：明代江南藏家，生卒年不详，当和文徵明同时。

22. 沈润卿：明代苏州人,书画篆刻家,与文徵明、祝允明等交善。

23. 史明古：1434—1496年，即史鉴，明中叶苏州吴江地区书画鉴藏家，沈周亲家，和文徵明友善。

24. 黄应龙：1460年—？即黄云，号丹岩，昆山人，工诗文，书宗黄庭坚，长于鉴赏书画，著有《书画史》。

25. 邹光懋：明代正德年间国子生。

26. 张鳌山：字仁弼，明代正德年间进士。

27. 张秉道：文徵明好友，收藏家，苏州人。

28. 王直夫：1488—1571年，即王庭，苏州人，人称阳湖先生，嘉靖二年进士。

29. ［明］詹景凤：《东图玄览》，转引自卢辅圣：《中国书画全书》（第四册），上海：上海书画出版社，1992年，第54页。

30. 刘金库：《南画北渡——清代书画鉴藏中心研究》，石家庄：河北教育出版社，2008年，第53—65页。

31. 林藻：生卒年不详，字纬干，福建莆田人，唐贞元年间进士，其书法主宗智永。

32. 《宣和书谱》（卷十），转引自卢辅圣：《中国书画全书》（第二册），上海：上海书画出版社，1992年，第31页。

33. ［明］文嘉：《钤山堂书画记》，转引自卢辅圣：《中国书画全书》（第三册），上海：上海书画出版社，1992年，第829页。

34. ［明］文徵明：《文待诏题跋》，转引自卢辅圣：《中国书画全书》（第三册），上海：上海书画出版社，1992年，第772页。

35. 同上，第770—782页。

36. 周道振：《文徵明集》，上海：上海古籍出版社，1987年，第518—532页。

37. ［明］文徵明：《文待诏题跋》，转引自卢辅圣：《中国书画全书》（第三册），上海：上海书画出版社，1992年，第770页。

38. 施安昌：《晋唐五代书法》，北京：商务印书馆，2001年，第136—139页。

39. 周道振：《文徵明集》，上海：上海古籍出版社，1987年，第534页。

40. 同上，第531—532页。

41. 同上，第530—531页。

42. 同上，第529—530页。

43. 同上，第525—526页。

44. ［唐］张彦远：《法书要录》，转引自卢辅圣：《中国书画全书》（第一册），上海：上海书画出版社，1992年，第37—39页。

45. 徐邦达：《古书画鉴定概论》，北京：文物出版社，1981年，第5—6页。

46. ［清］顾复：《平生壮观》，转引自卢辅圣：《中国书画全书》（第四册），上海：上海书画出版社，1992年，第907页。

47. ［清］安岐：《墨缘汇观》，转引自卢辅圣：《中国书画全书》（第十册），上海：上海书画出版社，1994年，第352页。

48. 彦修：五代后梁僧人，乾化（913—914）中人，能草书，与亚栖、巩光齐名。

49. ［明］詹景凤：《东图玄览》，转引自卢辅圣：《中国书画全书》（第四册），上海：上海书画出版社，1992年，第23页。

50. 封治国：《与古同游——项元汴书画鉴藏研究》，杭州：中国美术学院出版社，2013年，第174页。

51. 文徵明的"衡山"朱文方印有多枚，彼此之间存在细微差别，其中《法华台诗帖》和《砂步诗帖》上的"衡山"印文完全相同，《前赤壁赋》卷则属另一枚。

52. 封治国：《与古同游——项元汴书画鉴藏研究》，杭州：中国美术学院出版社，2013年，第208—209页。

53. ［明］何良俊：《四友斋书论》，转引自卢辅圣：《中国书画全书》（第三册），上海：上海书画出版社，1992年，第863页。

54. 文彭常用的印章有"文彭""文彭之印""三桥居士""两京国子博士""国子先生"等。

55. ［明］詹景凤：《东图玄览》，转引自卢辅圣：《中国书画全书》（第四册），上海：上海书画出版社，1992年，第5页。

56. 关于怀素《自叙帖》的详细研究，可参阅傅申：《书法鉴定——兼怀素〈自叙帖〉临床诊断》，台北：台湾典藏艺术家股份有限公司，2004年。

57. 刘九庵：《元张雨两件书法作品的辨伪》，转引自《故宫博物院十年论文选》，北京：紫禁城出版社，2005年，第456页。

58. 封治国：《与古同游——项元汴书画鉴藏研究》，杭州：中国美术学院出版社，2013年，第174页。

59. [明]文嘉：《钤山堂书画记》，转引自卢辅圣：《中国书画全书》（第三册），上海：上海书画出版社，1992年，第829页。

60. 同上，第829页。

61. 同上，第834页。

# 明代安国家族书画收藏研究

明嘉靖年间（1522—1566），江南无锡地区曾流传有“安国、邹望、华麟祥，日日金银用斗量”的民谣。民谣中提到的三位富豪，分别来自当时无锡地区的三个望族：安家、邹家和华家。（图1）三位富豪之一的安国生有七子：安如山（号胶峰）、安如磐（号胶泉）、安如石（号胶阳）（上述三人为嫡出）、安如京（号五峰）、安如冈（号胶崖）、安如陵（号七府君）（上述三人为庶出）、安如岳（号十峰，后过继出去）。由于安如岳的过继，后世一般就认为安国实有子六人。关于安国的高祖黄仲茂和曾祖父安以恕，文献均没有相关记载，故其事迹不详，仅知黄仲茂早年入赘安家，并改安姓。而安国的父亲安友菊（1446—1505），则是安氏家谱中第一个出现明确生卒年的人物，他“生而秀敏，弱冠能综化家政，凡黍、稌、粱、稻，灌溉种树之候，不爽蚤暮，既壮掌赋于乡，公廪私蓄，事若蝟集，躬览其要而区别其细，罔有遗缺，……官务毕理，民无怨尤”，[1] 安友菊自幼聪慧，精通农务，并且当上了“粮长”。有明一代，能当上粮长者，必须是当地的富户，且得具有一定的家族势力。那么，安友菊无疑在安家由弱变强的发展过程中具有转折意义，即此时的安家在安友菊时已经成为当地豪强。文献中还说他“处士雅爱文事，日与骚人墨客觞咏山亭水榭间，种菊几千百本，餐莫咀华，与之相忘，遂以友菊称。平生事业甚多”，[2] 说明安友菊也是一个风雅之人。当然，上述文献皆出自墓志铭，而中国的

图1 《安国像》 纸本设色 尺寸不详 私人藏

墓志铭文字，对于逝者的描述多为赞美之辞，大多不能作为学术研究的信史，需要我们阅读时加以甄别分析。

由是我们可以知晓，安国起家应该始自其祖父安公俊和父亲安友菊，其时当为明代宣德到弘治年间，约为公元1426—1505年间，总体跨越了大约一个世纪的时间，时值明代初期。在这个时期，安家充其量是一个全国范围之内极为常见的家境殷实的封建社会的小地主而已，而安国（1481—1534）、安如山（1503—1570）、安希范（1564—1621）祖孙三代的出现，由于他们三人在经济、政治以及文化领域等多方面的成功，促使这个家族发生了根本性的变化，一跃而成为全国数一数二的风云人物，更使安家从一个地主家庭衍变成为一个堪与无锡本地的煊赫望族华氏家族相抗衡的诗礼簪缨之族。

安国，字民泰，号桂坡，明代中叶无锡地区最著名的书籍出版家，古物、古籍与书画收藏家，明代嘉靖年间全国有名的富豪之一。[3] 他一生不曾入仕，王赓唐认为他的致富手段有如下几点，[4] 其一，祖上几代人的积累，至安国时安家已成为巨族，“家声益振，以诗礼望于三吴之间，他族罕及”；其二，安国通过土地买卖占据了大量的农田，收取地租；其三，他还雇佣大量的劳动力进行农业生产；其四，安国的经商活动，主要经营农产品和手工业产品。时人王廷相（1474—1544）曾说他“资性坚定，通朗有识度，料事辄中机宜”，十分具有经营头脑。据王赓唐研究，[5] 安国的几个儿子之中，除了长子安如山以外，其余皆无成就。安国殁后，其诸多儿子们由于嫡庶关系造成的矛盾十分激烈，遂引起析产之争，安希范孙、安国曾孙安璿（1629—1703年，字孟公，号苍涵，晚号洁园）在其《家乘拾遗》中说道：“翁殁后，六家以量分铜字，各残缺失次，无所用”，制作活字印刷的铜字都被六子分割，何况土地、房屋等财产？到了安如山的第十一世孙安益的时候，安家已经开始出售安国亲自营造的私家园林“西林”了。所以说，安家嗣后的败落，其主要原因是后世子孙们的财产分割以及优秀人才的匮乏。

安如山是安国的长子，他字子静，号胶峰，嘉靖戊子年（1528）

图2 ［元］黄公望 《富春山居图》 纸本墨笔 33cm×636.9cm 台北“故宫博物院”藏

图3 ［元］黄公望 《富春山居图》（局部）

中举，乙丑年（1529）举进士。授翰林院庶几士，他是安家走出的第一位进士。安如山后来在河南、四川、贵州等地为官，颇有政绩，后死在四川佥宪任上。安如山由于在河南的政绩升任南京户部员外郎，诰授奉旨大夫，且赠封父母，由是安国也得以封官，从此其家族开始发生显著性的变化，逐步跃入到仕宦阶层。安如山著有《神定集》和《胶峰遗文》。

安希范，1564—1621年，字小范，号我素，安如山的次子，其母是安如山的小妾吴氏，故出生时家庭地位不高，曾遭到嫡母胁迫，后过继给叔父安如陵，如陵早死，故安希范由其婶娘邹氏抚养成人。安希范在万历乙酉年（1585）中举，丙戌年（1586）举进士，授吏部主事。他同顾宪成、顾允成、高攀龙、刘元珍、钱一本、薛敷教、叶茂才合称为“东林八君子”，著有《天全堂集》。安希范的长子安广居（字无旷，号廓庵）是高攀龙的女婿，故安、高两家有联姻。明末“甲申之变”时，安广居死难，说明安家和“东林党”有着极为密切的关系，尤其是安希范本人就是“东林党”的主要成员之一。

安家在书画领域最有名气的当属安希范的侄子，安如山的孙子安

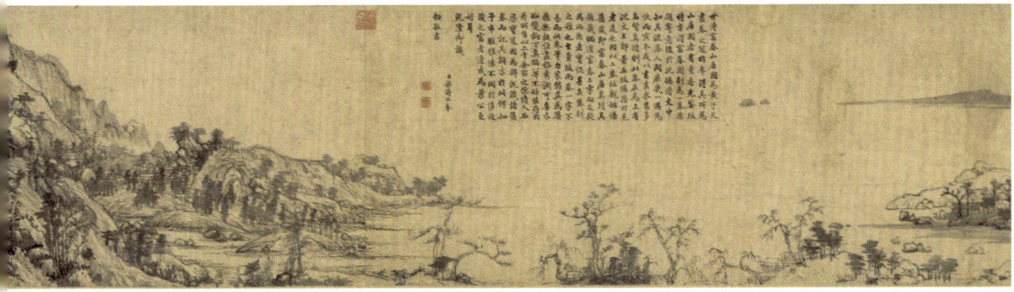

绍芳，同时中国绘画史上赫赫有名的巨迹——黄公望的《富春山居图》卷，也曾被他短暂收藏过。（图 2、图 3）安绍芳，1548—1605 年，字茂（懋）卿，号研亭居士，工诗善画，喜园林，对于古器物亦有一定的鉴赏能力，应当说在安国的后世子孙中，也以他的书画水平最高，其绘画主宗元代黄公望和倪瓒，文献中说他“居无锡之胶山，山有滁砚亭，因自号砚亭居士，字临曹娥碑”。[6]

安广誉，字无咎，安希范次子，不事绳检而文采宕逸，与其弟安广生都工于诗文和书画。安希范的孙子安璿，亦工诗善画，喜收藏，又好辑录掌故，晚年潜心研究宋明理学。这几个人在安国的后裔之中书画成就较高，展示出安家在文化艺术领域的最高成就。如果说经济领域的成功者是安国，科举领域的成功者是安如山和安希范，那么书画领域的成功者则当属安如山孙安绍芳和安广誉、以及安如山的曾孙安璿，由是一个跨越明清两朝，前后五代人，总计一百五十多年（15 世纪至 17 世纪中叶）的簪缨诗礼之家的基本发展脉络大抵如此。

安家从事书画创作的人并不多，而且主要集中在安绍芳、安广誉、安璿等几个人身上，依据《中国古代书画目录》，[7] 我们发现安氏家族存世的书画作品只有寥寥三件，且都收藏在无锡博物院（原无锡市博物馆）。

安绍芳《仿倪瓒疏林远岫图》，纸本墨笔，纵 64.3 厘米，横 37.5 厘米，该图原为无锡收藏家陶心华（1905—1990）旧藏，后于 1981 年捐赠给原无锡市博物馆收藏。（图 4）这是一件极为典型的仿元代大画家倪瓒的“两河一岸”式山水画作。有人称之为“三段式”山水，也有人称其为“一河两岸式章法”，[8] 或者被描述为“近处陂陀树木，远山伏卧，中间大片汪洋湖水。”[9] 这些作品在构图上多采取三段构图，近景多是一小块儿陂陀山石，近似丘陵，但从质感上看明显是山石。这些陂陀山石上大多会长着几株树木，一般都具有很明确的“比德”思想在里面。“三段”中的中景，皆是一片水域。这些水域，后人几乎皆认为是江南太湖的某一处风景，因为倪瓒的活动区域主要集中在太湖。倪瓒在这些地方从不付诸笔墨，既没有一根线条，也没有一块儿墨，完全是一块空白。之所以称其为“水域”，是因为视觉感受造成的结果。水滨的最远处往往是一抹近似丘陵的远山，这些山都显得很低矮，几乎就是丘陵。这种构图在倪瓒的存世画作中最为常见，也最能代表倪氏绘画的特质。明清以来的王绂、沈周、董其昌以及王原祁等许多人都曾仿过倪瓒的这种绘画，形成一个近似“母题”性质的视觉图像。安绍芳的这幅画作，构图与趣味都看得出是画家在极力模仿倪云林，尤其酷肖《容膝斋图》（纸本墨笔，纵 74.7 厘米，横 35.5 厘米，台北“故宫博物院”藏）。安氏的这幅画作极少使用皴法，偶尔有一些披麻皴，点苔较多，这一点又异于倪氏，说明画中掺入了自己的创作因子。画幅用笔的力度微弱，墨色和线条的变化亦不是很多，所以并不能由此而过高评价安氏的绘画艺术。画心的左上方有安绍芳的两行行楷书题识：“万历己丑拟倪迂疏林远岫笔法”，后款署“西林安绍芳”，下钤“绍芳”朱文正方形印和“懋卿父”白文正方形印。另画心的右下角钤有“无咎”白文正方形印、“白榆阁宝藏”朱文正方形印、“安仲子琳琅馆珍玩”朱文长方形印、“陶氏瀓怀馆供养”白文正方形印。左下角

图4 ［明］安绍芳《仿倪疏林远岫图》 纸本墨笔 64.3cm×37.5cm 无锡博物院藏

则有“壑舟”朱文圆形印和“安璿鉴定”白文正方形印。这几方印章之中，“无咎”白文正方形印是安绍芳堂兄弟安广誉的印章，“陶氏澂怀馆供养”白文正方形印是陶心华的钤印，“安璿鉴定”白文方形印说明此物曾经安绍芳族侄安璿寓目。“白榆阁宝藏”朱文正方形印、“安仲子琳琅馆珍玩”朱文长方形印、“壑舟”朱文圆形印三方印章，印主难以确定，据其内容推断似乎应和安家有关。安绍芳有兄弟二人，他是安希尧的次子，那么“安仲子琳琅馆珍玩”朱文长方形印的印主应当是安绍芳。另，安氏《西林集》中曾多次提及“白榆阁”，故“白榆阁宝藏”朱文正方形印亦应为安绍芳所有。然而此画是安绍芳自己所作，却钤盖“宝藏”“珍玩”之类的印章，似乎又悖于常理。

另一件安广誉的《仿倪瓒山水图》，纸本设色，纵 96.5 厘米，横 47 厘米，也是陶氏旧藏。（图 5）这件作品虽说也是仿倪云林之作，然和倪氏画风相差甚远，这件设色画作的构图勉强也可以叫做“三段式”，但更多地呈现出的是一种变体。山石皴法全用披麻皴，树木和山石都敷以赭石色，属于浅绛山水一路的画风。所有物象均造型严谨，每一个细节都交代地清清楚楚，技法上讲究虚实变化，干湿浓淡对比，画风隽秀硬朗，水平明显高于安绍芳。画心右上方有安氏工整的行楷书五律题诗:“寓馆风雨秋，闲门草苔翳。怀人思奋飞，携书此留滞。玉琴和幽吟，竹牖聊静憩。西山日在望，白云澹生媚。寂寞栖德园，清虚捐世味。石灶有余烟，未收煮茗器”，后款署:“迂翁曾有水墨图题是诗于上，余仿其意而加以浅色。昔迂翁唯有赠龙门僧，作设色山水，亦意兴偶及，赏鉴家遂以为逸品云。无咎识”，后钤“安广誉印”白文方印和“无咎”白文方印。该五律诗是倪瓒所作，《元诗纪事》曾有收录。律诗的书写字体也极力模仿云林，夹杂着浓郁的隶书气息。题识的起首处有“无知居”朱文长方形印一方，画心右下角钤盖有陶心华“陶氏澂怀馆供养”白文正方形印，“萧伯恺鉴藏书画印”白文正方形印、清代晚期镇江著名收藏家戴植“古润戴植培之氏一字芝农鉴藏书画记”朱文正方形印，左下角则有“锡山华氏珍赏”白文长方形印、“退

图5 ［明］安广誉
《仿倪瓒山水图》
纸本设色
96.5cm×47cm
无锡博物院藏

翁”白文方印。说明这件作品曾经锡山华氏、萧伯恺、戴植、陶心华等藏家先后收藏。此处的“锡山华氏珍赏”具体是指哪一位，依旧需要考订，从人物年齿上来讲绝非华夏（1494—1567）和华补庵（1488—1560）的。

安广誉侄儿安璿和他的族孙安诗（生卒年不详）合作的《秋水庐三十二景》册，纸本设色，现存二十四开，说明它是残缺不全的，每开纵 25.3 厘米，横 28.2 厘米，原无锡博物院旧藏。（图 6）该册页由安璿作画，安诗题诗，诗画各一半，合为一开。绘画皆是文人一路的小青绿山水，描绘了江南一隅的园林景致，全幅用笔敷色皆极为雅致隽秀，属于典型的江南文人画风。与绘画连配的诗词皆用行楷书，结体端庄，气息流畅温婉，根据画后安璿的四段题跋，知道该册页内容多为画家追忆其高祖安国的私家园林之景。根据内容，我们知道该册页作于清庚申年，即公元 1680 年。其中有一跋开篇即提到自己家贫，这无疑又从另一个侧面证实了安家自安国开始，到他的第五代后裔时，这个曾经煊赫一时的簪缨之家已经衰败许久了。安璿在开篇即无奈地说道：

余性好山水，贫不得逞其志，胸中五岳，突屼不平，时作烟岚云气，前三十二，半属真境，半属创，获以抒其中磊磊者，后十六幅则高祖坡翁东菊园蕉园也。

由是知目前的这帧册页已经散佚，其内容是“真境”与创作并存。画的作者安璿，字孟公，号秋水庐主人。善画山水，岩壑平沙俱妙，著有《胶东山水志》等。安诗，字仲依，号博斋、芝卿，安希范裔孙，据册后跋文知其为安璿族孙。他是道光癸巳（1833）进士，授兵部主事，历官给事中，著有《飞香圃诗集》等。据跋文知甲戌春天（1874），安诗奉父之命祭祀胶山祠堂时看到该画册，安璿孙“小补叔”令其补写诗文。该册页后归民国藏家孙伯亮所有，“文革”后辗转至文物市场，后为无锡博物馆（现无锡博物院）收购入藏。

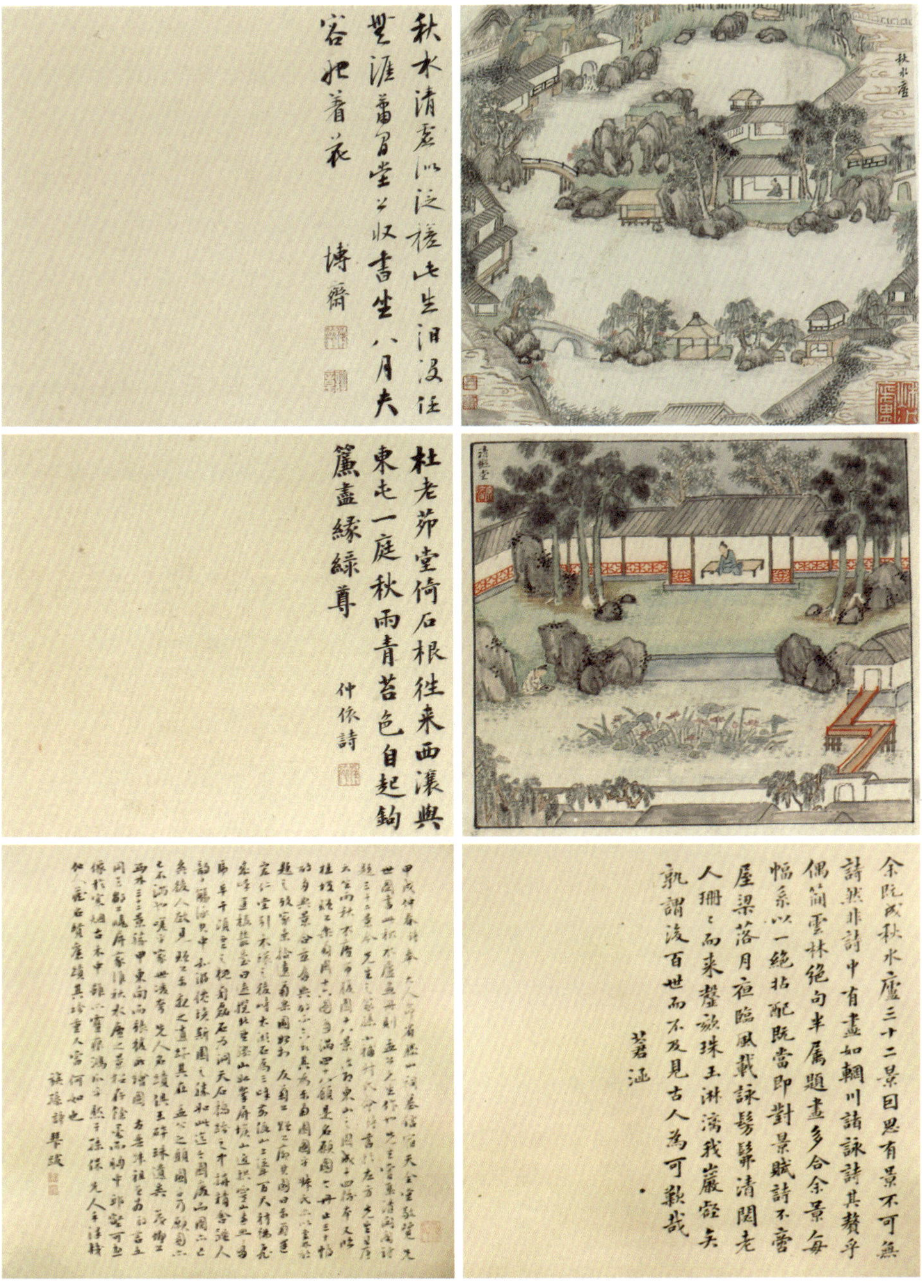

图6 ［清］ 安璿　安诗 《秋水庐三十二景》册　纸本设色　25.3cm×28.2cm（每开）无锡博物院藏

在中国书画收藏史上，安国及其家族的书画收藏，历来并没有受到学界关注。就古书画收藏的数量与质量两方面而言，安国家族确实亦不能与同时期的项元汴（1525—1590）家族和华夏家族相颉颃，但是绘画史上赫赫有名的巨迹《富春山居图》卷能落入安国曾孙安绍芳囊中，仅此一件藏品就足以使安家的收藏品味傲视群伦。

《富春山居图》卷历来研究者颇多，其流传过程一般人们均认为是明代的沈周最先得到此图，后因人祸而很快至樊舜举手中，以后依次是无锡的谈志伊，松江的董其昌，宜兴的吴正志，直至清代的张范我、季因是、高士奇、王鸿绪、安岐，最后进入清内府。然而卷后（台北本）拖尾沈周跋文后的隔水处，有两方安绍芳的印章："安绍芳印"白文方印和"懋卿父"白文方印，（图7）且后者与安氏《仿倪瓒疏林远岫图》（纸本墨笔，纵64.3厘米，横37.5厘米，无锡博物院藏）上的"懋卿父"白文方印相同，说明确属安氏印信无疑。这两方安氏藏印的出现，说明此卷曾经为安绍芳所收藏过，这也是多数研究者所不曾提及的。至于安氏何时收到此图，尚难以考证。然安希范的岳父是无锡谈氏之谈修，安、谈两家有姻亲之谊。且《富春山居图》自樊舜举以后有很长一段时间在无锡地区流传，如无锡之谈志伊，宜兴之吴正志，谈志伊与谈修是否有亲属关系，目前尚无资料作证，笔者认为极有可能是谈志伊从安绍芳手中获得了《富春山居图》，后又归董其昌。

安家的书画收藏主要集中在安国生活的时期，即15世纪后期这一段时间，嗣后随着家族的衰败，其后世子孙再也没有营造起能与其祖辈相比肩的收藏规模了。安家的收藏从何时开始，安家旧藏的《二谢帖》后有一段文嘉的题跋："此本纸色与破羌绝相类，而跋语多宋之名人，破羌不及也。此帖今藏锡山安氏者四世矣。万历三年仲秋为安茂卿题，茂苑文嘉"，[10] 万历三年，即公元1575年，"安茂卿"即安绍芳，时年二十八岁。行文说得极为清楚，《二谢帖》在安家已经收藏了四代人，依次上推，正好至安国一代，更是以确凿的证据说明安家的丰富收藏肇始于安国。笔者兹依据传世实物与相关文献整理出安家书画收

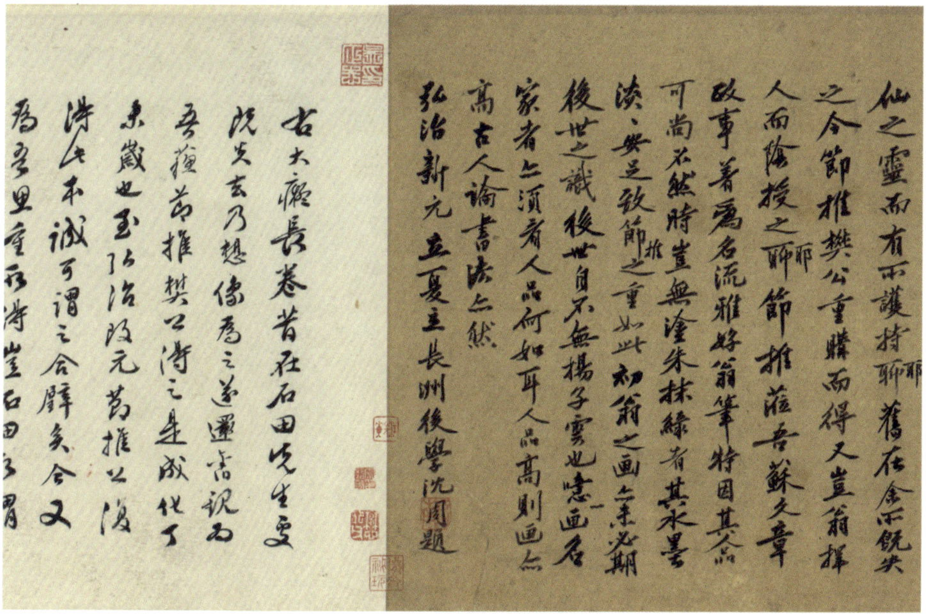

图7 《富春山居图》上的安绍芳藏印

藏的一个目录。

## 附表1：安国及其家族收藏一览表：

| 序号 | 时代 | 作者 | 作品名称 | 质地／尺寸（cm） | 藏地／著录 | 安国钤印 |
|---|---|---|---|---|---|---|
| 1 | 晋 | 王羲之 | 《二谢帖》[11] | 纸本，尺寸不详 | 《石渠宝笈》卷二十九著录 | “桂坡安国鉴赏”朱文长方形印 |
| 2 | 晋 | 王羲之 | 《每思帖》 | 质地尺寸均不详，已佚 | 《珊瑚网》卷一著录 | 不详 |
| 3 | 晋 | 王献之 | 《此事帖》 | 质地尺寸均不详，已佚 | 《式古堂书画汇考》卷六著录 | 不详 |
| 4 | 晋 | 王献之 | 《洛神十三行》 | 麻纸本，尺寸不详，已佚 | 《清河书画舫》卷三著录 | 不详 |
| 5 | 晋 | 顾恺之 | 《女史箴图》卷 | 绢本设色，尺寸不详，已佚 | 《石渠宝笈》卷三十六著录 | “桂坡安国鉴赏”朱文长方形印 |
| 6 | 唐 | 颜真卿 | 《送裴将军诗》 | 纸本，尺寸不详，今存拓本 | 《清河书画舫》卷七著录 | 不详 |
| 7 | 唐 | 欧阳询 | 《临黄庭经》 | 纸本，尺寸不详，已佚 | 《秘殿珠林》卷十六著录 | 不详 |
| 8 | 五代 | 佚名 | 《雪霁捕鱼图》 | 纸本设色，尺寸不详，已佚 | 《石渠宝笈》卷三十五著录 | “桂坡安国鉴赏”朱文长方形印 |
| 9 | 宋 | 佚名 | 《西园雅集图》 | 纸本白描，尺寸不详，已佚 | 《石渠宝笈》卷三十五著录 | “桂坡安国鉴赏”朱文长方形印、“大明锡山安国珍藏”白文长方形印 |

| 序号 | 时代 | 作者 | 作品名称 | 质地 / 尺寸 (cm) | 藏地 / 著录 | 安国钤印 |
|---|---|---|---|---|---|---|
| 10 | 宋 | 佚名 | 《九歌图》卷 | 纸本墨笔，32.7×856 | 辽宁省博物馆 | “大明锡山桂坡馆安国民太氏书画印”白文方印(十八方)、“明安国玩”白文长方形印(十七方)、“大明安国鉴定真迹”朱文长方形印 |
| 11 | 宋 | 佚名 | 《寒鸦图》卷（图 8） | 绢本设色，27×112.9 | 辽宁省博物馆 | “明安国玩”白文椭圆形印（二方） |
| 12 | 宋 | 佚名 | 《秋树鸜鸽图》 | 绢本设色，25×26.6 | 故宫博物院 | “桂坡安国鉴赏”朱文长方形印 |
| 13 | 宋 | 佚名 | 《夜合花图》 | 绢本设色，24.5×25.4 | 故宫博物院 | “明安国玩”白文椭圆形印 |
| 14 | 宋 | 佚名 | 《秋兰绽蕊图》 | 绢本设色，25.3×25.6 | 故宫博物院 | “明安国玩”白文椭圆形印 |
| 15 | 宋 | 赵构 | 《行书七绝诗》 | 绢本，24×23.2 | 中国国家博物馆 | “明安国玩”白文椭圆形印 |
| 16 | 宋 | 李唐 | 《濠濮图》卷 | 绢本设色，24.1×113.7 | 天津市博物馆 | “大明锡山安国珍藏”白文长方形印 |
| 17 | 宋 | 李唐 | 《晋文公复国图》卷 | 绢本设色，29.4×828 | 美国纽约大都会博物馆 | “明安国玩”白文椭圆形印（三方） |
| 18 | 宋 | 刘松年 | 《竹楼听说图》 | 绢本设色，尺寸不详，已佚 | 《珊瑚网》著录 | “明安国玩”印 |
| 19 | 宋 | 李嵩、李安忠 | 《纨扇画册》 | 绢本设色、墨笔均有，尺寸不详，已佚 | 《石渠宝笈》卷二十二著录 | “桂坡安国鉴赏”朱文长方形印 |
| 20 | 宋 | 李嵩 | 《钱塘观潮图》卷 | 绢本设色，17.4×83 | 故宫博物院 | “明安国玩”白文椭圆形印（三方） |
| 21 | 宋 | 佚名 | 《松荫访隐图》 | 纸本墨笔，尺寸不详，已佚 | 《石渠宝笈》卷二十六著录 | “明安国玩”印 |
| 22 | 宋 | 米芾 | 《云山图并自书跋》卷 | 纸本，尺寸不详，已佚 | 《石渠宝笈》卷三十二著录 | “桂坡安国鉴赏”朱文长方形印 |
| 23 | 宋 | 马远 | 《月下把杯图》 | 绢本设色，25.7×27.6 | 天津市博物馆 | “明安国玩”白文椭圆形印 |
| 24 | 宋 | 马和之 | 《邶风七篇图》册 | 绢本设色，尺寸不详，疑已佚 | 《石渠宝笈》卷四十一著录 | “大明安国鉴定真迹”朱文长方形印 |
| 25 | 宋 | 佚名 | 《渔乐图》 | 绢本设色，23.7×25 | 故宫博物院 | “明安国玩”白文椭圆形印 |
| 26 | 宋 | 佚名 | 《层楼春眺图》 | 绢本设色，23.7×26.4 | 故宫博物院 | “明安国玩”白文椭圆形印、“桂坡安国鉴赏”朱文长方形印 |
| 27 | 宋 | 佚名 | 《柳堂读书图》 | 绢本设色，22.5×24.4 | 故宫博物院 | “明安国玩”白文椭圆形印 |
| 28 | 宋 | 佚名 | 《五云楼阁图》 | 绢本设色，23.2×23.2 | 故宫博物院 | “明安国玩”白文椭圆形印 |
| 29 | 宋 | 闫次于 | 《山水图》 | 绢本设色，25.3×25.6 | 美国弗利尔美术馆 | “明安国玩”白文椭圆形印 |
| 30 | 宋 | 严叟 | 《梅花诗意图》 | 绢本墨笔，19×112.9 | 美国弗利尔美术馆 | “大明锡山桂坡馆安国民太氏书画印”白文方印（二方） |
| 31 | 宋 | 龚开 | 《中山出游图》 | 纸本墨笔，32.8×169.5 | 美国弗利尔美术馆 | “明安国玩”白文椭圆形印 |

| 序号 | 时代 | 作者 | 作品名称 | 质地 / 尺寸 (cm) | 藏地 / 著录 | 安国钤印 |
|---|---|---|---|---|---|---|
| 32 | 宋 | 欧阳修 | 《欧阳先生文粹》十二册 | 纸本，尺寸不详 | 《天禄琳琅书目》卷十著录 | "安氏家藏"诸印 |
| 33 | 五代 | 王齐翰 | 《勘书图》 | 绢本设色，28.9×65.4 | 南京大学 | "大明锡山桂坡馆安国民太氏书画印"白文方印、"大明安国鉴定真迹"朱文长方形印 |
| 34 | 元 | 黄公望 | 《富春山居图》卷 | 纸本墨笔，33×636.9 | 台北"故宫博物院" | "安绍芳印"朱文方印、"懋卿父"白文方印 |
| 35 | 元 | 颜辉 | 《钟馗元夜出游图》卷 | 绢本设色，24.8×240.3 | 美国克利夫兰博物馆 | "明安国玩"白文椭圆形印 |
| 36 | 元 | 王蒙 | 《太白山图》（图 9） | 纸本设色，28.3×240.6 | 辽宁省博物馆 | "明安国玩"白文椭圆形印、"大明安国鉴定真迹"朱文长方形印 |
| 37 | 元 | 王蒙 | 《秋林万壑图》 | 纸本，尺寸不详，疑已佚。 | 《石渠宝笈》卷十七著录 | "大明锡山安国珍藏"白文长方形印 |
| 38 | 元 | 任仁发 | 《竹禽图》 | 绢本设色，25.3×23 | 云南省博物馆 | "大明锡山安国珍藏"白文长方形印 |
| 39 | 元 | 赵雍 | 《竹枝图》 | 纸本墨笔，33.8×59.2 | 故宫博物院 | "明安国玩"白文椭圆形印 |
| 40 | 元 | 萧宗元 | 《隶书道德经》 | 纸本，尺寸不详，疑已佚 | 《秘殿珠林》卷十六著录 | "明安国玩"诸印 |
| 41 | 元 | 无款 | 《名画荟萃二册》 | 墨笔、设色均有，尺寸不详，疑已佚 | 《石渠宝笈》卷四著录 | "明安国玩"印一方 |
| 42 | 元 | 赵孟頫 | 《归田赋》卷 | 纸本，尺寸不详 | 《石渠宝笈》卷五著录 | "大明锡山安国珍藏" 白文长方形印 |
| 43 | 元 | 赵孟頫 | 《嵇康绝交书》 | 纸本，尺寸不详 | 《石渠宝笈》卷三十著录 | "桂坡安国鉴赏"朱文长方形印 |
| 44 | 元 | 赵孟頫 | 楷书《左氏春秋传》 | 纸本尺寸均不详，疑已佚 | 《真迹日录》卷一著录 | 不详 |
| 45 | 元 | 赵孟頫 | 《赵氏一门三竹图》卷 | 纸本墨笔，34×108 | 故宫博物院 | "明安国玩"白文椭圆形印 |
| 46 | 元 | 倪瓒 | 《澹室诗图》卷 | 纸本，尺寸不详，疑已佚 | 《岳雪楼书画录》卷三著录 | 不详 |
| 47 | 元 | 无款 | 行草书《元人遗墨》册 | 纸本，尺寸不详，疑已佚 | 《石渠宝笈》卷二十八著录 | "明安国记"印 |
| 48 | 元 | 佚名 | 《松谷诗话图》 | 绢本，尺寸不详 | 金陵天渡楼藏 | "锡山安氏家藏"白文长方形印、"桂坡鉴赏"朱文方印 |
| 49 | 明 | 沈周 | 《溪居读书图》 | 纸本墨笔，尺寸不详，疑已佚 | 《石渠宝笈》卷三十八著录 | "桂坡安国鉴赏"朱文长方形印 |
| 50 | 明 | 朱锐 | 《访戴图》 | 绢本设色，尺寸不详，疑已佚 | 《珊瑚网》著录 | "明安国玩"印 |
| 51 | 明 | 文伯仁 | 《松冈竹坞图》 | 纸本设色，尺寸不详，疑藏台北"故宫博物院" | 《石渠宝笈》卷十七著录 | "安绍芳印"白文方印 |
| 52 | 明 | 王宠 | 《小楷南华经》卷 | 绢本，尺寸不详 | 《岳雪楼书画录》卷五著录 | "梁溪安氏家藏"印、"明安国玩"印 |
| 53 | 明 | 姚从文 | 《行书轴》 | 纸本，193×38 | 东京中央五周年 2015 年 9 月拍卖会 | "锡山安氏家藏"白文长方形印 |

图8 佚名 《寒鸦图》卷 绢本设色 27cm×112.9cm 辽宁省博物馆藏

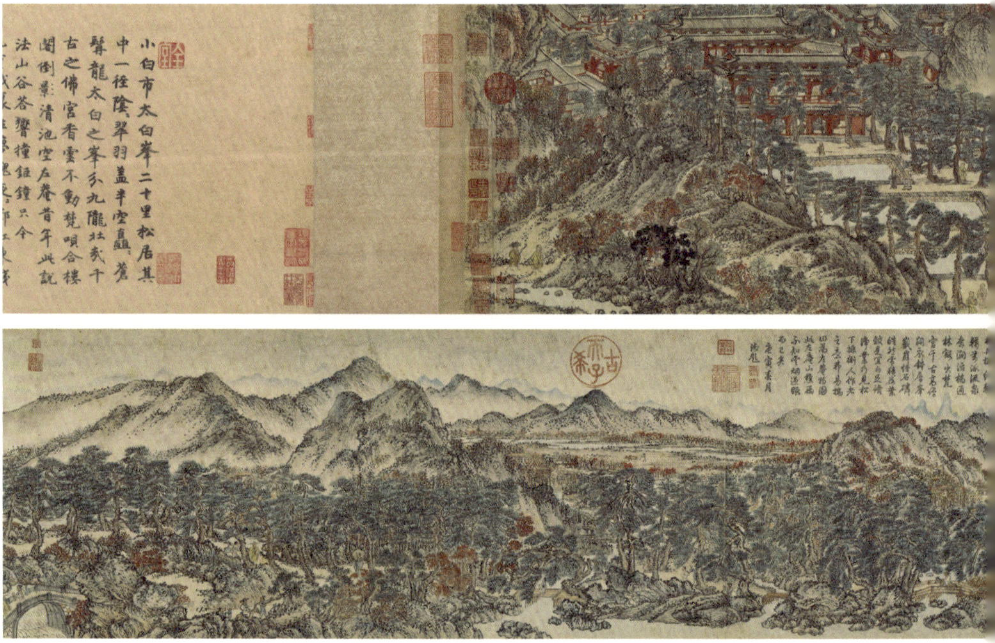

图9 ［元］王蒙 《太白山图》 纸本设色 28.3cm×240.6cm 辽宁省博物馆藏

松曲香臺

上述目录绝非安氏书画收藏之全貌，然亦能从中发现一些特点：其一，安国家族的收藏主要从安国本人开始，而后又延续到其曾孙安绍芳一代，但规模已大大缩小，说明安家收藏的兴衰与家族事业的兴衰同步；其二，其藏品主要以古代绘画为主，书法不多，偶尔亦有一些古籍；其三，安国家族的藏品上都没有题识，只有鉴藏印章，而且他们的钤印都体现出十分注意保护藏品的特点。尤其是安国，他的藏印都不大，而且钤盖时往往盖在书画本幅的边角与骑缝之处。安国最常用的钤印是“明安国玩”白文椭圆形印，其次是“桂坡安国鉴赏”朱文长方形印、“大明锡山安国珍藏”白文长方形印、“大明锡山桂坡馆安国民太氏书画印”白文方印、“大明安国鉴定真迹”朱文长方形印等，但使用频率不高。另有一方钤在“中权本”《石鼓文》上的“锡山安氏家藏”白文长方形印，却极为少见，该印仅见于“中权本”《石鼓文》、佚名《松谷诗话图》、元曹棣（款）《山水图》（现私人藏）、明姚从文《行书轴》（纸本，纵 193 厘米，横 38 厘米，见于东京中央五周年 2015 年 9 月拍卖会）等几幅，它究竟属于安国本人，还是安氏家族的其他人，则不得而知，另一方“梁溪安氏家藏”印的情况也是如此。安国家族收藏的古书画，其时间上自晋唐以来，殆至元明二朝，但明代人的东西极少。嗣后随着家族的衰落，这些藏品中的一部分到了嘉兴大藏家项元汴的手中，因为晋人顾恺之《女史箴图》卷、宋人李嵩《钱塘观潮图》和《纨扇画》册、宋人无款《松荫访隐图》、宋人《欧阳修文粹册》、元人无款《名画荟萃册》、元人王蒙《秋林万壑图》、无款《元人遗墨册》等藏品上都有项氏的藏印。安国的藏品上都钤盖的是他本人的藏印，并无其后裔子孙的印信，很大可能是安国歿后，这些藏品都以财富的形式被他的六个儿子瓜分，然后逐步散落出去。而事实正是如此，隆庆三年（1569）八月十五日，嘉兴大藏家项元汴一次性就从安国后人手中买到了两件晋人王羲之的法书：《每思帖》和《此事帖》，他在书帖后如许写道：“晋右将军王羲之每思帖，墨林主人项元汴用价五十金得于无锡安氏，时隆庆三年八月朔日”，[12] 此时的安国离世才三十余年（1534），这件东西无疑是从安国的儿孙们手中出售掉的。实际上，此时的安家尚无败落，安家的两个进士安国的长子安如山和裔孙安希范尚都健在，那么极有可能是这两件东西由于安国殁后子孙分家，而落入到了安国的其他不肖子孙之手，因为安国的六个儿子们多不肖，除了长子安如山以外。这也许是安国做梦也不曾想到的，经他辛苦一生所收藏的诸多法书名画，在其离世之后很短暂的时间内，就被他的不肖子孙们出售他人，某种程度上为这个家族以后的败落，早早地埋下了伏笔。

**附　安绍芳家系（依据《安黄氏胶山宗谱》制成）：**

安国（安桂坡，1481—1534）→安如山（1503—1570）→安希尧→安绍祖、安绍芳（1548—1605，号研亭）

→安希范(1564—1621→安广居、安广誉、安广生、安广吉、安如磐)

安如石（1513—1564，字子介，大收藏家华云女婿）

安如京（1521—1550，字子大，号五峰）

安如冈（字子高，号胶崖）

安如陵（1528—1546，字子实，号十峰）

安如岳（出继周氏）

（原载于《荣宝斋》2017 年第 3 期）

## 注释

1. 王赓唐:《安氏旧家谱(传)抄本——胶山安国家族世次的又一资料》,《无锡文博》, 1992年第3期, 第18—21页。

2. 同上, 第19—20页。

3. 安国, 字民泰, 然而目前所见的安氏古书画鉴藏印, 却全部是"民太", 最常见的是"大明锡山桂坡馆安国民太氏书画印"白文方印, 说明"安泰"和"安太"应该通用。

4. 王赓唐:《安国桂坡馆的盛衰》,《无锡文博》, 1994年第1期, 第18—23页, 笔者依据该文献整理归纳。

5. 同上, 第22页。

6. [清]倪涛:《六艺之录》(卷三), 文渊阁《四库全书》电子本, 上海: 上海人民出版社, 1998年。

7. 中国古代书画鉴定组编:《中国古代书画目录》(1—10册), 北京: 文物出版社, 1984—1992年陆续出版。

8. 盛东涛:《倪瓒》, 石家庄: 河北教育出版社, 2006年, 第60页。

9. 中央美术学院中国美术史教研室:《中国美术简史》, 北京: 中国青年出版社, 2002年, 第215页。

10. [清]张照等:《石渠宝笈》(卷二十九), 文渊阁《四库全书》电子本, 上海: 上海人民出版社, 1998年。

11. 现藏日本皇室的《丧乱、得示、二谢》(三帖合为一卷, 纵28.7厘米, 横63厘米), 其上并无安氏藏印, 是否与安家收藏的书帖为一个本子, 尚存疑待考。

12. [明]汪砢玉:《珊瑚网》(卷一), 转引自卢辅圣:《中国书画全书》(第五册), 上海: 上海书画出版社, 1992年, 第722页。

# “剑光阁”内的闲居与雅玩：华云书画收藏研究

## 一、家系

华云与华夏同宗，追溯其先世，还当从宋元时期的华诠(1206—1285)说起。华诠有五子，十五个孙子，依据嫡庶长幼进行排序，他的十五个孙子合称为“十通（嫡出）五奇（庶出）”。其中华诠四子华友龙（1245—1309）[1]嫡子华琳（1268—1334）的后裔嗣后被称为通八支；[2]而华友龙三哥华友闻（1242—1313）的次子华璞（1265—1331）的后裔则被称为通四支，也就是说华夏的第十一世祖华友闻与华云的第十世祖华友龙是堂兄弟，虽然按照辈分来讲华云是华夏的族叔，但他们之间的血缘关系已是十分疏远。明初洪武三年（1370），华夏的七世祖华贞固举家迁至无锡东南部的鹅湖居住，由是形成“鹅湖华氏（荡口华氏）”，而华琳的子孙们则世代居住在无锡城区的南门一带，也有部分迁居祖居地东亭以及江阴、斗山、苏州等地的。[3]其中华云一系就久居东亭，距离华夏所在的鹅湖尚有一段不近的距离，至其祖父华栋时方迁至无锡城区较为繁华的南门一带。因故，明清以来的相关文献，一些著者曾尝试分别以“荡口华氏”和“梁溪华氏”“锡山华氏”“无锡华氏”等称谓对他们进行区分，由于华氏人丁兴旺，支派众多，这种区分许多时候并不准确，还会经常出现将他们二人混淆的情况，由此带来藏品归属研究中的一些麻烦。作为华氏通八支的始祖，华琳，字可珍，号玉山，家谱中说他“壮年挟才艺游京师，授进艺校尉淮安路屯田打捕提举，晚年致政于故园”，[4]华琳育有五子，其中长子华椿（1291—1357）即为华云的八世祖，而华椿的四弟华桧（1299—1358）和杨维祯有往来，[5]杨曾为之作《翠锦堂赋》。[6]华氏的先贤们在元代，多与当时的名流显宦有往来，这在华氏家族中似乎是一个普现象。

华景安娶无锡当地大族顾氏为妻，生有三子，其长子华荃即是华云的高祖。华荃，字巽芳，号娱晚，家谱无传，育有二子，其长子华本盛即是华云的曾祖父。华本盛，号友琴，“唯教子读书为乐。家传有古琴一张，名曰：雷威。百衲材也，其式云和，细纹如牛毛，凤沼仅容三指，太平兴国时物也。宝爱之至，虽夜眠亦必置之卧榻之侧，唯风月佳时携之游于山巅水涯，独抚一曲，与清籁寒泉阙胜，其高怀雅兴，非常人可得而知也”。[7]说明华本盛重视文教，且收藏有一把宋代的古琴，并视为至宝。华本盛娶妻陈氏，华栋是其独子，他即是华云的祖父，文徵明曾为他撰写过墓志铭。华云家族的发迹就是从华栋开始的，到华云父亲华麟祥时，华家已经成为当时全国有名的富豪，以至于当时无锡一地流行“安国邹望华麟祥，金银日夜用斗量”的民谣。谈及华云家族的收藏，还得从其五世祖华景安谈起。

华氏家谱中关于华景安的记述较多，《华氏通八支传芳集》载：“府君讳景安，字康伯，第同一，平一府君（华端平，字正则）长子，为人威仪严恪，无骄奢之习，而志趣高雅，植竹万竿，与名士谈文赋诗其中，颜其居曰‘绿筠窝’。有诗数卷传后，以诗礼教其子孙。长乡之赋，民尤多沐其惠，生元至正十九年（1359）五月五日，卒宣德四年（1428）二月二十七日，年七十。配顾氏，子三：荃、庄、茂。”[8]华景安是华端平的独子，家谱中没有华端平的谱传，故具体情况不详。华景安为人严恪，志趣高雅，与诸多文士来往较多，并有诗集存世。“长乡之赋”说明他和通四支的其他族人一样，做过粮长。其收藏斋号为“绿筠窝”，源于他所种植的万竿绿竹，这个斋号是华氏家族中较早出现的一个收藏斋号，对于嗣后的华云等人从事收藏产生了深远的影响。迨至清末，通八支的第二十世孙，画家华坡曾做过一篇《绿筠窝图》的小文，[9] 详细记述了其先祖的风雅艺事：

十一世祖，名景安，字康伯，号耕乐（耕乐处士），海翁（华麟祥）之高祖也。端居静养，志趣闲逸，于所居左右植竹万竿，葺茆以居，名之曰：“绿筠窝”。日与诸名士宴游倡和。所交者如王孟端（1362—1416）、俞朝宗、吕志学、陈子庄、宗人希颜、衲子永宁辈，皆有题咏。学士王达有《绿筠窝记》，故補庵公诗集亦以此名之。又刻《绿筠窝帖》八卷，今尚有遗石数条在于九处。[10]

华景安的交友众多，且多为名士，有著名画家王绂、俞朝宗、吕志学、陈子庄、华希颜以及僧人永宁等。这则文献仅说明“绿筠窝”是一个书斋号和聚会之所，并没有提及它的古物收藏功能。目前仅仅知道一位名叫“浦坦”的人写过一首“题华康伯所藏东湖山水图”的诗作，得知华景安收藏过他的族人华希颜的《东湖山水图》。此诗如下：

东湖先生高且闲，笔底造化成江山。春风吹林破新绿，树杪雨歇飞潺湲。江光闪闪烁霞赤，沙鸟离离度溪夕。宛然鸡犬隔前村，疑有当年避秦客。水亭春还花正香，渔翁钓拂青丝长。江山峥嵘一旦来，草堂自此生辉光。[11]

华希颜，1313—1398，《华氏传芳集》作“华晞颜”，字以愚，号东湖，少入国子监，洪武初年以明习春秋授常州府训导，后归隐东湖，善诗，工文辞，亦善山水，[12] 今无作品存世。他是华氏奇五支华琤（1282—1357）的幺子，[13] 辈分较高，华景安是他的族曾侄孙。在华氏家族中，华希颜相对较为活跃，在当时文人圈子中也颇有名气，与之交游者甚众，如“元四家”之一的倪瓒、赵孟頫子赵雍、宇文子贞、俞鼎元、魏奎、朱桓、王鸣吉、沈伯熙、宋元凯、魏彝、龚行义、惠连、王汝器、黄著、丁信、钱仲益、张筹、周士平、华幼武、王彦强、储唯德等。[14]“绿筠窝”对于华氏家族所产生的艺术方面的影响，主要在于两件事情，其一是大画家王绂为之绘制的画作《绿筠窝图》卷，华云胞弟华露（1531—1596）的来孙华希闵[15]（1672—1751）在其《延绿阁记》一文中有过详细而又离奇的描述：

十一世祖康伯府君，性爱竹，植竹万竿，而室其中，名“绿筠窝”。王舍人孟端绘图，学士耐轩王公（王达）作记，邑诸名宿系以诗，越三传（华本盛）而失其卷。至比部府君，请太史衡山文公补图，并录诸诗于后。而王雅宜以下十数公各加题识，是卷之珍，与原本埒也。不知何时又失去，远为缪太史文子所得，携入京，王吏部虚舟（1668—1743）知是为吾家物也，以宋拓《圣教序》、宋刻《四子书》各一部易之，以归余。余惊且喜，因改颜读书之阁曰“延绿”，以志焉。而期延于无穷，仍属吏部跋其缘起于虖。人生有尽，而期于无穷者，愚也。不忍读父之书，母殁而杯棬不能饮，读与饮尚不忍，而况忍弃之乎？况物有重于书与器者乎？绿筠一室，康伯府君图而记之，比部府君又补图而录之，此何如其心？今远在三千里外，复归子孙之手，固拜吏部之德，而亦两府君之灵，实式凭焉？非余小子之力所能及也。余老矣，此志安有穷期，望吾子孙相与延于无穷也。[16]

华希闵讲述了华景安好友，明初名画家王绂给他绘制的《绿筠窝图卷》的创作与流传情况。该图由王绂所绘，并由其胞兄王达作记，说明这是一件图文并茂的兄弟二人合作的作品。王绂（1362—1416），字孟端，号友石生，又号九龙山人，无锡人，曾供奉朝廷。善画山水，主要师法元人王蒙、盛懋和倪瓒。题记的王达（1350—1407），字达善，号耐轩居士，与浦源及其弟王绂号称“锡山三杰”，与解缙、王洪、王燧、王偁并称“东南五才子”。王达经常为其弟王绂的作品题识，迄今尚有多件存世。[17]另外卷后尚有诸多无锡名贤写的诗作，然此卷传至华景安孙华本盛的时候就已经散佚了。到了华景安来孙华云的时候，他又请苏州大画家文徵明为之重新补绘，并题录了遗失的诗作，同时又加上了王宠等十余人的题识，以至于华希闵说它“是卷之珍，与原本埒也”。然该手卷不久又遗失，并为清代苏州大藏家缪曰藻（1682—1761）所得，此事当发生于华云的裔孙时期，说明华云的藏品在其逝后逐渐散出。当时在京任职的王澍用宋拓《圣教序》和宋刻《四子书》两套古籍换得了此图，根据缪氏的生卒年推算知此事当发生于清朝康乾时期，王澍又将此图交给了华希闵，华氏因此改称自己的书斋为“延绿阁”，以示延续先人华景安之泽，并期望自己的子孙“相与延于无穷”。

华希闵的“延绿阁”修成后三年，他竟然又遇到了一件王绂为其先祖华景安绘制的《松溪钓隐图》，他对此图的流传情况又做了较为详细的叙述：

阁成之三年，客有以王舍人松溪钓隐图求售者，展视之，乃亦为我康伯府君作也，其年为洪武戊寅（1398）至成化间（1465—1487）而失。七世祖海月府君复得于姻杨延氏所，则正德庚辰（1520）也。复之日，率比部府君焚香拜观，忻感交集，请邵二泉先生楷书记于上方。越二百年，笔墨图识完好，不知何时复失，而今又来归。爰焚香告天酬以白金四百铢，汇先世翰墨，合庋阁西南隅，而附记如右。[18]

王绂的这幅《松溪钓隐图》，遗失于洪武戊寅（1398）至成化间（1465—1487）年间，此时华云尚未出世，故遗失画作的时间应在华云的父祖时期。而后华云父华麟祥又于正德庚辰（1520）从其姻亲处获得此图，得图后他率领自己的儿子华云焚香拜观，并请显宦邵宝为之楷书题记。此图随后就一直收藏在华云家族，迨至清康乾时期又失而复得，华希闵耗资白金四百铢购回是图，与其它先祖翰墨一并藏于“延绿阁”之西南隔。

据华景安后裔的这些记述，其实不难发现“绿筠窝”中的藏品并不丰硕，目前所知仅有斋主的好友王绂所绘的《绿筠窝图》卷、《松溪钓隐图》以及族人华希颜的《东湖山水图》三件，但却全部散佚不存，对于这些藏品的具体情况我们是一无所知。然华云亲家王世贞的诗作《绿筠窝卷歌》却留下了关于“绿筠窝”的另一些记载，某种程度上也有助于我们推断它的收藏情况：

永乐间，无锡华翁有绿筠窝，九龙山人王孟端图之，一时词笔皆知名士。后失之火，翁五世孙補庵先生复创窝竹间，衡山太史为续图，仍有诸体书诸君诗于后，掩映斐亹，极有好致，不佞少尝醉窝中，辱小友之目，今此图与窝俱存，而先生及太史不可复作矣。因赋长歌归明伯，志余感慨，明伯其宝有之。华翁之窝字绿筠，第云不可无此君。手种淇园三万箇，一一青含太古文。龙鳞陡擘縠后雨，凤尾直破松梢云。为君传神者谁氏，醉沈淋漓走元气。敲戛犹余金石音，纵横不见龙蛇字。此君与翁俱有孙，琅玕肯让吾家门。夹池檀栾借余润，茂林风流依旧论。阿戎昔作童子游，把臂三日山中留。卷头虽失王大令，眼底复得文湖州。文君妙手称三绝，墨池片片墨琼屑。已教春雪擅前贤，况是秋霜同晚节。此图再更人再徂，恍然若对黄公垆。未穷尘代沧桑事，嵇阮于今不可呼。[19]

王世贞是说华景安的“绿筠窝”失于火，后由华云复创并请文徵明补绘《绿筠窝图》，他作此歌即是记载其事，并给华云长子华复初的，此图当时归华复初收藏。华复初，生卒年不详，字明伯，号岳西、岳西道人等，任应天府训导。[20] 诗中的“卷头虽失王大令，眼底复得文湖州。文君妙手称三绝，墨池片片墨琼屑”两句，提到了晋人王献之，宋人文同，应是王世贞在华云后修的“绿筠窝”中所看到的藏品，但具体是什么作品，或者说是否为大令和文同所作，我们都无法知晓。

但是华云复创其五世祖华景安的"绿筠窝"，并承继其书画收藏的兴趣这一事实，却是以诗歌的形式见诸于姻亲王世贞的笔下。

## 二、家族先声——华麟祥

华云家族的发迹始自其祖父华栋，也正是从他开始，华栋一家自祖居地东亭迁居至无锡城中心的南门一带。清人《通八支传芳集》载：

> 义熙末，孝子讳宝，南齐诏表门闾，为锡邑望族，二十一传至宋承事郎，讳原泉，居东亭，为今谱第一世祖，六传后分十通五奇。通八提举府君讳琳，乃吾父之十五世祖也，又四传至元乐耕府君，讳景安，又四传为明邑廪生，封骠骑将军、锦衣卫佥事坦庵府君，讳栋，自东亭迁城南，生邑庠生，督察院都事，封奉政大夫户部郎中海月府君，讳麟祥。[21]

华栋行状，《无锡华氏通八支宗谱》中有简单的记载：

> 华栋，字良用，号坦庵，邑廪生，敕赠明远将军，锦衣卫指挥佥事，配吴氏，葬九里泾，子三：麒祥、麟祥、鸾祥。[22]

是文极为简单，具体情况则见于华云父华麟祥殁后，华云请文徵明为之撰写的墓志铭《有明华都事碑铭》一文中，该碑全文 1079 个字，由文徵明以隶书撰写，并由章简甫镌刻而成，此碑原石一说现藏于苏州市博物馆，[23] 无锡博物院则藏有现代人所拓全文，现装裱成册，共四十开，每开纵 28.2 厘米，横 18.5 厘米，周道振旧藏之物，后于 1988 年捐赠原无锡市博物馆。（图 1）据周氏册后题识知此碑原藏无锡望湖门，1934 年周氏亲见此碑时，已是危石，后于 1937 年亲自拓得完整碑文。全文较长，却是研究华云家世极为重要的原初史料，更

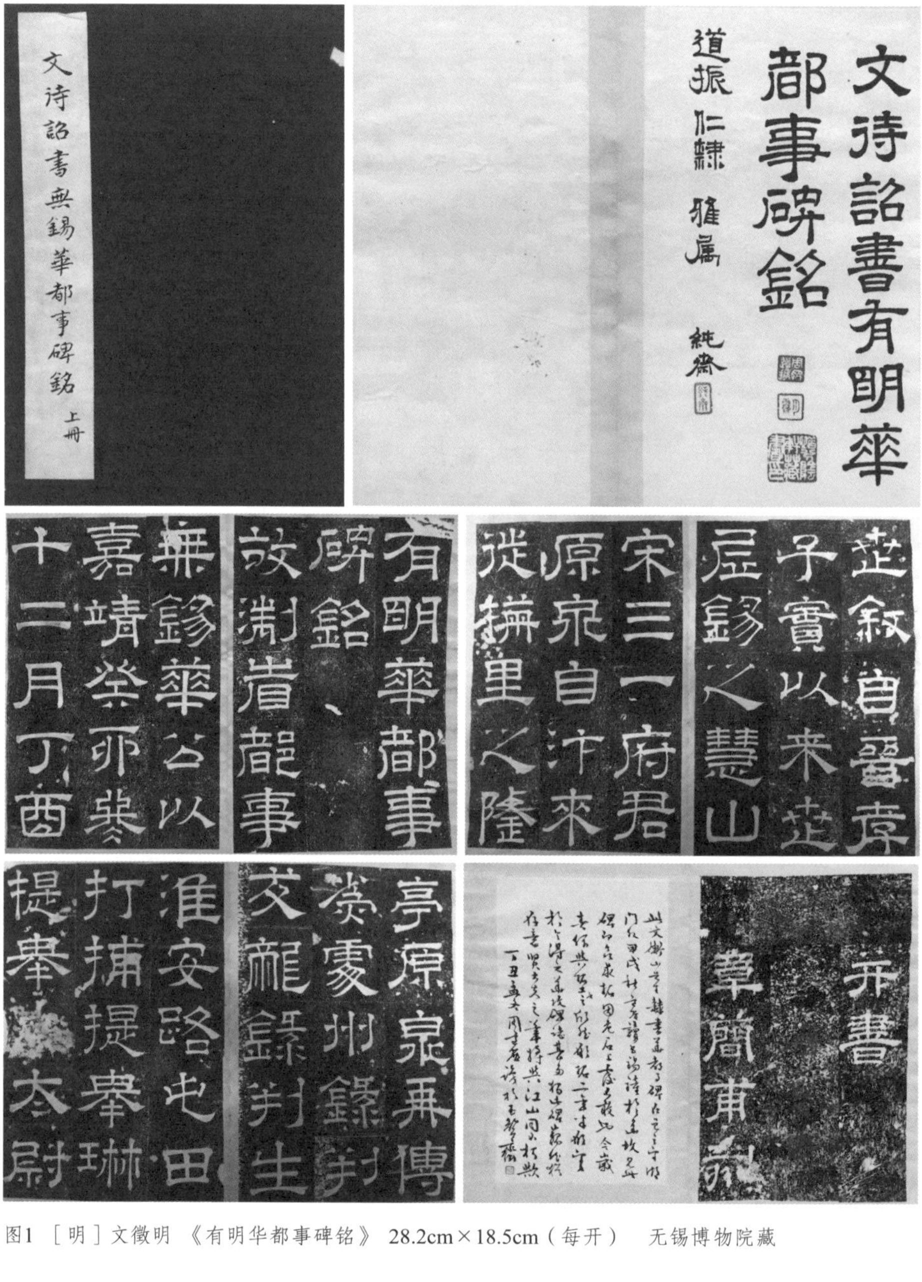


图1 ［明］文徵明 《有明华都事碑铭》 28.2cm×18.5cm（每开） 无锡博物院藏

兼其为文徵明亲笔书写，且又能窥得文氏较为少见的隶书艺术。华麟祥于晚年突患痰疾，“时止时作，至明年七月十日竟卒。距其生天顺甲申九月十六日，享年七十有九”，知其生于1464年，与华渚《勾吴华氏本书》中的记载一致，可知生于1463年的说法应当不确。[24]享年七十有九，可以推算出其卒年为嘉靖壬寅年，即1542年，翌年下葬，文徵明在碑文中记载了这一时间，后又采用他经常惯用的措辞，叙述华氏悠远的家世，文氏给华氏族人写过许多铭文，大多沿袭这一套路，“故浙省都事无锡华公以嘉靖癸卯（1543）冬十二月丁酉，葬邑之九里泾扬名阡。翰林待诏文徵明刻其墓上之碑曰：维华氏远有世叙。自晋孝子宝以来，世居锡之慧山。宋三一府君原泉，自汴来徙梅里之东亭。原泉再传为处州录判友龙。录判生淮安路屯田打補提举琳。提举生太尉府知印椿。知印一再传为耕乐处士景安，则公之高大父也。曾大父荃，大父本盛。”

接下来具体谈到华云的祖父和父亲，“父栋，字良用，读书业进取，跅弛自好，龃龉于时。娶吴，生三子，公其仲也。其讳麟祥，字时祯，号海月居士，晚称海翁。生而雄俊，少即砥砺知学。读书缀文，不肯碌碌后人。尝游学官，一不合，即弃去，以资为郎，然雅非其好也。因笃学不废，寻又被选为诸生，援例升贡太学。一再试有司不利，即罢不复举，以太学生注选，待次于家。子云，资秀而颖，乃笃意教之。曰：‘吾宗世负高资，然科第不丐，顾吾厄于时，命不获中；汝庶几嗣成之’”。华栋的史料在华氏家谱中极为简单，此处的记载是最为详细的，因为华栋毫无功名，但是他是这个家庭取得富有的关键人物，其财富的取得近乎一夜暴富，家谱与其它稗史对华栋发家事迹的记载几乎采取了一致的说法，即华栋掘地得金，遂富甲一方，这个故事在其家谱中有过十分清楚具体的记载：“十四世祖坦庵公，名栋，字良用，少为茂才。试弗利，寻获贡，以子贵封锦衣卫指挥。尤镗《锡山佚事》云：坦庵性异顺，不敢一言先人，每云土卑水下，故悠久流长。邻有龚釜者，陵铄之作，室垂成，龚以侵其地为怒，坦庵则徙龚所欲，让

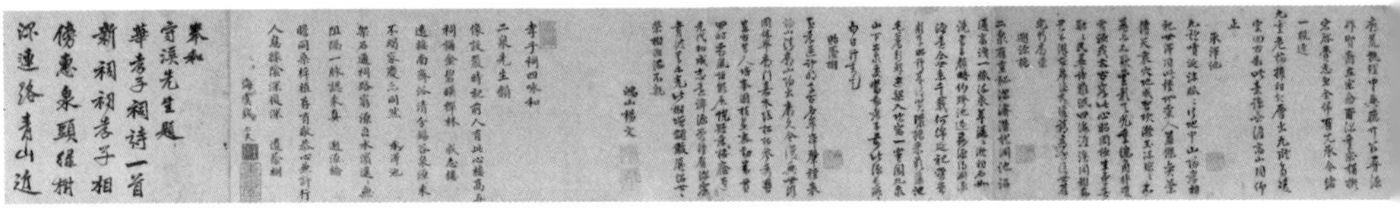

图2 [明] 邵宝《孝子祠四咏卷》纸本 26cm×312cm 无锡博物院藏

地五尺，埋石以息争。掘地得铁瓮数百，乃宋时相国之藏金也。由是，富甲一邑。时邑未城，筑二城以卫其财。”[25] 但在文徵明的笔下却是只字不提，反而说他“读书业进取，跅弛自好”，这无疑是一种溢美之辞。华栋有三个儿子，他们分别是长子华麒祥、次子华麟祥、三子华鸾祥。名气最高者唯华麟祥莫属，其余二位史料阙如。仅知华麒祥字天祥，有三子：华霨、华雨、华霖。[26] 和其二弟华麟祥一样，亦是锦衣卫指挥佥事，这一职务在当时的华氏家族中极为常见，且多是子孙荫官所得。幺子华鸾祥字时瑞，家谱中仅说他有一子名曰华电，他字从光，号省庵，嘉靖辛卯（1531）举人。[27] 华云的堂兄弟一共有六人，其名字皆从“雨”字旁，下一代则皆为“复”字辈。

华麟祥，1464—1542，字时祯，号海月居士，晚称海翁，或者海月翁，其字亦有说“时正”者，[28] 应是清人避讳雍正帝名讳所致；另有“时珍”一说，[29] 不确，应以文徵明所书为确。他早年好学，“尝游学官，一不合，即弃去”，说明了他的性格，可能是一个较为直爽，而又急躁的人。“以资为郎”，极可能是通过捐资获得了某一义官。《华氏本书》中说他是“入粟補郎散官”。[30] 华麟祥后放弃科举，以诸生待家，将科举仕途的理想寄厚望于儿子华云。华麟祥弃科举后，遂转向财富积累，并获得了成功，使子云求学于无锡显宦邵宝，而归乡后的邵宝仅与他一人交好，“繁殖，遂雄于赀。岁饥，倾廪赈贷，无弗应者。新会陈献章为颜其堂曰：乐善。令子云受业于邵宝，宝归山后，与富室相款曲者，唯麟祥一人”。[31] 实际上邵宝与华云亦有姻亲关系，华云的

外祖母，张逊之妻邵氏，为邵宝的族姑。邵氏《福州知府张公传》载“（张逊）配邵氏，吾族尊姑”。[32] 邵宝（1460—1527），字国贤，号泉斋，别号二泉，无锡人。明成华二十年（1484）进士，历任户部郎中、江西提学副使、浙江按察使、都察院右副都御史等职，正德间拜礼部尚书。辞官后在无锡设私塾教书，后在惠山创建二泉书院，因此世称“二泉先生”。邵宝在当时无锡士人心目中具有较高地位，和华家也多有来往，他曾为华家族人写过《孝子祠四咏卷》（纸本，纵 26 厘米，横 312 厘米，无锡博物院藏），（图 2）以著名的华孝子祠四景—成志楼、承泽池、溯源桥、遗荫树为题，书五言绝句四首。书法结体端庄浑厚，古朴苍劲，异于流行书风，较为独特。华麟祥之富，清人黄印在其《锡金小识》中说道：“元时无锡称四巨室，曰江、虞、强、邵，谓其富甲一郡也。明时有三巨室，曰邹、钱、华，言其丁众富强也（昆陵漫录）。按前助赈内有四钱、四邹、七华，其盛可知，此当就成、弘以前言之。若正嘉时，则推安国桂坡、邹望东湖、华麟祥海月三家矣。”[33] 也就是说在明朝的正德、嘉靖时期，即公元 1506—1566 年间，华麟祥与安国、邹望并称无锡三大富豪。三家之富，以至于在当时民间流行一句民谣“安国邹望华麟祥，金银日夜用斗量”。三家中的安国（1481—1534），其三子安如石（1513—1564）嗣后娶了华麟祥的孙女，[34] 华云的女儿为妻，安、华两家遂成姻亲。[35] 而安如石的三女，嗣后又嫁给了华察的长子华伯贞为妻，由是形成安、华两家互为婚姻的状况，可见二族关系之密切。

归乡后的华麟祥，崇朴尚俭，不喜燕游，理耕桑，训子孙。后其长子华云“明经缀学，竟起高科，而诸孙群从，被服儒术，彬彬继起，遂隐然为文献之族”，“及云领荐，喜曰：‘吾志酬矣’。即投牒吏部，自言愿得散衔，释褐不复就调矣。天官卿嘉其志，奏授浙江布政司都事阶从仕郎以归。”[36]华麟祥的儿孙们大多成器，在仕途上多有建树，如华云曾于嘉靖辛卯（1531）中进士，次子华露中举后曾任光禄寺监事，孙子中的华复初、华复诚、华复元、华复阳、华元禔、华元禧等都曾在科举和文化方面取得成功，确实成为“文献之族”。至于华麟祥的职务，其家谱记载则多说其是由于儿子华云之故赠户部主事，[37]事实上有明一代华氏家族父子之间，因儿子在科举上的成功，进而荫庇父亲，并使之获得一定官位的现象极为常见。就华麟祥的子孙来说，华云胞弟华露也因其子华元禔而获赠商丘知县，[38]华复阳子华之京因其子华琪芳而获赠右春坊右庶子。[39]

华麟祥能成为无锡巨富，其父华栋的“掘地得金”应该是其家业起步的基础，另外他本人“菑播畜牧，能谨之以时。訾算转输，得其肯綮，用能恢衍故业。膏腴连延，布泉流溢，几埒素封。而公质行寡与，俭约自将，歌鼓声色，泊无所好”（见文徵明《有明华都事碑铭》，纸本，共四十开，每开纵28.2厘米，横18.5厘米，无锡博物院藏）。经营农田和畜牧，尤其是田产数目较大，且经营计算合理缜密，使得华麟祥获得巨额财富，但是他本人又较为勤俭，远离声色，一定程度上都有利于财富的积累。对于族人，华麟祥亦能“人缓急有求，无弗应者”。华麟祥在早年入赘福州知府张逊，[40]娶其女为妻。邵宝的《华硕人张氏圹志铭》中说张逊亦为无锡人，后做官至福州，由于其子年幼，故招赘华麟祥为婿，“吾父之为此举也，为吾弟幼而祠墓无所托也”。张逊对华麟祥极为信任，“（张逊）特贤爱之，托以肺腑，任之家事”，“张公死，家日就落，乃极意拯之。扶微兴坏，久益不衰，其笃义强仁如此”。[41]很有可能是张逊无子，故招赘华麟祥为婿，并托以家事，张逊歿后，其家遂败，华麟祥扶持并使之兴盛。张氏后为华云育有一子四女，儿子即华云；次女后嫁安国三子安如石为妻。其他几个女儿也多嫁于无锡的仕宦人家。华云生母张氏于嘉靖癸未（1522）去世，早于华麟祥二十年去世。后华麟祥又娶一侧室杨氏，生子华露，即为华云的同父异母兄弟。他和长兄华云皆以孝友闻于乡里，清人周弘的《渔石华公暨配黄孺人墓志铭》说“吾邑有华補庵、次庵两先生，孝友笃行，君子人也”。[42] 华麟祥应该也从事收藏，《勾吴华氏本书》说他“暇则琴鹤图书”，说明他有一定的收藏，但具体收藏了哪些古物，却是不得而知，而后华麟祥子华云，孙华复初、华复诚，曾孙华之方、华之充、华之亢，以及华云曾孙华琪芳，五世孙华长发等在书画收藏与创作方面皆有一定成就，可谓瓜瓞绵绵，代不乏人。

## 三、補庵居士——华云

明代中叶，在诸多无锡华氏族人中，不论是仕途科举，还是文艺创作，抑或是书画鉴藏，影响最大，成就最高者毋庸置疑当首推华云。嘉靖辛卯（1531）华云举进士，任户部主事，改南京兵部，进刑部郎中，人称“华户部”；嘉靖三十四年（1555），华云与族弟华察（1497—1574）、秦瀚（1493—1566）、王瑛、顾可久（1485—1561）、王问（1497—1576）、施渐（1496—1556）等重建无锡有名的诗社“碧山吟社”。华云一生著述甚多，著有《勾吴集》《近游集》《北游集》《江州集》《改南集》《真休集》《锡山先贤录》《剑光阁文集》《绿筠窝集》等，但大多散佚；华云和吴地的书画名家大多有来往，尤以文徵明来往最多，且时间较长，前后持续近半个世纪（1522—1570），另外他还与王世贞、文彭、陈淳、祝允明、周天球、陆师道以及宁波的范钦等人也多有交谊，在当时的吴地艺术圈较为活跃；“真休园”与“剑光阁”皆为华云收藏法书名画的处所，《勾吴华氏本书》一书说其收藏“一时往来翰墨之富，三吴亦莫及也”。[43] 沈德符在《万历野获编》中对嘉靖末年的收藏情况有过这样一段论述：“嘉靖末年，海内宴安，士大夫富厚者以治园亭、教歌舞之隙，间及古玩，如吴中吴文格之孙，溧阳史尚宝之子，皆世藏珍秘，不假外索，延陵则嵇太史应科，云间则朱太史大韶，吾郡项太学、锡山安太学、华户部辈，俱不吝重赀收购，名播江南。”[44]在沈德符看来，华云的收藏堪与当时的项子京和安国等人相颉颃，就实际情况来看，华云的书画收藏与项子京有不小的差距，与安国相比也还不及，但在当时的收藏界还是有着不小的影响。

关于华云的小传，地方志和家谱都有为数不少的记载，他字从龙，号補庵、補庵居士等。据马森撰写的《明奉训大夫南京刑部江西司郎中无锡補庵华先生墓表》一文知，“補庵居士”是为华云的自号，其意“自号補庵居士，盖曰：‘无咎者，善补过也’。其相游者则相与称補庵先生”。[45]华云母亲张氏，为福州知府张逊之女，张逊，字时敏，号钝轩，无锡人，世代为官，“张（逊）自福州公以上，皆世隐德。其父文简赠涿州知州者，尤称里望，福州以乡贡进士历县令、州守至今。”[46]华云母张氏则通情达理，勤于家事，卒于嘉靖癸未（1522）年农历八月二十一日，春秋六十岁，先华麟祥二十年去世。她与华麟祥生子一人，即华云；女儿四人，除去次女早夭外，其余则分别嫁于无锡邹氏、秦氏和吴氏。华云少颖异能文，曾师从邵宝与王守仁，嘉靖辛卯（1531）顺天辛丑，举进士，华云时年四十四岁，说明他在中年时候举进士。后授户部主事，监四门仓，嘉靖丁未（1547）年时榷舟九江，廉洁甚得民心，后因患寒疾而离职。辞官归家后筑“菰川田舍”为读书堂，与友朋讲学切磋，不轻入城府，“交游遍海内，唯临海金一所，天台王西轩，仙居应容庵，姑苏文衡山数公为定执也”，[47]尤与与文徵明等交谊深厚。华云待父母极孝，其父于1542年去世时，幼弟华露才十二岁，其他弟妹也都年幼，于是华云肩负起了照顾弟妹们的责任，“推以抚庶弟，始终无间，其女弟早寡，悉力周旋之，于叔父及堂弟电，皆为襄其葬事”，[48]对于其他亲属也是颇有关照，于族人更是“出粟赈济至略千金，又割田千亩，赡族建庐曰‘义庄’”。[49]华氏义庄的创办，后来推广到了整个华氏家族，更是延伸到了其他大族，迨至清朝，大族创办义庄，济危扶贫，俨然一时风气。华云生于明弘治戊申年（1488）八月十三日，卒于嘉靖庚申年（1560）九月二十三日，终年七十三岁，原配杨氏，后封安人，育有五子：华复初、华复礼、华复诚、华复元、华复阳。

据《奉训大夫南京户部江西清吏司署郎中事员外郎述補先生华公行状》一文知，华云另娶有一侧室支氏，且育有一子，应为华复元。而由明人太常寺卿王林所撰写的《奉训大夫南京刑部江西司郎中補庵华公墓志铭》一文则说，杨氏与华云共生子三人，即华复初、华复礼与华复诚；女儿三人，其中长女嫁于秦采，次女则嫁给了大藏家安国的三子安如石。侧室育有二子，即华复元与华复阳。[50] 而马森的《明奉训大夫南京刑部江西司郎中无锡補庵华先生墓表》一文也持此说，即华复元与华复阳为华云侧室所生。

安国三子安如石的小传，《胶山安黄氏宗谱》有载，他字子介，讳如石，号胶阳，好学知礼，曾随唐顺之（1507—1560）求学，[51] 为人乐善好施，在当时较有盛名。唐顺之不仅诗文出众，且在抗倭一事上亦是颇有成就，同时他也是一位书法家，无锡博物院现藏有他写给华察的草书《七言诗》卷（纸本，纵 28 厘米，横 129 厘米），（图 3）全篇颇得“二王”法度，笔划恣肆苍劲，略有狂草笔意。“子介温温焉，执礼甚恭，以故诸名士多心与之。深潜缜密，学日益进，岁癸卯挟策北上，试顺天，文中式，而有司引嫌竟黜，落时余幸登第。而荆川唐先生自春坊解官归，遂负笈从之。荆川讲学于梁溪，子介未尝不从，荆川嘉其志，意气懽如也。荆川多著述，子介不远千里求荆川，故人遵严王公序之。锓梓以传荆川。读史每纂录一篇成，子介辄能悉其要，海内名公以荆川故，尤愿交焉。君好施予亲戚，故旧待以举火者甚众，尤好以奇事自表，见事关义，举人不及为者，率先为之。故贤声藉于搢绅间”，“逮甲子（1564）六月二十八日卒，溯其生为正德癸酉（1513）六月五日，年仅五十有二。”[52] 安如石与华云次女的子女情况，小传亦有详细记载，尤其是安氏反过来又与鹅湖通四支的华察一系结亲，说

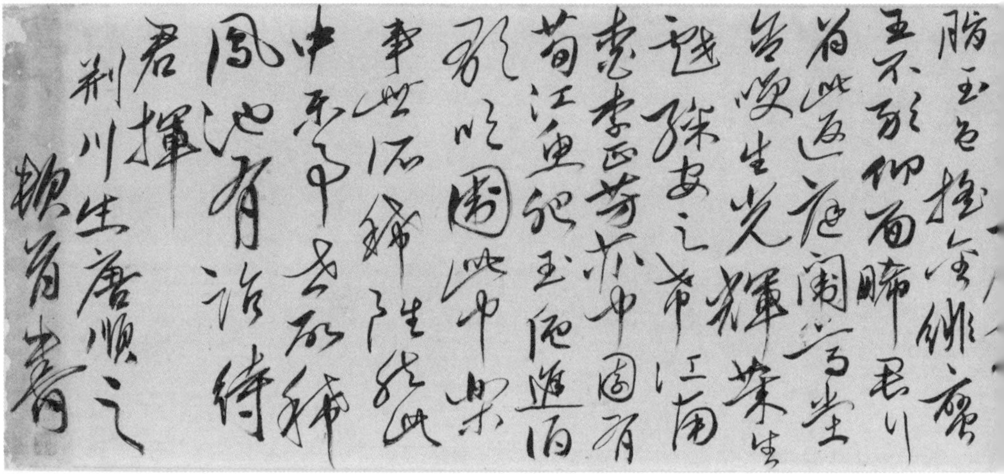

图3 ［明］唐顺之　草书《七言诗》卷　纸本　28cm×129cm　无锡博物院藏

明华、安两家有世代联姻的特点，翻阅无锡望族的家谱文献，大族之间世代反复联姻的现象极为常见，华云家族亦不例外。“子介配华氏，南京刑部郎中補庵云女，后君年余卒。子男三，长希禹，邑庠生，嫡出，娶吴氏，吴江太学生云浦邦荣女。次希稷，娶王氏，姑苏寺副林屋延哲女，太傅守溪公孙女也。次希契，娶冯氏，万全都司都事道南模女，先卒，续聘陈怀云宫女。稷契皆侧出。女三，长适翰林院学士鸿山华公察子伯贞。”[53] 安如石与华氏育有一子：安希禹，其长女则嫁于华察的长子华伯贞。

华云一生儿孙众多，且多有成就，成为有明一代无锡华氏通八支一系最为兴旺的一脉。一般来说，南宋华诠以来华氏家族“十通五奇”的后裔中，尤以通四、通八两支最盛，其中通八一系的繁盛即肇始于华麟祥、华云父子。他们的子孙在财富积累、科举仕途以及文化艺术诸领域都取得了突出的成就，成为无锡华氏诸多族人中的翘楚。

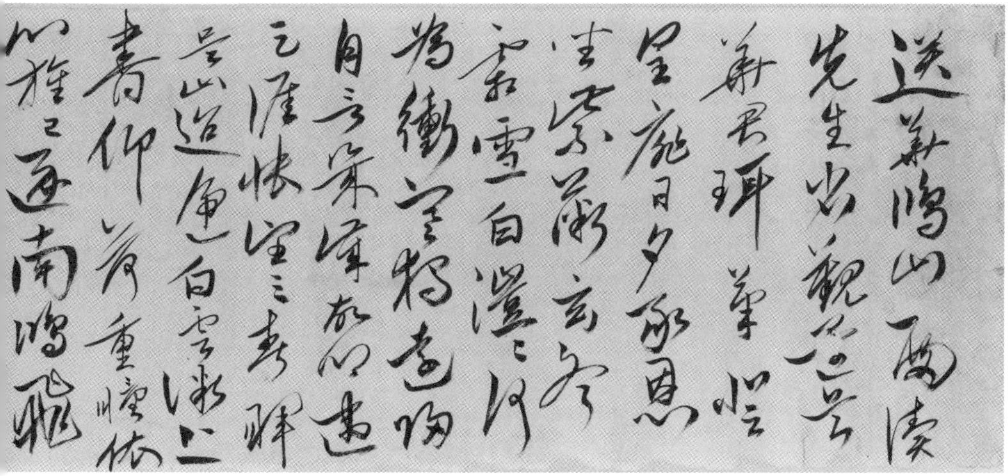

## 四、“真休园”与“剑光阁”

明人沈德符称赞华云的书画收藏，能与同时期嘉兴的项元汴、锡山的安国相媲美。而华云胞弟华露五世孙，华希闵的《剑光阁》一文则说，“補翁（华云）之赏鉴，与项墨林、安如山并称焉，故其名海内，咸得而知之。”[54] 华希闵认为华云的书画鉴赏，与项元汴、安如山并称，安如山在书画收藏上并无大名，其收藏无疑是继承其父安国的私人收藏。安如山（1503—1570）是安国的长子，他字子静，号胶峰，嘉靖戊子年（1528）中举，乙丑年（1529）举进士。授翰林院庶几士，他是安家走出的第一位进士。安如山后来在河南、四川、贵州等地为官，颇有政绩，后死在四川佥宪任上。

华云的收藏之所，一般的文献经常将之与其五世祖华景安的“绿筠窝”混为一谈，实际上华云的书画收藏确实继承了其祖遗志，依据目前的有关文献所知，华云的收藏之所至少有两个，即“真休园”与“剑光阁”。尤其是“剑光阁”而后又被其四世孙华时亨（1598—1659）所使用，[55]他还自称“剑光主人”，成为绵延时间长达近百年的一个斋号，故更易产生混淆。

华云在嘉靖辛卯（1531）举进士以前，曾在家乡无锡南门一带的耕渎河附近筑有“菰川圃”，其具体位置位于今天无锡市中心的大庄里附近，这里至今依旧保留了许多与华云时期有关的地名，如“扬名阡”曾是华云家族的墓地，耕渎河依旧自东而西缓缓流过故人所居之所。清人华希闵曾做过“菰川圃”一文：

菰川圃去菰渎桥百步，桥跨渎上，其水从梁清溪折而东，故题其岸为梁清溪。第一，曲圃之西，慧燦诸峰，出于林木之上，风帆沙鸟，使人应接不暇，每与盘桓，如在山麓间也，地归我二十年，一朝用之，多景如是，爰作卧游堂，独对台涵巘亭，余皆缘胜为之。[56]

此处的“菰川圃”，也叫“菰川田舍”，或者“菰川庄”，距离“菰渎桥”非常近，嘉庆年间的《无锡金匮县志》记载“菰川庄在菰渎之上，明户部郎中华云建，沈周有图，今为福城庵”。[57]很明确，即“菰川庄”在菰渎河上，西边有山峰，且林木葱郁，人处其中尤如在山麓间。风景秀丽的“菰川庄”，实际上是华云的读书之所，同时它也是华云的一处别业，邹之麟曾说“庄为华氏别业，而仲通施建梵刹，亦犹昔日虎儿故事也”，[58]“仲通”即是指华云五世孙华时亨。

华露的来孙华希闵在其《族姪葵仪小传》小文中载：“菰川圃，補庵公读书处也，有堂曰‘承德祠’，晋孝子及宗之贤者一十七人。岁久，圃为僧区，而祠亦芜废不祀。”[59]《奉议大夫補庵府君传》也有记载：“丁未榷舟九江，人颂其廉静，已得寒疾，有去志，推南刑部郎中，疏乞休。既归，卜筑菰川田舍，为读书堂，与同志讲学切磋，不轻入城府。”[60] 可见“菰川庄”建于华云辞官归乡之后，其大致时间约在嘉靖丁未年（1547）以后，周道振《文徵明年谱》认为华云乞休归在嘉靖二十八年，即 1549 年。[61] 内设供奉华氏先祖画像的“承德祠”。除了读书与别业以外，华云还在此和友朋聚会，切磋学问，俨然形成一个以“菰川庄”为据点的文艺圈子。因为同时代的文人留下了许多吟咏“菰川庄”的诗文，如他的族弟华察曾作诗《菰川行为比部兄赋》：

菰川去城只一里，侧足回溪深不已。载酒无烦远问津，扁舟但寻南郭是。客来长夏如秋清，夹路阴阴翳桎梓。绿野翻从树杪悬，白云欲问床头起。肘腋凉风高阁风，鬚眉静对寒潭水。著书已到忘言处，缮性尤谙摄生理。世间服食徒尔为，元化由来潜一指。池中春草年年生，梦里空惭谢家子。[62]

“碧山吟社”成员之一的施渐亦有《华補庵菰川庄》：

宛然一水外，已是隔尘缘。深竹常留客，幽斋颇近禅。疏林澹残照，远岫起寒烟。席上侯色醉，知君好讲玄。[63]

“菰川庄”虽距无锡府城不远，但却自然环境幽雅，华云和他的朋友们在此读书论道。到了清代“菰川庄”已经成为寺庙了，乾隆年间的《无锡县志》说“福城庵在城南菰渎桥之南，华郎中云之菰川庄也。其曾孙时亨施僧佛音，以建庵堂，殿宏敞，几埒丛林，有楼五楹，以贮大藏。”[64] 实际情况究竟是否如此，华时亨本人亦有文章说明：

世宗朝先大夫補庵公，文章气节，岳岳表峙，致政归休时，武公髦矣，犹建阁读书其中，与诸名达唐襄文、文待诏辈立课互程。阁即为剑光，云离阁数武诛茅屋，营菟裘榜曰菰川，槐柏翳如，花竹分列，池馆亭榭，胜甲梁溪。一再传家，堕产废所。云“池馆亭榭”者已不复省识，荒城虚照碧山月，古木尽入苍梧云。沈吟泪满豪士犹，为感悼使云，连而咏祖德，其俯仰又不知何如也。曩先君守吾公曾携余游，为指点某塘某池某亭榭而颓垣断礎，仅存什一于榛莽间。会蜀高原昱法师来吾梁溪，先大母张孺人迎养于斯。予时读其诠释相宗之典，钩贯义学，擿抉遯隐，叹为教魁。又以先大母名曰：毋弃堕，毋遗法师，之子若孙，迨孙徒播越，予家计又日益落，遂售之于崇安凝然上人。其高足佛音禅师参顶日和尚，微悟源底，诚人天眼目之杰出者，嗣法后归隐其间，故弗持铃析饭竿牍，不数栽，功绩告成，如文殊堂、大士殿、毗庐楼及山门寮舍，皆宏模胜概，虽邑之钜刹，无以过此。[65]其后有邹之麟的一段题识：“庄为华氏别业，而仲通施建梵刹，亦犹昔日虎儿故事也。佛音禅师把茅就隐数年间，遂成宝坊。仲老复自撰记文，意甚笃切。予嘉其志，俾达之风，不耑美于前矣。癸巳朱明月味庵居士邹之麟书并跋。”

此处的“癸巳年”当是清初顺治十年，即1653年。华云约在致仕以后修建了“剑光阁”，做为自己的读书居所，并与唐顺之、文徵明等好友经常切磋学问于阁中。而“菰川庄”亦建于归乡以后，其内植满槐树和柏树，“花竹分列，池馆亭榭”，成为无锡地区著名的胜景。实际上“菰川庄”是一处面积较大的别业，“剑光阁”为其中的一处建筑。嗣后“菰川庄”废弃，华云的五世孙华时亨（1598—1659）幼时曾随其父守吾公华珍聘（1565—1631）游玩菰川庄，[66]回忆道“仅存什一于榛莽间”，说明华云死后不久，这处别业就开始逐渐废弃掉了。迨至华时亨祖母（即华云之孙华之亢妇）在世时，迎养一蜀地来的僧人于别业之中，后“家计又日益落”，华时亨遂将别业售于僧人凝然上人，其高足佛音禅师逐渐将之改建成规模较大的寺庙，“宏模胜概，虽邑之钜刹，无以过此”。

据上文知“菰川庄”其实存世时间并不长，其内的“剑光阁”存世时间应当与之相同，大抵在嘉靖丁未年（1547）至华云曾孙华珍聘（1565—1631）时期，前后不足百年。这里就是华云的书画收藏之所。华氏《通八支传芳集》卷三中的“剑光阁”一文记载甚详：“剑光阁者，補庵先生所构屋，凡五楹，前临清池，长林秀石，极为宏丽。阁之后为海月亭，其西即水心亭也，为当时藏法书名画之所。補翁之赏鉴，与项墨林、安如山并称焉，故其名海内，咸得而知之。今其地亦无可考，大抵在旧宅中。補翁海月亭记云，亭之前乃剑光阁，左右皆书楼，作亭时，未有也。他日总为藏书之地云”。[67]“剑光阁”为华云所建，一共五间。阁前有水，并有林木山石，建筑宏丽。“剑光阁”的左右两边都是书楼，其后为“海月亭”，西面为“水心亭”，“为当时藏法书名画之所”，即是说“剑光阁”西面的“水心亭”才是真正的收藏书画之所。“剑光阁”的具体位置究竟在哪里，在清人笔下已经是不可考了，说明它废弃时间之久。经过华云收藏的书画作品，实际上我们今天能见到的数量非常稀少，某种程度上说明它们散佚的较早，结合此处的“剑光阁”的兴衰情况，似乎更能说明华云的收藏历时并不久远。梳理了华云与“剑光阁”的关系，由是可以如许推断凡是钤盖有“华氏補庵”“锡山华氏補庵家藏印”“補庵居士”以及与“剑光阁”有关的印章的藏品，才是真正属于华云家族的藏物。相反，只要钤印没有与“华氏補庵”或者“剑光阁”有关的藏品，原则上一概予以否定，因为华氏家族的藏家较多，而只有“補庵”与“剑光阁”有关的藏印方能断定为华云家族所藏。如《石渠宝笈》卷三十八著录的明人仇英的《松阴琴阮图》：“素笺本，墨画，篆书款识云：‘嘉靖己卯春日吴门仇英制’，下有‘仇英’‘实父’二印，左方下有‘剑光阁华氏’‘明伯’二印，轴高一尺七寸三分，广八寸八分。”[68]此图现藏中国台湾，据印章可知，此物为华云长子华复初收藏，至于是否也为华云收藏过，单单依凭一枚孤单的“剑光阁华氏”藏印，尚不能确定，但它可以证实此图为华云家族之物。而“明伯”为华云长子华复初的字号。《石渠宝笈》卷九著录了另一件元人藏品："元人雪景一轴。素笺本，着色画，右方下有'会侯鉴赏'一印，又半印不可识，左方下有'吴下沈颢印记''剑光阁图书记'二印，轴高三尺，广九寸八分。"[69]此图也早已散佚，"剑光阁图书记"究竟所指何人，确实需要我们细心考证，但它属于华云家族收藏是毋庸置疑的。

除"剑光阁"外，华云尚有收藏书画的另一处所——"真休园"，目前为止我们尚没有发现一件藏品上钤盖有与"真休园"有关的藏印，所以对于它的了解知之甚少。《华氏宗谱通八传芳集》中的"邑志司寇公传"一文对"真休园"有载："公讳云，字从龙，少师事邵文庄公，又出王文成公守仁之门，举嘉靖二十年辛丑进士。会当试馆职，以亲老不侍，径归三年，除户部。主政榷税九江，甚著清节，改南京兵部，进刑部郎中。时严嵩用事，遂乞骸归。家故富，能因之以行，其义自亲，及疏缓急赖之，仿范文正公遗制立义庄，以周宗族。外租张福州逊，以廉吏致后人，不能自存，公为修其墓，给其子孙终身。邵文庄嗣贫病且弱，有欲踞其居者，公为改祠以祀文庄公，乃止。筑真休园，萃古法书名画其中，又好与当世贤士大夫游，故其一时往来翰墨之富，三吴亦莫及也。"[70]这是一则记述华云行状的小传，言简意赅，文末提及华云建造了"真休园"，"萃古法书名画其中"，说明这是一处收藏古代法书名画的居所，其收藏之富，"三吴亦莫及也"，可见收藏之规模与影响。但是迄今为止，我们并没有发现一件与"真休园"有关的藏品，那么"真休园"的真实情况究竟如何，只能依凭华氏族人的文献进行想象与推断。所幸尚有另一篇文章记载了华云七十大寿时发生在"真休园"中的事情，此文亦同样见于《华氏宗谱通八传芳集》：

真休园图。嘉靖丁巳，吴下诸名士，凡二十余人，其中文衡山之寿最高，共来梁溪，祝補翁先生七十寿，大燕于真休园。暇则或文或诗或画，各就所长，共为一册。其真休园图，则沈伯麟之所作也，后有吴郡史臣题句。“真休”，補翁先生别业也，故補翁有《真休园集》若干卷。[71]

嘉靖丁巳，即1557年，时年华云七十岁，文徵明等二十余位名士前来无锡为之祝寿。他们在“真休园”举行大宴，同时又作文、作诗、作画，并绘图成册。据华云墓志铭载，“真休园”的名字还是由文徵明所书写的，“悠然以归，见世戚故旧，若不胜其乐者，文衡山为题其园曰：真休园。”[70] 文中还提到了一件由画家沈伯麟所作的《真休园图》，其后有苏州人史臣的题识，此图已佚，故具体情况已无法考证。是文还告诉我们“真休园”也是华云的一处别业，华云还以此命名他的著述为《真休园集》。此外，《奉议大夫南京刑部江西司郎中補庵公墓志铭》一文还提到了华云在未出仕以前，就开始了选址修建“菰川庄”的活动，其内有“卧游堂”与“半山堂”的建筑，致仕以后又增修了“隐洲”，“盖即有退休之志矣”，“兴至则与宾友放舟溪墅，倡咏忘归。”[73] 另外尚有一处居所叫“薜荔堂”，华云晚年曾在那里和儿孙们相聚，此事由苏州画家钱穀绘制成图，后有华云和他的好友周天球，族弟华察及儿孙们华复初、华复诚、华之充、华之方等六人的和诗，图文装裱成一册，即为《九日斋居诗》册（纸本墨笔，共十九开，每开纵26.3厘米，横31厘米，无锡博物院藏）。（图4）这件事也见之于清人编纂的《华氏宗谱通八传芳集》中，其记述内容与存世实物基本一致，只是前者仅仅抄录了华云一人的题诗而已。

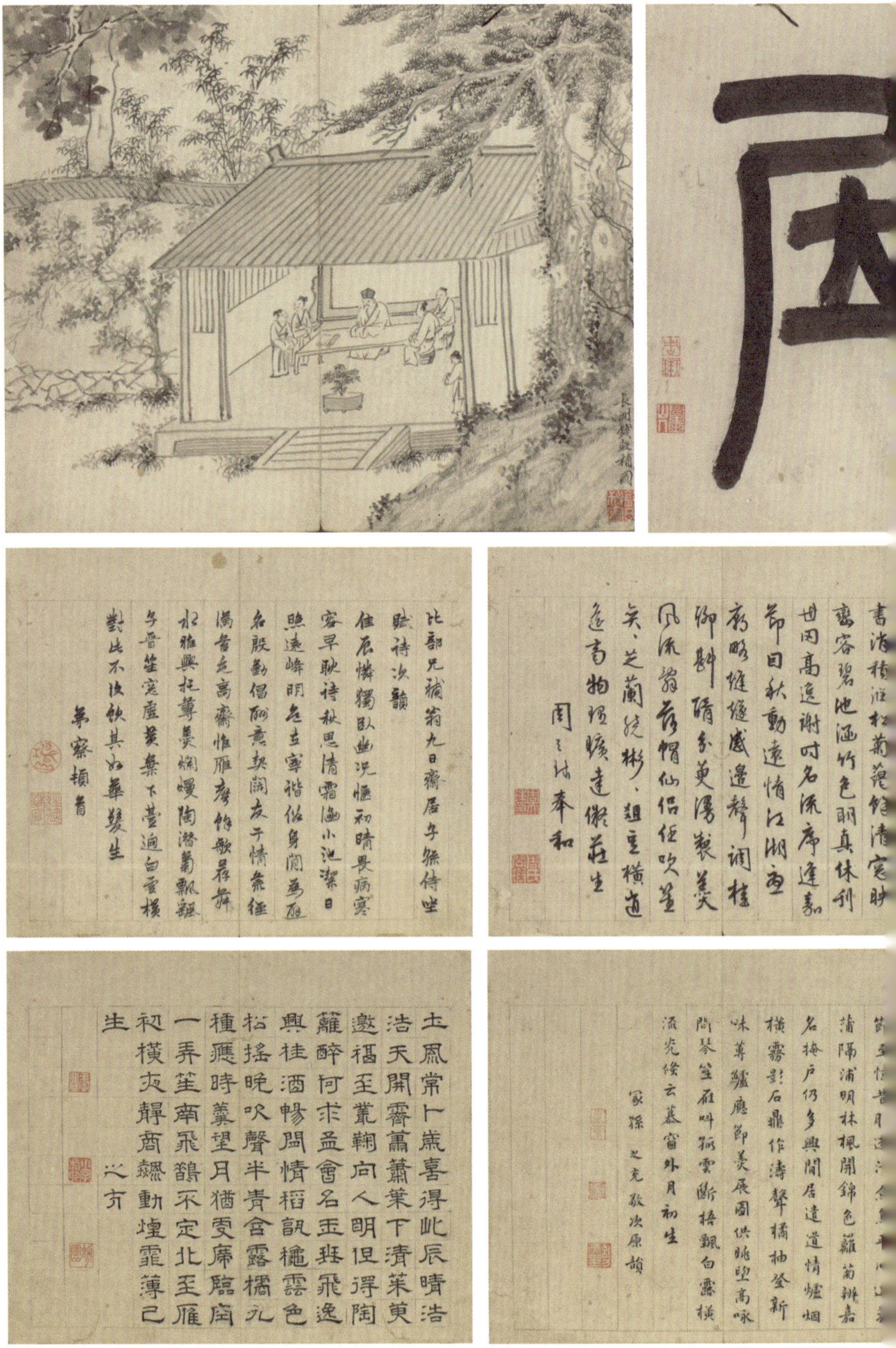

图4 ［明］华云 《九日斋居诗》册 纸本墨笔 26.3cm×31cm（每开） 无锡博物院藏

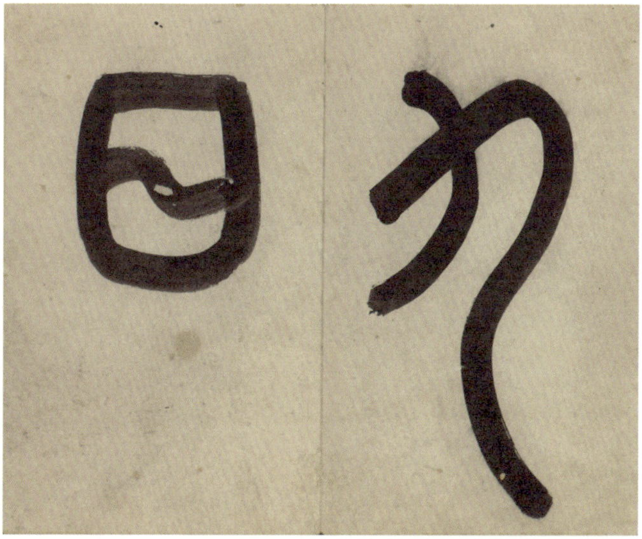

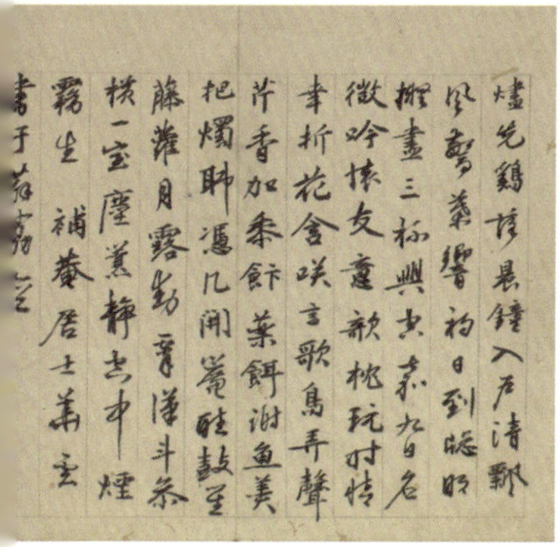

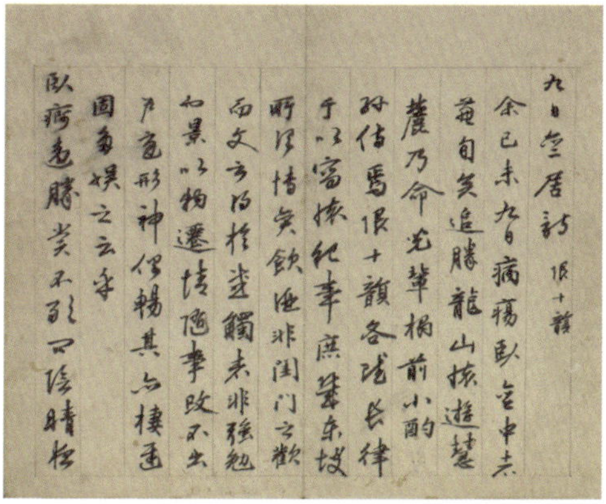

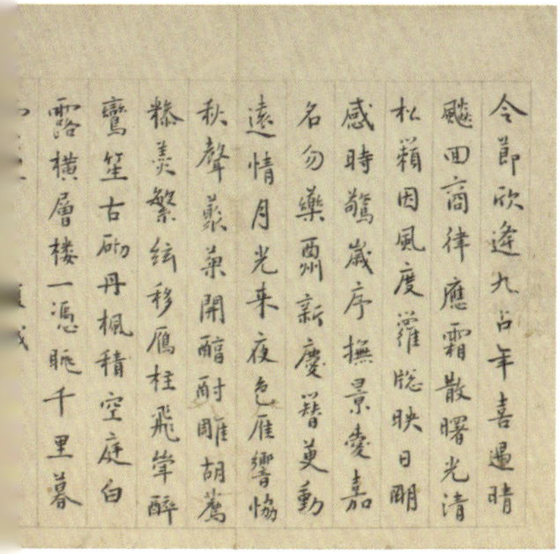

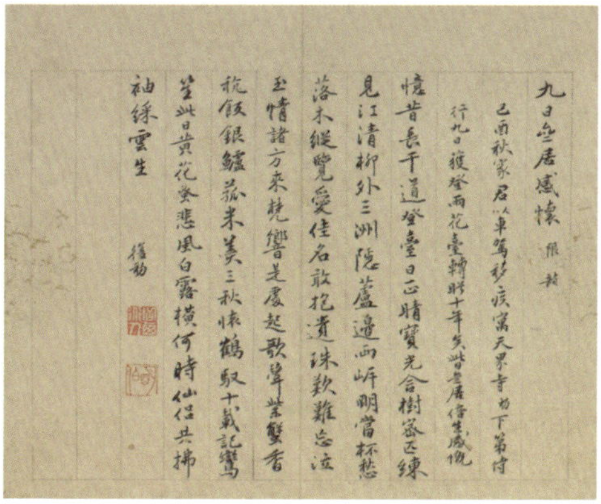

## 五、华云的书画收藏

华云的别业应当有两处，即“菰川庄”和“真休园”，“菰川庄”内分布着“剑光阁”“海月亭”“水心亭”“承德祠”“卧游堂”“半山堂”“隐洲”“薜荔堂”等建筑，其中收藏书画的堂所为“剑光阁”与“水心亭”，以及“真休园”。那么，华云究竟收藏过哪些书画，苏醒的《华云与文氏一门交游考》一文依据书画著录文献整理出华云的书画藏品有二十一幅：[74]

唐代虞世南书法《庄子内篇》、五代巨然《治平寺图》卷和《（佚名）画卷》、北宋燕文贵《（佚名）画卷》、北宋米芾《米南宫三帖》、南宋夏圭《晴江归棹图》、南宋马远《晴江归棹图》、南宋佚名《寒塘凫雀图》、南宋陈居中《松泉高士图》、元康里巎巎《大士像》、元赵孟頫《天冠山诗》《江山萧寺图》及《竹石图》、赵元和赵天泽合作的《二赵合璧图》、吴镇《山水图》、王蒙《倪云林像》和《双竹图》、倪瓒的《寒渚诗意图》和《雅宜山图》、明王绂《山水》二长卷。

其中虞世南的书法《庄子内篇》，见于《石渠宝笈》卷五：

素绢本，小楷，书款识云，余昔年过補庵先生剑光阁，见虞永兴手书漆园内篇，笔法绝似度人经，而遒媚过之，披次心赏，留舟中阅数日，不忍释手。丙子春，予再过梁鸿溪上，補庵持素缣属予手摹永兴腕法，书成七篇，三阅月始报命，要亦优孟衣冠虎贲之貌，殊足愧也。正德十一年（1516）□月二日雅宜山人王宠制。下有王履吉印一，卷首有“高寄显之懋昭氏”“锡山华氏補庵家藏印”诸印，卷末有“好嬉子高寄长宜子孙”“华氏家藏”二印。[75]

“丙子”即正德十一年，时年华云才二十九岁，这是目前所知华云从事书画收藏的最早时间。这件虞世南的《庄子内篇》早已遗失，华云如何获得此法书，我们不得而知，或自己购买，或继承祖上之家藏，目前都缺乏强有力的材料证据，仅能说明华云在非常年轻的时候就已经从事书画收藏了。而巨然画卷（苏州治平寺旧藏）、燕文贵画卷、康里巙巙《大士像》、王绂《山水》二长卷、赵孟頫《江山萧寺图》和《竹石图》、吴镇《山水》（绢本）、王蒙《倪云林像》、倪瓒《雅宜山图》和《寒渚诗意图》（都穆将之断为伪本）等十一件藏品，则见于都穆（1458—1525）的《寓意编》中“华補庵家观”条。[76] 都穆有机会见到华云，故其记载较为可信。据《文徵明年谱》知，都穆于弘治七年甲寅（1494），曾“授馆无锡鹅湖华氏”，[77] 说明他在鹅湖华氏教过书，至于是否与华云有往来，目前尚无材料佐证。而夏圭的《晴江归棹图》见于《书画鉴影》卷三；巨然的《治平寺图》卷见于《壮陶阁书画录》卷二；马远的《晴江归棹图》见于《三秋阁书画录》；《二赵合璧图》见于《寓意录》卷二；陈居中《松泉高士图》见于《穰梨馆云烟过眼录》卷二；宋人的《寒塘凫雀图》见于《文嘉钞本》卷八，这些藏品均已散佚，它们究竟是否为华云收藏，只能是一个历史谜团了。

而《文徵明年谱》中所说的华云藏赵孟頫书法《天冠诗》，今无锡博物院藏有一册拓本，该册为纸本，共二十开，每开纵 24.5 厘米，横 14.5 厘米，原为周道振旧藏。书册题端为叶德生隶书：“赵松雪行书天冠山诗”，下有四行行书题识，讲述他因藏家周道振之约而题字的缘由。正文部分为赵孟頫行书《天冠山诗》，后有文徵明十三行小楷题识：“天冠山在丹阳郡，昔日富□□詠□之。王院有名净心者，尝□□□□□往来，故亦与文敏相识，今□□□□四诗，想即付净心者也。词即雅□□，开元天宝体，而字复圆，□出入羲、献，诚为二绝。而天冠之名，由是□异兰亭、赤壁并著矣。囊藏于玉阳史吏部处，尝命徵明为之補图，余以拙劣未敢下笔，留期月而归之。兹乃为华从龙户部重购所得，间以示余。余欲仿佛图数笔，以如前请，而恐贻添足之诮，终不敢也。因识数语谢之。癸丑秋八月一十又五日，徵明书”，下钤“徵明”“悟言室印”二印。此处的“癸丑”，当为 1553 年。由于题识字迹多有漫漶，但基本上可以弄清大致意思，即华云重价从文徵明一朋友处购得此书，请文徵明题识。据王连起先生《赵孟頫〈天冠山帖〉考辨》一文，[78]知无锡博物院收藏的这册赵孟頫《天冠山诗册》拓片，为“西安本”，其墨迹本应为明人詹僖作伪。此外文徵明的题跋，清代的翁方纲认为是伪跋[79]，那么此帖是否为华云收藏之物就难以说清楚了。

此外《石渠宝笈》卷二十三还著录了一件唐寅与吴宽侄儿吴奕合作的《终南山十景》书画合册，其中“第十幅款识云：‘正德丁卯春三月，苏台唐寅’。每幅有‘唐子畏’一印，又‘铢雪鉴定’一印，第一幅又‘张晴岚收藏印’一印，第二幅又‘锡山华氏補庵家藏印’‘三槐堂图书记’二印，第十幅又‘晴岚居士’‘梁溪安氏家藏’‘锡山华氏補庵家藏印’‘三槐堂图书记’诸印。书幅第一幅款云：延陵吴奕书。每幅有吴奕‘茶香’二印，第一幅又‘晴岚鉴定’‘锡山华氏補庵家藏印’‘三槐堂图书记’‘宝藏侍御’‘吴永安家藏珍奇宝’‘墨林山人’‘子京父印’诸印。”[80]此册已佚，据其藏印可以断定此册确为华云所藏，同时又经安国家族所藏，最后归于项元汴。可见，项元汴的某些书画藏品也是来自华云家族，与华夏的情况相同。

明宣宗朱瞻基的《花鸟图》卷，著录于《石渠宝笈》卷三十三，[81]卷后有“墨林秘玩”“项元汴印”“乐琴书以销夏”“子子孙孙永宝之”“锡山华氏補庵收藏印”“月观”诸印。此卷亦为华云藏物，后归项元汴。

《庚子销夏记》卷三著录了一件唐寅的《山静日长图》，孙氏记载图后有文徵明题识：“延子畏至剑光阁，三阅月始成，良不易也。玉露中妙境，固非此妙笔不能传神写照耳。”[82]说明这幅画是华云邀请唐寅至自己的“剑光阁”，历经三月而成的作品。

嘉靖丁巳年（1557），华云好友何良俊去项元汴家中看画，留下了《书画铭心录》一文，[83]其中提到了几件原属华云旧藏的书画，有燕文贵《画卷》、米芾《三帖》、康里巙巙《大士像》、王绂《山水》二长卷、赵孟頫《江山萧寺图》《竹石图》、吴镇《山水》、王蒙《倪云林像》、倪瓒《雅宜山图》与《寒渚诗意图》（何良俊定为伪本）等，几乎全部是都穆《寓意编》中提到的华云藏品，此时距离华云去世仅有三年，是不是说明华云在其晚年几乎售罄了所有“剑光阁”之书画藏品，而这个买主就是项元汴呢？华云的儿孙众多，且多有贤达者，生前就出售家藏之物，且数量较大，实际上极难让人理解其中的原由，这一问题尚待进一步研究。

近年来，一些拍卖会上尚不时出现一些钤盖有“锡山华氏補庵家藏印”和“华氏剑光阁珍藏印”一类收藏印的书画：

1. 2010 年北京泰和嘉城上拍的王渊款《鸳鸯图》（编号 782，纸本设色，纵 128 厘米，横 60 厘米），右下方钤有“华氏剑光阁珍藏印”白文长方形印。

2. 2011 年北京海士德上拍的文徵明《山水图》（编号 0724，绢本设色，纵 57 厘米，横 42 厘米），左下方钤有“华氏剑光阁珍藏印”白文长方形印。

3. 2012 年上海朵云轩上拍的徐端本《江山客话图》（编号 1155，纸本墨笔，纵 69 厘米，横 28 厘米），右下方钤有“华氏剑光阁珍藏印”白文长方形印。

4.2013 年北京隆荣上拍的赵孟頫《人马图》（编号 0867，纸本墨笔，纵 21 厘米，横 34 厘米），画心右下角钤有“锡山华氏補庵家藏印”朱文方印。

5. 2013 年 12 月北京嘉德上拍的王阳明《书法》（编号 1214，纸本，纵 25 厘米，横 42 厘米），右下方钤有“锡山华氏補庵家藏印”朱文方印。

6. 2014 年 6 月北京传是上拍的佚名《白描人物图》（编号 0952，纸本墨笔，纵 30 厘米，横 70 厘米），右下方钤有“锡山华氏補庵家藏印”白文长方形印一方。

7. 2014 年 12 月份北京保利上拍的唐寅《溪山秀远图》卷（编号 3176，绢本设色，画心部分纵 19 厘米，横 452 厘米；题跋纵 19 厘米，横 113 厘米），卷后拖尾部分第一段即为华云题识，并有“剑光阁”“锡山华氏補庵家藏印”二印。

8. 2014年6月北京嘉德上拍的明人《草堂品茗图》（编号1365，纸本设色，纵25厘米，横41厘米），右下方钤有“锡山华氏補庵家藏印”朱文方印。

9. 2016年北京匡时上拍的元人《骝马图》（编号0986，绢本墨笔，纵20厘米，横41厘米），右下方钤有“锡山华氏補庵家藏印”朱文方印。

这些拍品上几乎无一例外地钤有“锡山华氏補庵家藏印”朱文方印，或者“华氏剑光阁珍藏印”白文长方形印，而这两方印章也确实对应着印主华云。但是现实却存在着这样一个问题，目前存世的博物馆藏书画中，我们似乎还没有发现有比较可靠的华云藏品，某种程度上单单依靠这两方作为书画鉴定辅助依据的藏印，来证明藏品的主人曾经是华云，这是非常危险的做法。上海博物馆收藏的明人王宠楷书《游包山诗》卷（纸本，纵21.6厘米，横323.5厘米），（图5）卷尾拖纸上有一段华云的行书题识，其后钤盖有“宜子孙”白文方印和“华氏補庵”白文方印，本幅起首处右下方有一方“锡山华氏補庵家藏印”朱文方印，由于该书卷本幅王宠楷书和拖尾华云行书均遭刘九庵先生否定，故此卷上的华云印章不能作为华云用印之标准件。2011—2013年间鹅湖华氏通四支后裔所捐赠的古代书画中，其中华云的墨迹就有三件，其上的诸多华云用印，皆具有十分重要的参考价值。由于这些藏品的稀见性，兹给予详细叙述。

一、元代郑元祐行楷书《华孝子祠记》册，纸本，共四十八开，每开纵23.8厘米，横12.3厘米，现藏无锡博物院。（图6）

《华孝子祠记》册内容为无锡华氏始祖华宝的有关史实，以及后人为之所建孝子祠一事。册后赙纸三十余开均为明清人的题跋，题者多为明清二代进士出身的著名官员，也有书画名家，他们分别是明人蓝田、华云、周天球、曹怀、杨一清等。清人则有钱仪吉（嘉庆年间进士）、刘嗣绾（嘉庆年间进士，曾主东林书院）、吴廷琛（嘉庆年间进士）、江之纪（道光年间进士，曾官无锡知县）、董国华（嘉庆年间进士）、吕耀斗（道光年间进士）、韦光黻（工书）等。近代文人则有方还、吴敬恒、俞复、唐文治、孙揆均等当时名流。此外，尚有华氏后裔华文川一跋，其文多述说家族亲情。其中第十七开、第十八开、第十九开、第二十开等四开题跋，为华云所写。字体为清秀工整的小楷，起首的右上方处有“清樾堂”朱文长方形印、右下方则是“辛丑进士”朱文方形印，全文一共二十七行：

嘉靖初，吾姻友梅村曹君于德，以给事中奉使关西，与御史东莱蓝君玉甫同事。暇日，玉甫手一卷，曰内有郑元祐华孝子祠记，公乡先哲事也。敢以为赠于德，喜曰：华，余姻也，其家桑及邑志皆遗，此文怀将持而归之。俾刻石祠下，以终嘉贶。时则捡制，石淙先生杨公见而题之，以美其事。云久之于德出守永平，过家与云道其事，锐意许见还。至甲辰之冬，其冢嗣太学上舍子荣，始慨然归我，曰：吾翁诺且二十年矣。矧公之叔子，由吾姊之夫耶。云遂拜而受之。刻石置祠下焉。夫文献之重也久矣，孝子府君，晋人也，至齐旌门，故址在慧山下第二泉左，今其地犹名华坡，而祠祀孔岩，邦人风之此，文在蓝，不过古人一名笔。在曹，不过前哲一故事，而其得与失，无大损益，而在我，不甚重哉。然二君公物之心一也，一爱其地，一爱其人，则又不无亲疏轻重焉。诗曰：维桑及梓，必恭敬止，玉甫之谓也。孝子不匮永锡，而类于德之为也。一事而集众善，云则何以承之。诗曰：中心藏之，何日忘之，云之谓哉。元祐，字明德，别号尚左生，遂昌人，元初从钱唐，再从姑苏，尝于锡，此文盖为吴人王文质作也。元末兵乱，余先世多避地他郡，先德之湮，若不知焉者而哀哉。征夫朝夕不暇，此何时也。文质乃率吾里人某某某者，捐资建祠，荐飨成礼，复请郑公作记，意若急务，然何哉。孔子曰：斯民也，三代之所以直道而行也，民之秉彝，好是懿德，转移感动，寔维其时，岂有民知孝弟而复有背畔其长上者哉？王君之举大矣，又不独吾宗一家之私而已也。蓝卷中尚有遂昌山人送行诗，范文正公、窦禹

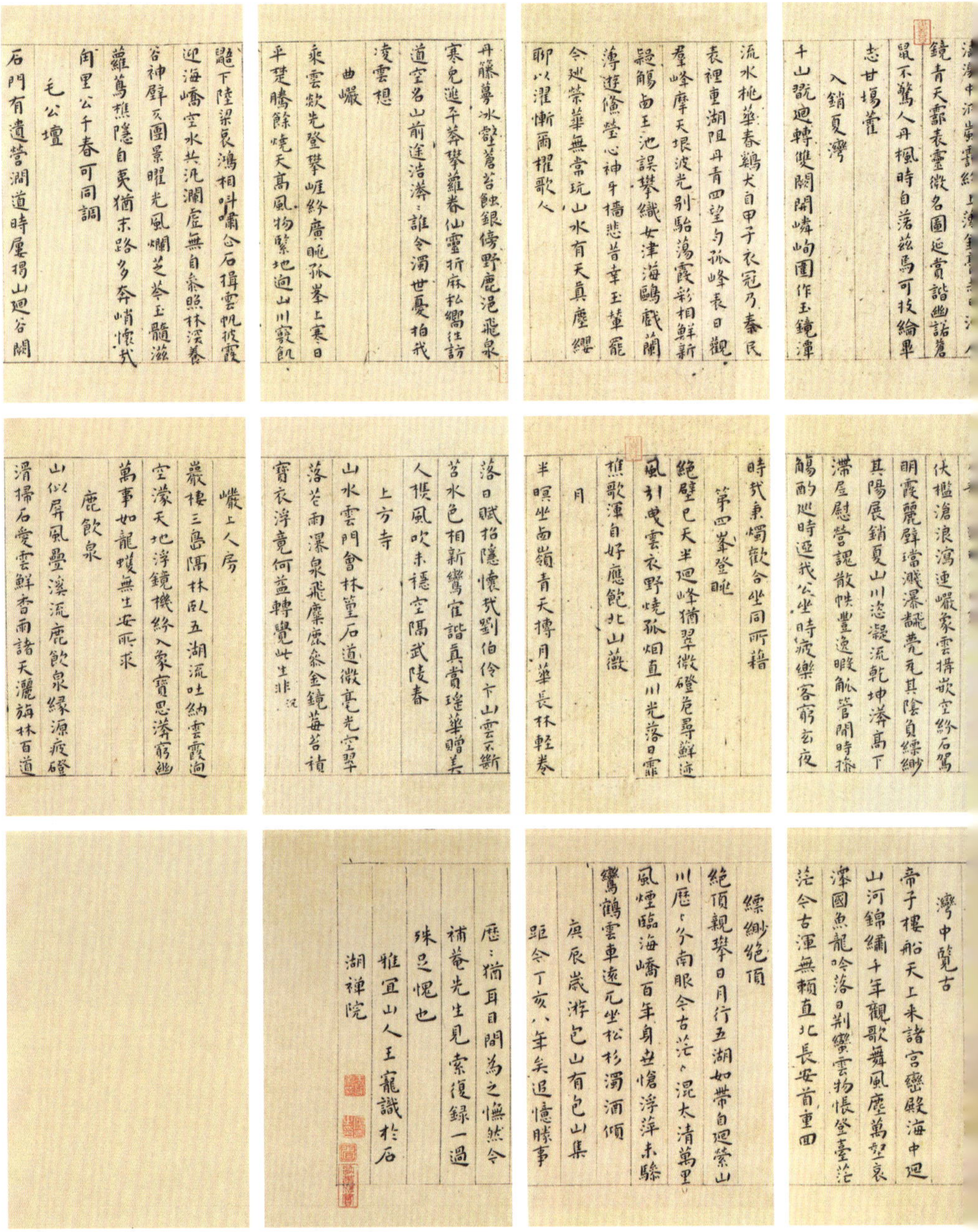

图5 ［明］王宠 《楷书游包山诗》卷 纸本 21.6cm×323.5cm 上海博物馆藏

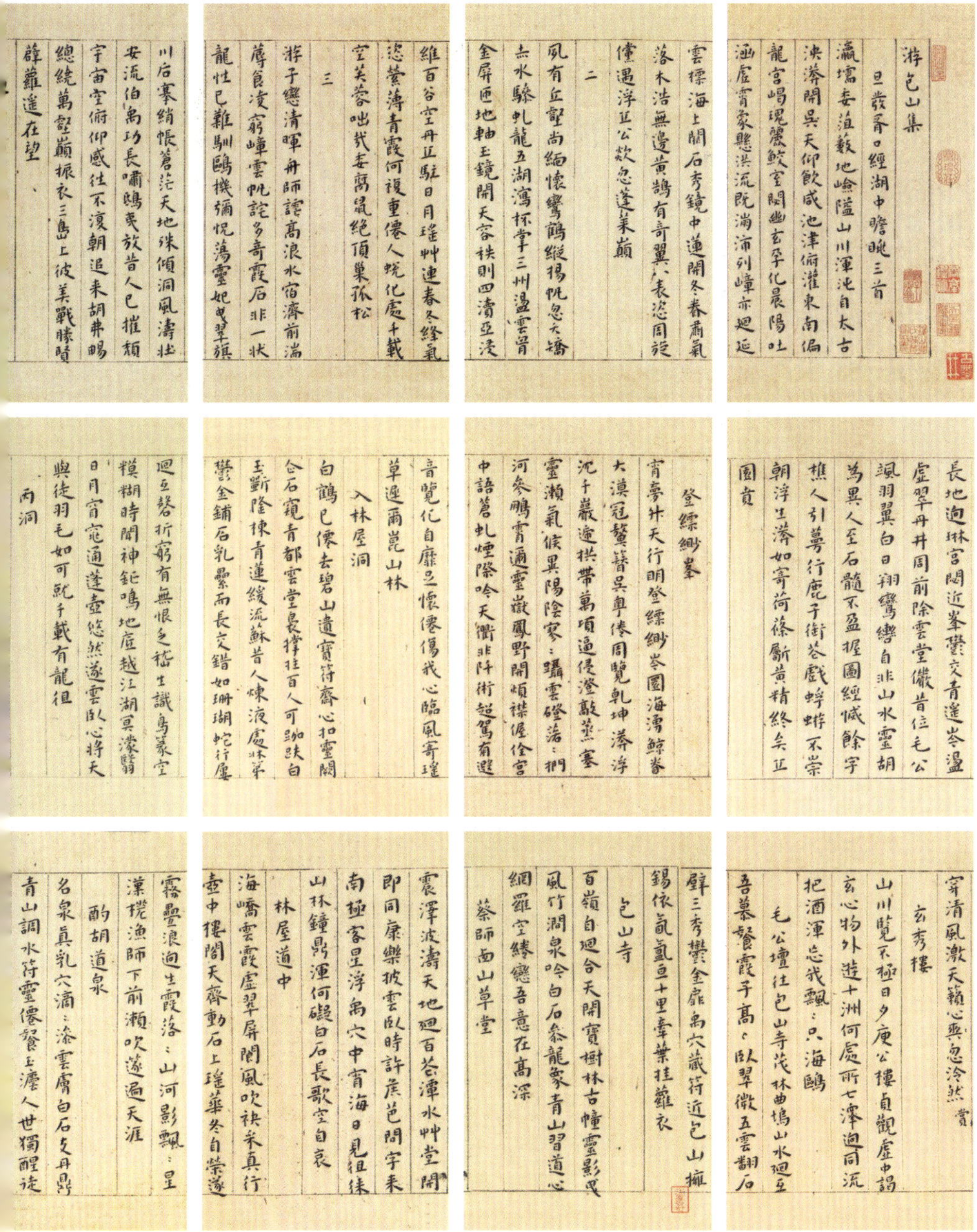

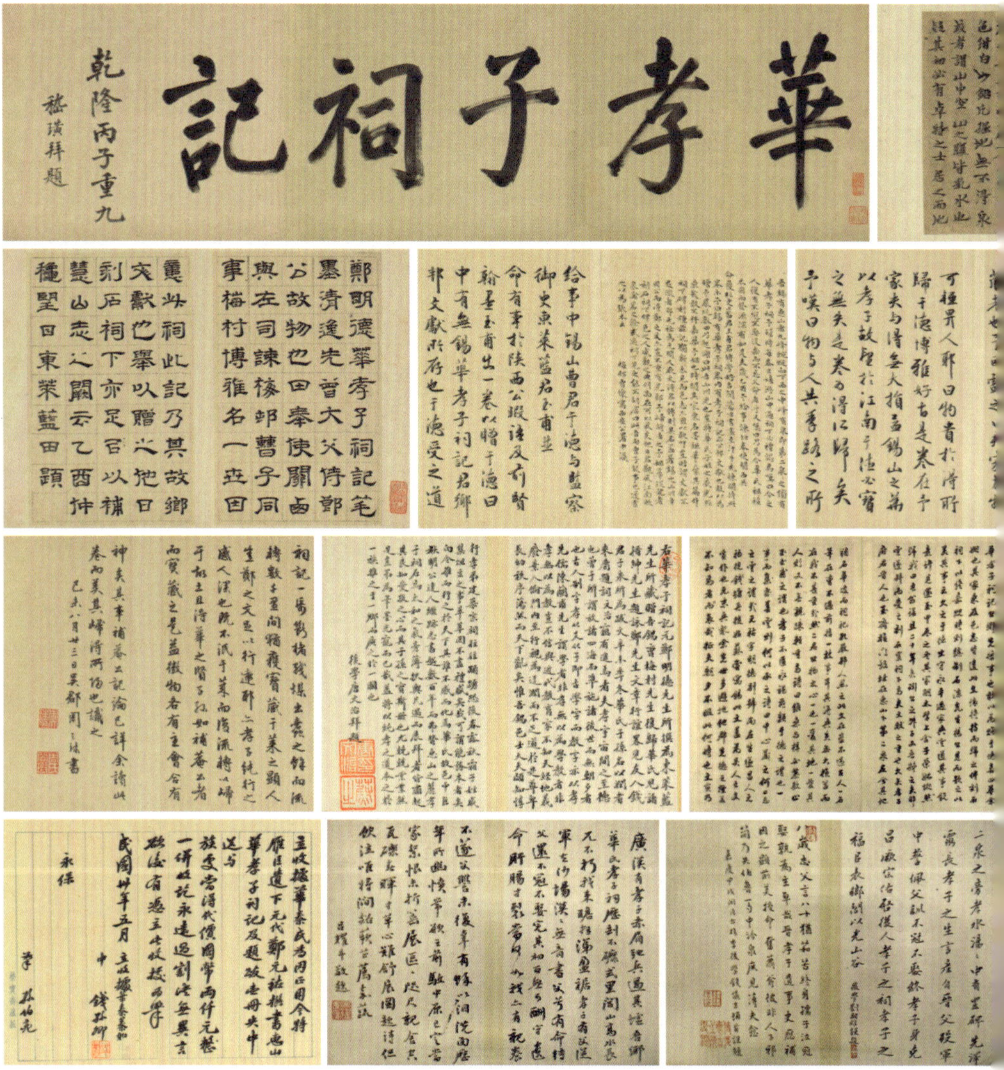

图6 ［元］郑元祐 《华孝子祠记》册 纸本 23.8cm×12.3cm（每开） 无锡博物院藏

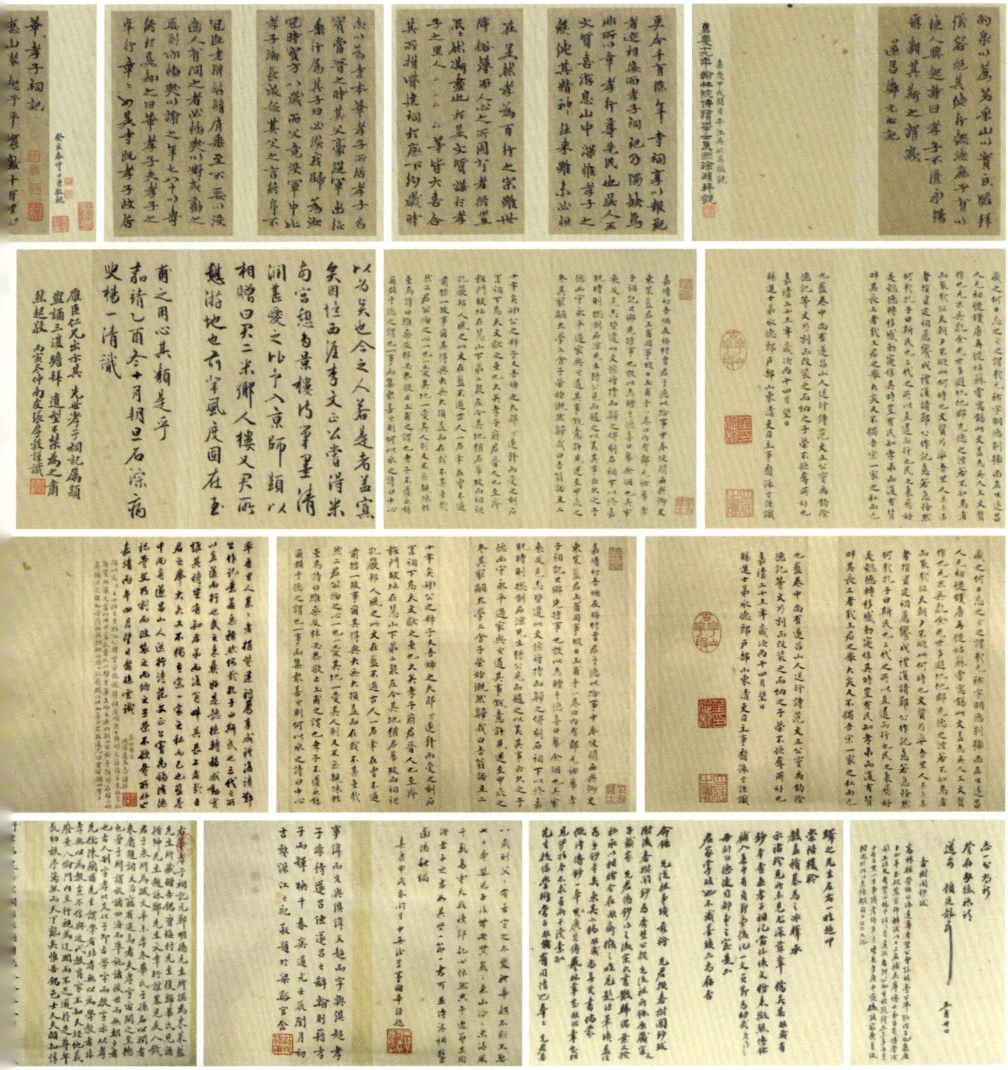

钧、阴德记等文，乃割而改装之，而纳之子荣，不欲夺所好也。嘉靖二十五年岁次丙午四月望日，赐进士第承德郎户部山东清吏司主事，裔孙云谨识。

下钤“古华山华坡”朱文椭圆形印、“华从龙印”白文方印、“大司徒之属”朱文方印三方。“嘉靖二十五年岁次丙午”即1546年，华云时年五十九岁。主要讲述郑氏《华孝子祠记》在嘉靖初年，由蓝田转归曹怀，后在嘉靖甲辰年（1544）冬，曹怀子将该书册赠予华云。两年后，华云提笔纪文此事。全文皆用隽秀之小楷字体，受“柳体”影响较大，结体偏长，端庄秀丽，存世华云墨迹极少，其楷书似乎独此一例。

二、明代钱榖绘图、华云儿孙题识的《九日斋居诗》册，纸本，共十一开，每开纵26.3厘米，横31厘米，现藏无锡博物院。该册页实际内容主要包括周天球“九日斋居”四字擘窠隶书二开、钱榖纸本墨笔绘画一开、华云行书二开、周天球奉和诗一开、华察奉和诗一开、华复初奉和诗一开、华复诚奉和诗一开、华之充行书奉和诗一开、华之方隶书奉和诗一开。其中华云“九日斋居诗（限十韵）”全文：

余已未（1559）九日病殇，卧斋中者兼旬矣，追胜龙山，怀游惠麓，乃命晚辈榻前小酌，二孙侍焉，限十韵各赋长律，于以写怀纪事，庶几东坡所纪情矣。饮酒非闺门之欢，而文云得于感觸者，非强勉，而景以物迁，情随事改，不出户庭，形神俱畅，其亦棲迟固多娱之云乎?

卧疴邀胜赏，不欲问阴晴。夜尽先鸡落，晨钟入户清。寒风警叶响，初日到窗明。擬尽三杯兴，深嘉九日名。微吟怀友意，攲枕玩时情。幸折花含笑，言歌鸟弄声。芹香加黍饭，药饵谢鱼羹。把烛聊凭几，开簾醒鼓笙。藤萝月落动，霄汉斗参横。一室尘嚣静，空中烟雾生。

款署：“補庵居士华云书于薜荔堂”。下钤“华从龙印”白文方印、“玉尌堂”白文方印、“古楳里”白文长方形印。

此文见于《华氏宗谱通八传芳集》卷三，[84] 其中略有出入，“乃命晚辈”为“乃命儿辈”；“限十韵各赋长律，于以写怀纪事”为“限十韵各赋长律，以纪事”。“庶几东坡所纪情矣。饮酒非闺门之欢，而文云得于感觸者，非强勉，而景以物迁，情随事改，不出户庭，形神俱畅，其亦棲迟固多娱之云乎”一段《华氏宗谱通八传芳集》则全无；“晨钟”为“邻钟”；“初日到窗明”为“残日到窗明”；“怀友意”为“怀远忘”；“欹枕玩时情”为“欹枕适闲情”；“幸折花含笑”为“砌下花含笑”；“言歌鸟弄声”为“林哨鸟弄声”；“药饵谢鱼羹”为“药忌谢鱼羹”；“把烛”为“把卷”；“醒鼓笙”为“听鼓笙”；“月落”为“霄露”；“霄汉”为“河汉”。

全文字体略扁，结体严谨，笔划粗细浓淡对比明显，书写自然流畅，笔划之间颇显功力，露锋笔划较多，且牵丝处多用飞白之笔，这种书风应是较为标准的华云行书标准件。将之与上海博物馆藏的王宠《游包山诗》卷后的华云行书题跋相比，确实有不小的差别。

三、明代王问《护节图》卷，绢本墨笔，画心部分纵 50 厘米，横 80 厘米，加上卷后的题跋，总长 203.5 厘米，现藏无锡博物院。（图 7）该手卷内容包括王问水墨写意竹石图一幅，拖尾后附华云、浦应麒、华察、王瑛、王立道、邵勳、乔世宁、顾可久、王问、施渐等诸家题跋。华云题跋为行书：

白云潇潇鬓丝丝，游子怀归十二时。喜对画图亲舍近，临风三复中堂韵。长谖劲升雨徘徊，天上归来花正开。到处争持青玉案，相逢斋献紫霞杯。

款署：“梅里华云题赠”。下钤“从龙”朱文方形印、“亚魁擢第”

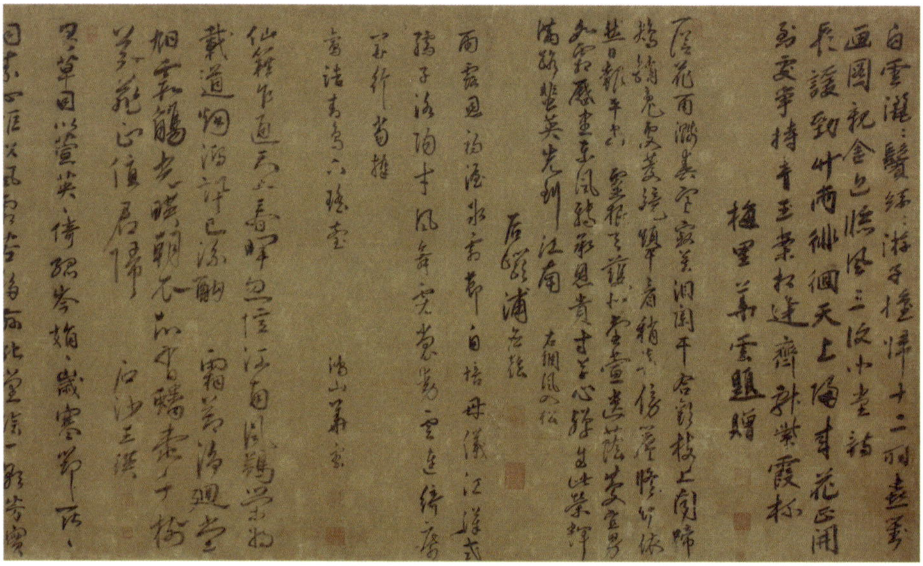

图7 ［明］王问《护节图》卷 华云题跋 无锡博物院藏

白文方形印，说明这是华云在乡试及第以后所写。这首七言诗，结体较扁，笔划厚重，与《九日斋居诗》册中的用笔基本一致，是为无可争议的华云墨迹。20世纪的“中国古代书画巡回鉴定小组”，在遇到华云题识的时候，多留下华云书法甚少的纪录，故详细抄录原文，并于后文配图，提供华云墨迹的可靠范本。

此外，郑元祐楷书《华孝子祠记》册后，尚有两开华云的小行书题识，其内容完全抄自前文第十七开至第二十开的楷书题识，更兼其纸墨气息相对较新，书法特点完全不类华云，故是为无可争议的后世抄本。但其后有五行华云六世孙华文川的楷书题识，却极为重要：

按此册为川十世祖之古物也，公讳云，字从龙，号補庵，明进士。与邵文庄讲学东林，崇祠乡贤，收藏尤富。此册由曹氏、蓝氏以归于华，至今又历两朝四百余年，犹得存归一姓，真稀世之宝也。昔范伯孙抚研而悲，川则获观此册而喜，世芬绵远，光羽常留，愿世守之。岁次癸亥，逊清遗民文川谨识。

下钤“文川敬观”白文方印。华文川（1861—1938），又名华艺三、华艺珊，清末举人，华云六世孙，华镜宇第三子，善丹青，工山水、花卉。无锡博物院藏有华文川作于1925年的画作《梅花四屏条》（纸本设色，纵80.5厘米，横34.5厘米）《书法册》（纸本，纵20厘米，横20厘米）与吴观岱合作的《高节寒香图》（纸本墨笔，纵175厘米，横95厘米，1915年作）《梅花图》（纸本设色，纵68厘米，横34厘米，1881年作）（图8）《牡丹图》（纸本设色，纵80厘米，横36厘米，1855年作）等五件，（图9）此外尚有其父华镜宇、兄华文汇等人的书画作品数件。华文川一文，很清楚地告诉我们元人郑元祐的楷书《华孝子祠记》册原为华云旧藏，是册嗣后一直在华氏后人手中递传，并没有流传出去，华氏后人确实遵循了宝物世守的祖训。

华云也刻石，曾有《绿筠窝帖》传世，周道振《浅谈无锡明清刻帖藏帖情况》一文曾说“容庚《丛帖目》卷三《停云馆帖》十二卷所附罗振玉《绿筠窝帖》跋文，知无锡明代应藏有《绿筠窝帖》刻石。此帖石是苏州文徵明七十岁时摹刻四宋书帖以赠无锡华云者。”[85]《绿筠窝帖》镌刻目录如下：《停云馆法帖》、蔡襄楷书《扈从帖》《暑热帖》《脚气帖》；苏轼楷书《武昌帖》《经由帖》；黄庭坚楷书《彭公帖》《放逐帖》；米芾楷书《思全帖》《捕蝗帖》。无锡博物院现藏有一册宋人黄庭坚行书《次韵李任道晚饮锁江亭》册（纸本，共十九开，每开纵32厘米，横12厘米）拓本，极可能是仅见的华云刻石。（图10）该拓片山谷书法后有三行隶书题识：“嘉靖二十五年□□秋，锡山华氏绿筠窝摸勒上石”，下钤“補庵居士”方形印、“华云从龙”方形印、“我思古人”方形印，并有“长洲章简甫刻”一行隶书题款。说明此刻石应为华云所为，并有苏州刻石名家章简甫镌刻。而“绿筠窝”这一斋号的再次出现，说明华云亦曾使用其祖上的斋号。但《绿筠窝帖》究竟是什么面貌，周道振在其《介绍无锡华氏三帖中的〈澄观楼法帖〉》一文中说道：“《绿筠窝帖》，本是明嘉靖十八年（1539），苏州文氏以所刻宋蔡、苏、黄、米四家法帖石刻赠无锡华云，云即藏之绿筠窝中。此

图8 ［清］华文川 《梅花图》 纸本设色 68cm×34cm 无锡博物院藏

图9 ［清］华文川 《牡丹图》 纸本设色 80cm×36cm 无锡博物院藏

图10　华云刻黄庭坚《次韵李任道晚饮锁江亭》册　纸本　32cm×12cm（每开）　无锡博物院藏

石拓本仅近代罗振玉曾见并跋，并指出‘恐无第二本’。确如所言，后未闻有见者。”[86]

在古书画鉴定中，通过收藏印来推断藏品的流传过程是一个最为常见的做法。但是作为明代嘉靖年间江南名望较大的书画藏家之一，华云的收藏印章究竟是什么面貌，却是难以厘清的。因为在不考虑拍卖市场上出现的所谓的华云藏品的情况下，唯一存世的华云藏品就属上海博物馆收藏的王宠楷书《游包山诗》卷，其本幅上的“锡山华氏補庵家藏印”朱文方印也是仅见的华云藏印。而华氏后裔所捐献的较为可靠的元人郑元祐楷书《华孝子祠记》册，自明以来流传有序，题跋者多与华氏家族有关，更是无可争议的华云旧藏，然而不管是作品本幅，抑或是题跋部分均不见华云的收藏印章。结合存世的华云墨迹来看，其用印十分灵活多样，目前所能见到的华云印玺多达十六方，且其内容多不重复。限于刘九庵先生生前对王宠楷书《游包山诗》卷的质疑，而存世华云墨迹基本上也能判定此物为伪，使得华云的鉴藏印章丧失了鉴定时可资依凭的标准件。但有一点是可以肯定的，即华云的书画藏品上应该钤有“锡山华氏補庵家藏印”朱文方印或“锡山华氏補庵收藏印”朱文方印，这才是他本人的收藏。至于和“剑光阁”有关的印章则未必全是华云的藏品，因为华云的子孙们亦有继续使用此斋号的情况。

华云的藏品几乎全部散佚不存，在清代道光年间（1821—1850）娄东民间画家王育的画作《贞节堂图》卷（绢本设色，纵30厘米，横203.5厘米，无锡博物院藏）后的华云六世孙华文汇的题跋中，我们似乎可以隐隐约约找到散佚的原因。（图11）王育，字一梧，清代道光年间画家，曾为华氏家族绘制了几件具有定制性质的画作，如为华绎之高祖华清涟（1781—1840）绘制的的《芬远公小像》（纸本设色，纵105厘米，横52厘米，无锡博物院藏）等，画风工稳，细致逼真，一派民间画师的格调。《贞节堂图》卷自引首至题跋汇集了华世芳、张洵佳、华文汇以及华世奎等四人的墨迹，其中华文汇的题跋特别值得注意：

子才叔祖出王一梧所藏绘贞节堂图卷见视，文汇肃然敬，瞿然起曰：此栖碧公奉母陈所居之堂也，堂左为春草轩，公奉母之所周旋也。母贞节闻于朝，公以旌于门者，额于堂，盖以显母苦节俾世，子子孙孙思其居处，瞻仰焉，弗忘也。先是文待诏补画长卷，曾在文汇六世祖剑光先生处，先生以节母懿范，宜隸本支世守，讵送归后，书室被火同赴焚，其设色副本勒石后，亦不可复考。此卷系道光间摹本，虽经庚申之变，完好如新。以视剑光先生原卷，不知相去为何如。而一展仰间，公依依膝下景象则后先如一，不诚可欣幸矣乎。宜叔祖珍弁之，而有逾拱璧也。惠山节母祠，旧有贞节堂、春草轩两额。春草轩额兵燹后遗失，人几忘其所固有。叔祖独补而新之，事亦非，虽然无奉先思孝之诚正，无暇以为。叔祖生平绝无嗜好，本原之地，独竞竞焉，立义庄，创书塾，建祠宇，皆承先志之大者也。至先人言行之可传者，必搜辑而表彰之，追远之诚，大率类是。今春祭孝

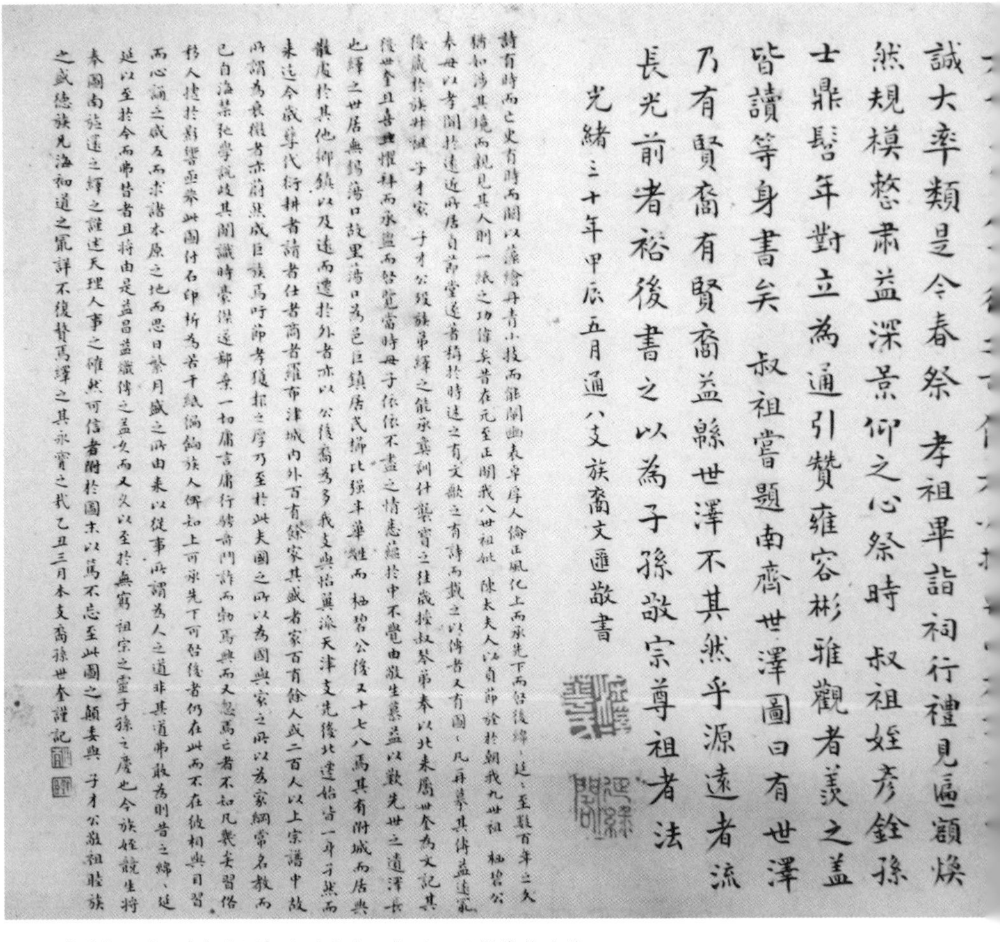
誠大率類是令春祭 孝祖畢詣祠行禮見匾額煥
然規模整肃益深景仰之心祭時 叔祖姪彥銓孫
士鼎髫年對立為通引贊雍容彬雅觀者羡之蓋
皆讀等身書矣 叔祖嘗題南齋世澤圖曰有世澤
乃有賢裔有賢裔益縣世澤不其然乎源遠者流
長光前者裕後書之以為子孫敬宗尊祖者法
光緒三十年甲辰五月通八支族裔文通敬書

图11 ［清］王育 《贞节图》卷后华文汇题跋 无锡博物院藏

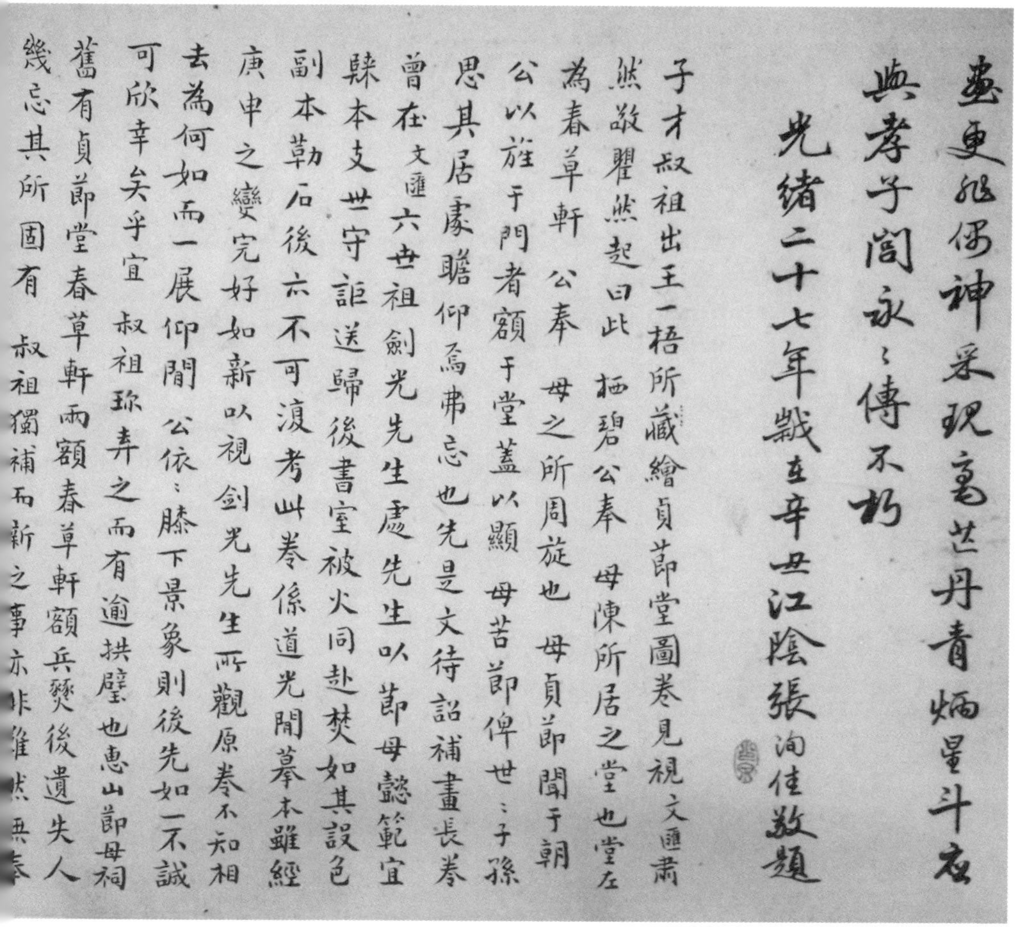
畫更能傳神采現毫芒丹青炳量斗衣
與孝子閭永永傳不朽
光緒二十七年歲在辛丑江陰張洵佳敬題
子才叔祖出王一梧所藏繪貞節堂圖卷見視文匯肅
然敬瞿然起曰此 栖碧公奉 母陳所居之堂也堂左
為春草軒 公奉 母之所周旋也 母貞節聞于朝
公以旌于門者額于堂蓋以顯 母苦節俾世世子孫
思其居處瞻仰爲弗忘也先是文待詔補畫長卷
曾在文匯六世祖劍光先生處先生以節母懿範宜
隸本支世守詎送歸後書室被火同赴焚如其設色
副本勒石後亦不可復考此卷係道光間摹本雖經
庚申之變完好如新以視劍光先生所觀原卷不知相
去為何如而一展仰間 公依依膝下景象則後先如一不誠
可欣幸矣乎宜 叔祖珍弆之而有逾拱璧也惠山節母祠
舊有貞節堂春草軒兩額春草軒額兵燹後遺失人
幾忘其所固有 叔祖獨補而新之事亦非難然無奈

祖，毕诣祠，行礼见匾额，焕然规模，整肃益深，景仰之心。祭时，叔祖姪彦铨，孙士鼎，髫年对立，为通引赞，雍容彬雅，观者羡之，盖皆读等身书矣。叔祖尝题南齐世泽图曰：有世泽，乃有贤裔，有贤裔，益绵世泽，不然其乎源远者，流长光前者，裕后书之，以为子孙敬宗尊祖者法。光绪三十年甲辰五月通八支族裔文汇敬书。

后钤“梁溪华氏”白文方印、“延绿阁”朱文方印”。王育绘制的《贞节堂图》卷为华绎之祖父华鸿模收藏，并视之于华文汇。原图为文徵明所绘，并藏于华文汇的六世祖华云处，其后“书室被火同赴焚，其设色副本勒石后，亦不可复考”，说明华云的书房曾经遭遇过一场火灾，文徵明绘制的《贞节堂图》卷遂毁于这场大火。其它藏品是否也毁于此，华文汇跋文没有提及，但是有一点可以肯定，书房遇火，焚毁的肯定不止此一件东西。那么我们是否据此可以推断，华云的大部藏品散佚皆与此火灾有关呢？限于尚无发现华云笔下与之相关的文字记载，故只能做一个推断。

华文汇（1840—？）在华云的后裔之中，称得上是一个文艺兼仕途均获得成功的人物。其五世祖为华云三子华复诚，华复诚次子，著名书法家华之亢是其高祖，曾祖父华瑛修（字德光，号静我）是华之亢次子，[87] 祖父华云階，父亲华镜宇（1816—1876）是清末无锡著名书画家，字第荣，号题蓉，贡生，著有《爱旭轩随遇轩诗集》《延绿阁文稿》等。[88] 华镜宇绘画主攻山水，尤以“四王”为宗。无锡博物院现藏有他的《仿王原祁山水图》（纸本墨笔，纵 93 厘米，横 139 厘米）《仿文伯仁山人》扇面（纸本设色，纵 18 厘米，横 51 厘米）两幅。（图 12）华文汇，字长曦，号海初，同治癸酉（1873）举人，曾任江西吉水县知县，调署南康，历署瑞金、新淦等县知县，后授中议大夫，善书画，无锡博物院现收藏有其作品两幅，如作于戊申年（1908）的《墨兰四屏条》（纸本墨笔，纵 52 厘米，横 23.8 厘米），属于文人小写意一类的小品画，淡雅空灵，每幅皆有题诗，具有浓郁

图12 ［清］华镜宇 《仿文伯仁山水》扇面 纸本设色 18cm×51cm 无锡博物院藏

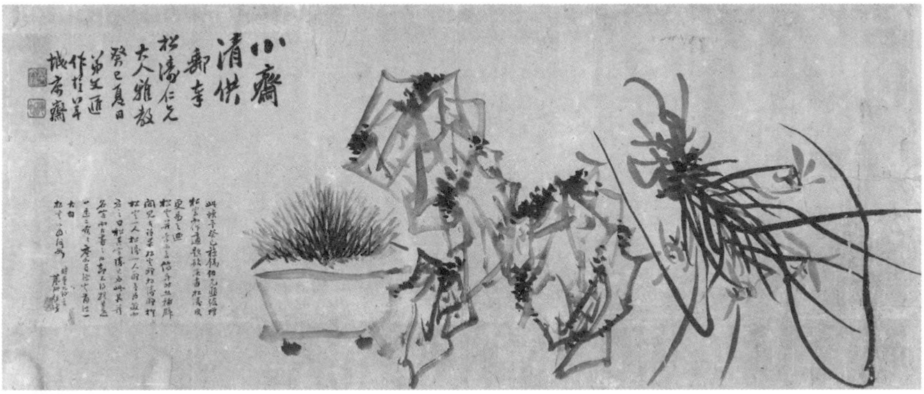

图13 ［清］华文汇 《小斋清供图》 纸本墨笔 34.5cm×78cm 无锡博物院藏

的金石气息。《小斋清供图》（纸本墨笔，纵34.5厘米，横78厘米）则作于癸巳年（1893），画风与前者接近，都是明清以来的文人小写意之作。（图13）

## 六、华云的私人用印

华云的鉴藏印实际上并不多见，这是因为存世的明人王宠《游包山诗》卷及其后的华云题跋均被否定，使得其上的几方华云藏印亦一并被否。2011—2013 年间台湾华氏后裔所捐献的古书画作品中，含有华云书法三件，拓本一件，使得华云的私人用印浮出水面，兹将其一并析出，总计十六方。其中第 1、2、14 三方印应为伪印。（图 14-1—图 14-16）

（原载于《新美术》2019 年第 9 期）

图14-1　“宜子孙”白文方印（王宠《游包山诗》卷，上海博物馆藏，刘九庵鉴定为伪。）

图14-2　“华氏補庵”白文方印（王宠《游包山诗》卷，上海博物馆藏。）

图14-3　“华云从龙”白文方印（华云《九日斋居诗》册，无锡博物院藏。）

图14-4　“玉尌堂”白文方印（华云《九日斋居诗》册，无锡博物院藏。）

图14-5　“古楳里”白文长方形印（华云《九日斋居诗》册，无锡博物院藏。）

图14-6　“清樾堂”朱文长方形印（郑元祐《华孝子祠》册，无锡博物院藏。）

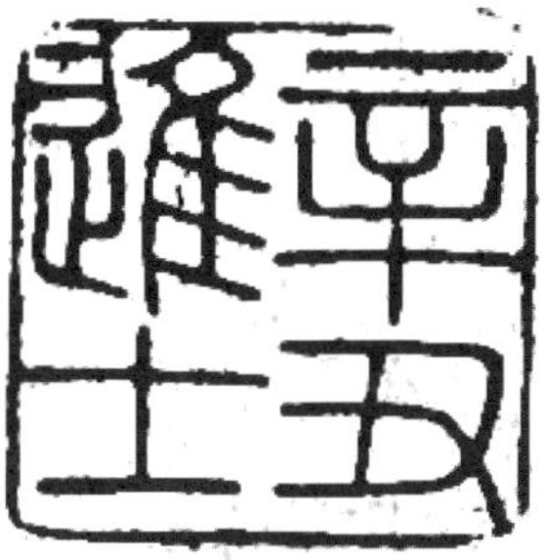

图14-7 “辛丑进士”朱文方印（郑元祐《华孝子祠》册，无锡博物院藏。）

图14-8 “古华山华坡”朱文椭圆形印（郑元祐《华孝子祠》册，无锡博物院藏。）

图14-9 “华从龙印”白文方印（郑元祐《华孝子祠》册，无锡博物院藏。）

图14-10 “大司徒之属”朱文方印（郑元祐《华孝子祠》册，无锡博物院藏。）

图14-11 “从龙”朱文方印（王问《护节图》卷，无锡博物院藏。）

图14-12 “亚魁擢第”白文方印（王问《护节图》卷，无锡博物院藏。）

图14-13 “大雅堂”朱文长方形印（王问《护节图》卷，无锡博物院藏。）

图14-14 “锡山华氏補庵家藏印”朱文方印（王宠《游包山诗》卷，上海博物馆藏。）

图14-15 “補庵居士”白文方印（祝允明《评书》卷，藏地不详。）

图14-16 “我思古人”方印（华云刻黄庭坚书法拓本，无锡博物院藏。）

# 注释

1. 华友龙：字起渊，号指泉，小传见华守方：《华氏传芳集（嘉靖）》，华贞固“庆七提举府君宗谱传”，转引自《无锡文库》（第三辑），南京：凤凰出版社，2012年，第27页。

2. 华琳：字可珍，号玉山，曾任淮安路屯田打捕提举，小传见华守方：《华氏传芳集（嘉靖）》，华贞固“通八提举府君宗谱传”，转引自《无锡文库》（第三辑），南京：凤凰出版社，2012年，第32页。

3. 许同莘：《华氏谱略》，转引自《无锡文库》（第三辑），南京：凤凰出版社，2012年，第10页。

4. ［明］华守方：《华氏传芳集（嘉靖）》，转引自《无锡文库》（第三辑），南京：凤凰出版社，2012年，第32页。

5. 华桧：字子苍，小传见华守方：《华氏传芳集（嘉靖）》，华贞固“上四府君宗谱传”，转引自《无锡文库》（第三辑），南京：凤凰出版社，2011年，第54页。

6. ［明］华守方：《华氏传芳集（嘉靖）》，转引自《无锡文库》（第三辑），南京：凤凰出版社，2012年，第54页。

7. 《通八支传芳集》卷三，清代延绿阁本，无锡市图书馆藏。

8. 同上。

9. 华坡：1651年—？字子山，号天全子，善诗，亦善画，晚年隐居无锡坊前，存世作品不多，无锡博物院藏有华坡《幽人燕坐图》，其事见《无锡金匮县志（嘉庆）》，南京：凤凰出版社，2011年，第440页。

10. 《通八支传芳集》（卷三），无锡市图书馆藏，清代延绿阁本，第11—12页。

11. 同上，第12页。

12. 《无锡金匮县志（嘉庆）》，转引自《无锡文库》（第一辑），南京：凤凰出版社，2011年，第437页。

13. 华琫：字厚珍，号清逸，其小传见华守方：《华氏传芳集（嘉靖）》，宇文公谅“清逸处士华君墓志铭”，转引自《无锡文库》（第三辑），南京：凤凰出版社，2012年，第36—37页。

14. ［明］华守方：《华氏传芳集（嘉靖）》，转引自《无锡文库》（第三辑），南京：凤凰出版社，2012年，第55—60页。

15. 华希闵：字豫原，一作芋原，人称剑光先生，华云胞弟华露裔孙。

16. 《通八支传芳集》（卷三），清代延绿阁本，无锡市图书馆藏。

17. 惠天行：《〈听雨楼诸贤记〉及关于王达的研究》，《书画艺术》，2016年第5期，第50—53页。

18. 《通八支传芳集》（卷五），清代延绿阁本，无锡市图书馆藏。

19. ［明］王世贞：《弇州四部稿》（卷十九），《四库全书》影印本，上海：上海人民出版社，1992年。

20. 《华氏文献表》，转引自《无锡文库》（第三辑），南京：凤凰出版社，2012年，第637页。

21. 《通八支传芳集》（卷五），清代延绿阁本，无锡市图书馆藏。

22. 《无锡华氏通八支宗谱》（北宅派），清乾隆三十五年刻本，第4页。

23. 钦颂：《记华氏墓及两块文徵明碑刻》，《无锡文博》，1996年第3期，第7—9页。

24. 同上，第8页。

25. 《通八支传芳集》（卷三），清代延绿阁本，无锡市图书馆藏。

26. 《无锡华氏通八支宗谱》（北宅派），清乾隆三十五年刻本，第4页。

27. 同上，第5页。

28. 《无锡金匮县志（光绪）》，转引自《无锡文库》（第一辑），南京：凤凰出版社，2011年，第93页。

29. ［清］华渚：《勾吴华氏本书》（卷三），存裕堂义庄重刻，清光绪乙巳年（1905）。

30. 同上。

31. ［清］秦缃业，裴大中：《无锡金匮县志（光绪）》，转引自《无锡文库》（第一辑），南京：凤凰出版社，2011年，第93页。

32. ［明］邵宝：《福州知府张公传》，见《容春堂集别集》（卷八），转引自《无锡文库》（第四辑），南京：凤凰出版社，2011年，第680页。

33. ［清］黄印：《锡金识小录》（卷七），转引自《无锡文库》（第二辑），南京：凤凰出版社，2012年，第113页。

34. 安如石：字子介，号胶阳，其小传见《胶山安黄氏宗谱一》，转引自《无锡文库》（第三辑），南京：凤凰出版社，2012年，第579—580页。

35. 《胶山安黄氏宗谱一》，转引自《无锡文库》（第三辑），南京：凤凰出版社，2012年，第579—580页。

36. ［明］文徵明：《有明华都事碑铭》拓片，无锡博物院藏。

37. 《无锡金匮县志（嘉庆）》，转引自《无锡文库》（第一辑），南京：凤凰出版社，2011年，第286页。

38. 同上，第287页。

39. 同上，第288页。

40. 张逊：字时敏，自号钝轩，世为无锡人，其祖上曾为粮长。其小传见邵宝：《福州知府张公传》，见邵宝《容春堂别集》（卷八），转引自《无锡文库》（第四辑），南京：凤凰出版社，2011年，第679—680页。

41. ［明］邵宝：《容春堂集续集》（卷四），转引自《无锡文库》（第四辑），南京：凤凰出版社，2011年，第580—581页。

42. ［清］华孳亨：《华氏传芳集（乾隆）》，转引自《无锡文库》（第三辑），南京：凤凰出版社，2012年，第489页。

43. ［清］华渚：《华氏宗谱通八传芳集》（第五册，卷三），清代延绿阁本，无锡市图书馆藏。

44. ［明］沈德符：《万历野获编》（下册），上海：上海古籍出版社，2012年，第552页。

45. ［明］马森：《補庵华先生墓表》，见《华氏宗谱通八传芳集》（第五册，卷三），清代延绿阁本，无锡市图书馆藏。

46. ［明］邵宝：《华硕人张氏圹志铭》，转引自《容春堂集续集》（卷四），《无锡文库》（第四辑），南京：凤凰出版社，2011年，第580—581页。

47. 《奉议大夫補庵府君传》，见《勾吴华氏本书》（卷三），存裕堂义庄重刻，清光绪乙巳年（1905）。

48. 同上。

49. 同上。

50. ［明］王林：《奉训大夫南京刑部江西司郎中補庵华公墓志铭》，见《华氏宗谱通八传芳集》（第五册，卷三），清代延绿阁本，无锡市图书馆藏。

51. 唐顺之：字应德，一作义德，常州人，明代嘉靖时期的儒学大师、文学家和军事家，"嘉靖八才子"之一，与王慎中、归有光合称"嘉靖三大家"，他是明代文学领域唐宋派的代表人物。

52. ［明］瞿景淳：《太学生胶阳安君墓志铭》，见《胶山安黄氏宗谱一》，转引自《无锡文库》（第三辑），南京：凤凰出版社，2012年，第579—580页。

53. 同上。

54. ［清］华希闵："剑光阁"条，见《华氏宗谱通八传芳集》（第五册，卷三），清代延绿阁本，无锡市图书馆藏。

55. 华时亨小传见《华氏宗谱通八支传芳集》（卷四），清代延绿阁本，无锡市图书馆藏。

56. ［清］华希闵：《菰川圃》，转引自《华氏宗谱通八传芳集》（卷三），清代延绿阁本，无锡市图书馆藏。

57. 《无锡金匮县志（嘉庆）》，南京：凤凰出版社，2011年，第206页。

58.《通八支传芳集》（卷四），清代延绿阁本，无锡市图书馆藏。

59. ［清］华希闵：《族姪葵仪小传》，转引自《通八支传芳集》（卷五），清代延绿阁本，无锡市图书馆藏。

60.《通八支传芳集》（卷三），清代延绿阁本，无锡市图书馆藏。

61. 周道振，张月尊：《文徵明年谱》，上海：百家出版社，1998年，第600页。

62. ［明］华察：《菰川行为比部兄赋》，转引自《华氏宗谱通八传芳集》（第五册，卷三），清代延绿阁本，无锡市图书馆藏。

63. ［清］秦缃业，裴大中：《无锡金匮县志（光绪）》，转引自《无锡文库》（第一辑），南京：凤凰出版社，2011年，第223页。

64.《无锡县志（乾隆）》，转引自《无锡文库》（第一辑），南京：凤凰出版社，2011年，第260页。

65. ［清］华时亨：《梁溪菰川福城庵碑记》，转引自《华氏宗谱通八传芳集》（第五册，卷四），清代延绿阁本，无锡市图书馆藏。

66. 华珍聘：字德席，号守吾，华云曾孙，其小传见华孳亨：《华氏传芳集（乾隆）》，“守吾公宗谱传”，转引自《无锡文库》（第三辑），南京：凤凰出版社，2012年，第474页。

67.《华氏宗谱通八传芳集》（第五册，卷三），清代延绿阁本，无锡市图书馆藏。

68. ［清］张照等：《石渠宝笈》（卷三十八），文渊阁四库全书电子版，上海：上海人民出版社，1998年。

69. ［清］张照等：《石渠宝笈》（卷九），文渊阁四库全书电子版，上海：上海人民出版社，1998年。

70.《华氏宗谱通八传芳集》（第五册，卷三），清代延绿阁本，无锡市图书馆藏。

71. 同上。

72.《奉议大夫南京刑部江西司郎中補庵公墓志铭》，转引自《华氏宗谱通八传芳集》（第五册，卷三），清代延绿阁本，无锡市图书馆藏。

73. 同上。

74. 苏醒：《华云与文氏一门交游考》，《美术学报》，2017年第1期，第37—45页。

75. ［清］张照等：《石渠宝笈》（卷五），文渊阁四库全书电子版，上海：上海人民出版社，1998年。

76. ［明］都穆：《寓意编》，文渊阁四库全书电子版，上海：上海人民出版社，1998年。

77. 周道振，张月尊：《文徵明年谱》，上海：百家出版社，1998年，第63页。

78. 王连起：《赵孟頫〈天冠山诗帖〉考辨》，《文物》，1991年第8期，第91—95页。

79. 王连起：《中国书画鉴定与研究——王连起卷》，北京：故宫出版社，2018年，第90页。

80. [清]张照等:《石渠宝笈》(卷二十三),文渊阁四库全书电子版,上海:上海人民出版社,1998年。

81. [清]张照等:《石渠宝笈》(卷三十三),文渊阁四库全书电子版,上海:上海人民出版社,1998年。

82. [清]孙承泽:《庚子销夏记》(卷三),文渊阁四库全书电子版,上海:上海人民出版社,1998年。

83. [清]项乃斌:《嘉禾项氏清芬录》,北京图书馆藏本。

84. 《华氏宗谱通八支传芳集》(第五册,卷三),清代延绿阁本,无锡市图书馆藏。

85. 周道振:《浅谈无锡明清刻帖情况》,转引自《周道振文集》,《无锡文博》,2014年增刊,第115页。

86. 周道振:《介绍无锡华氏三帖中的〈澄观楼法帖》,转引自《周道振文集》,《无锡文博》,2014年增刊,第111—113页。

87. 《华氏通八支宗谱》,"南门下塘派",清乾隆三十五年刻本,中国国家图书馆藏,第13页。

88. 华镜宇小传,见《华氏宗谱通八支传芳集》(第五册,卷二),清代延绿阁本,无锡市图书馆藏。

# “真赏斋”里的长物
## ——明中叶无锡古物藏家华夏家系与书画收藏考（上）

## 一、华夏家系

明初江南名士，无锡鹅湖华氏（“鹅湖”一作荡口，故“鹅湖华氏”亦作“荡口华氏”）始迁祖华贞固生有三个儿子，其中长子华兴仁（1364—1429），即是华夏的六世祖。华兴仁娶当地大族顾氏，生子三人：华宗常、华宗永、华宗清，另有侧室生一子华宗润。华宗常（1382—1407）即是华夏的五世祖，他字源长，“为人好义敏学，性至孝”，[1] 曾因母疾，而刮股为母做羹治病，这种做法似乎在华氏族人之间较为流行，如华氏“怡隐支”的华叔阳亦曾为其父华察刮股治病，后因未果而哀毁生病，遂亡。[2] 据家谱载，华宗常去世时只有二十六岁，其妻邹氏生有一子华守德[3]（1405—1476），即为华夏的高祖，而后邹氏殉节自尽，起因为“（华宗常）以子属其母顾氏，而不及其妇邹氏”，[4] 华守德遂成孤儿。华守德，字本常，自号涵养，父母早逝，由祖父母养大，“弱冠读书史，能领大义，天性慈孝”，[5] 堂号“存思堂”，以示对父母的思念。大学士程敏政（1446—1499）曾为其《存思堂咏》作序文，另有马嵩、夏复以及华兴定等人为之作诗，以称赞其孝道。[6] 华守德娶妻邹氏，育有四子：华昀、华春、华旻、华昕，其中次子华春就是华夏的曾祖父。

华春（1429—1501），字廷元，号松严，家谱中说他“为人孝友，少有志操”，“弱冠即代父干家蠱，力于治生，家业以裕”，[7]由于祖母邹氏的殉节自尽，华春年少时即四处奔告，为祖母获求旌表，同时他还“遍求名卿士大夫诗文以表章之”，[8]一生敦朴勤俭，“不事矫饰，衣衿布素，珠玉玩好，略不经意”，[9]教育子女“力田读书”。华渚《勾吴华氏本书》中说他“稍长受业里师，涉猎经传”，[10]将其父亲分家析产所得到的五十亩田地，逐渐扩充至荡口上福乡，并兴修水利，赈饥荒，讲孝友，在乡人中获得了较高的威望。在他七十岁的时候，状元钱福（1461—1504）曾为之做寿，并称赞他“君号松严耶，夫松之与严，皆物之寿者，而严之寿尤为远”，“君为人不阿不倚，有得乎松，确然硁然，有得乎严，可谓无愧其号者。”[11]华春原配赵氏，继配顾氏，生子五人：华坦、华埛、华堂、华壆、华堉，其中四子华壆（音“学”）后过继给了华春的三弟华旻（音“民”）为嗣，长子华坦即是华夏的祖父。

华坦（1452—1545），字汝平，号南坡，国学生，考授州目，秉性谦和，礼贤下士，所交皆当时伟人，唯不畏强御，不受欺陵，豪右以是惮之。[12]文徵明在华氏家谱中说他是一位“高年悃愊之士”，高寿而又待人至诚，华氏族谱中所载的华氏族人，唯华坦享受最高。他“精敏周慎，雅意恢弘”，“尽力于畎亩，菑播以时，廥积输将，咸有法度，声生势长，累赀钜万，田园邸第，遍于邑中。”[13]这说明华坦经营财富的能力较强，且主要以田亩为主，然后将依靠田亩获得的资本用以经商牟利，如果联系其他华氏族人的财富积累方式，不难发现他们之间都有十分相似的地方，即大多依靠经营土地而致富。这一点十分重要，作为当地望族，田多人众，华氏一族出任粮长一职的较多，据香港中文大学余艳博士统计，鹅湖华氏家族自华贞固的孙子一辈开始，一些成员陆续成为粮长，诸如华宗隆、华宗安、华用斋、华炯、华祐、华基、华烨、华燠、华辉、华需、华钢、华夏等十二位华氏族人都曾出任过该职务。对于粮长的职务，“华氏后人极尽赞美之辞，书写这些粮长在供职之时的善事、歌颂他们的美德以及对于大众的贡献。然而不可否认的是，任职粮长并没有对华氏成员的自身利益造成任何损害。相反，他们的财富在任职期间不断累积起来，权力和声望也逐渐扩张，实为有利无害之举。”[14] 没有文献记载说华坦做过粮长，但其诸多族人，其中也包括他的孙子华夏，曾任此职，那么应该对于他的田产积累起过重要作用。华坦一生隐逸，不曾出仕，“隐约终身”，但“终身所交游皆当世伟人”，“则有若王文成阳明先生、邵文庄二泉先生、邹文庄东郭先生、乔庄简白岩公、吴文端白楼公、文中丞宗严公，皆常为文赠公也。若瞿文懿昆湖公、吕文简泾野公、吴参议海峰公、王雅宜太学、陈白阳山人，皆有投赠赋寿之什，为公耄耋之祝者也。”[15] 也就是说王阳明（1472—1529）、邵宝（1460—1527）、邹守益（1491—1562）、乔宇（1464—1531）、吴一鹏（1460—1542）、文徵明叔父文森（1462—1525）等大学者和官宦都与华坦有交谊，嗣后他的孙子华夏就曾拜王阳明和邵宝等人为师，可见王阳明、邵宝以及文森、文徵明叔侄和华夏家族属于世交。著名理学家瞿景淳 (1507—1569)、吕柟 (1479—1542)、吴子孝 (1495—1563)、王宠，陈淳（1483—1544）、李元夫、冯夔、唐寅等曾为华坦祝寿并写下诗文，[16] 或者创作过书画作品，但他们彼此之间年龄相差甚大，也缺乏有力材料来佐证他们之间有直接往来。很有可能，是华坦的儿孙，甚至就是华夏本人为祖父祝寿而前去求文。但是，我们还是可以据此推断出华夏的生活和交游圈子，是一种什么状态，对他以后从事古物收藏产生了何种影响。至少以下几点是十分明确的，即华夏家世殷实，田产丰厚，其祖父交游甚广，且多为名士，尤其是文徵明家族与华夏家族的来往，至少从华夏的祖父这一辈就已开始，说明文、华两家是世交，具有通家之谊，一些存世的信札也证实了这一点。唐寅和华夏家族的来往，仅限于他给华夏祖父华坦祝寿写过诗文，至于他是否与华夏有直接往来则不得而知，至少可以说明“吴门四家”中文、唐两家与华夏家族皆有往来。

华坦娶妻钱氏，生子二，长子即华夏的父亲华钦，次子华鋹（音“民”），家谱记载不多。在周道振所辑录的《文徵明集》中，完整保存了华钦的墓志铭全文：

府君，南坡翁之子也。南坡精敏宏达，长于经理，年九十余，独自操家。科轮佃作，悉身任之，一不委劳于人。故府君至老，犹供子职，其才能行义，不少外见，而内行甚修。事南坡翁及母钱硕人，承颜顺志，白首服勤，起居省侍，不少违拂。翁没，府君已七十余，毁顿成疾，孺慕不已。岁时蒸尝，与讳日修祀，豆笾结清，牢醴维饬。旦起，必衣冠谒先祠以为常。至于家事靡密，货泉流输，一无所问。教子若孙，亦唯道以义方，未始督过。尝曰："燕翼贻谋之事，前人既已规措。伏腊供具，内人之职。彼皆有绪，吾亦何用多为？"性本靖谧，不喜矫枉，不事夸诞。对客恂恂，未偿以语言先人。人侮之，受而不答，视若不慧，而还语诸子，则皂白井井。且戒曰"慎毋尔也"，推诚任性，不逆诈，不穷人之过。待臧获下人，往往以恩掩义。或有所盗，知而不言，曰："彼当自愧悔也"。或负南坡翁金，而给取券去，曰："譬遭彊禦，则亦已尔"。其仁隐宽裕多此类。晚得未疾，不良于行，作别墅于湖桥，陂鱼养花，树艺自适，将以佚其老。而岂意其遽疾而死也，呜呼！府君生成化甲午八月七日，卒嘉靖甲寅正月十又三日，享年八十有一。配吕氏，前卒。子男五人：长夏，国子生，娶钱。韶、勺，娶俱邹；英娶范；文甫，丙午举人，娶成。女一人，适钱去伪。孙男五人：绍会、绍芳、绍先、绍贤、绍龄。孙女十二人。曾孙男一人：积德。葬以卒之明年乙卯正月十日，墓在胶山，吕硕人祔。先事，夏偕诸弟以状来请铭，状则文甫所自述也。[17]

这篇数百字的铭文，由华夏诸兄弟请文徵明书写，其内容则由华夏幼弟华文甫[18]（1513—1596）自述，该文较为详尽地勾勒出了华钦的人物形象，其一是华钦极为孝敬父母，"承颜顺志，白首服勤，起居省侍，不少违拂"；其二是华钦与他的父亲华坦相反，似乎不善于料理家务，有关家庭的财务问题，几乎是"一无所问"；其三是华钦性格沉稳持重而不张扬，晚年隐于湖桥，过着悠闲自娱的生活。正如台湾学者朱书萱所说：“我们看不出华钦与文化界之任何相关讯息，也没有家富庋藏的纪录，像是一个平实朴素的百姓的传记。倒是华夏的祖父华坦与当代文人的交谊，让我们想见其家风中富于文化气息的一面。”[19] 华钦娶妻吕氏，生五子，他们分别是长子华夏、次子华韶、三子华勺、四子华英、五子华文甫，女儿一人，嫁无锡钱去伪。

文徵明的这篇铭文，清楚地记载了华钦“生成化甲午八月七日，卒嘉靖甲寅正月十又三日，享年八十有一”，即华钦生于明宪宗成化十年，公元1474年农历八月七日，逝于明世宗嘉靖三十三年，即公元1554年正月十三日，享年正好八十一岁。而《鹅湖华氏通四支兴二支宗谱》卷四则记载华钦生于“明成化十三年丁酉二月十九日”，即公元1477年农历二月十九日，卒于“嘉靖二十九年庚戌二月初一日”，[20] 寿七十有一。两个生卒年相比，差距较大，不管是具体的出生年月，还是享年时间，都有不小的差距。在没有更为确凿的印证材料出现之前，文徵明的说法应当较后者可信。这不仅是因为文徵明与华钦的父亲、儿子等都有往来，熟悉其家事，而且文徵明是一个非常认真严肃的人，同时文中说得非常清楚“翁没，府君已七十余”，即华坦在1545年去世的时候，华钦已经七十余岁了。如果按照华钦1477年的生年，其父去世时他才六十九岁，尚不足七十周岁。而1474年的生卒年就不存在这个问题。华氏后人又依据居住地进行支系划分，其中华夏和他的二弟华韶，为角上东沙派；其三弟华勺和四弟华英为角上北溪派；华夏最小的弟弟华文甫和华坦的幼子华鋹则为角上西桥派，形成了华坦儿孙一分为三的家族世系。依据居住地进行支系划分，这一做法在华氏家族中极为常见，如与华夏同时期的大收藏家华云，因他居住在无锡城区伯渎河的南下塘一带，故其后裔多称为“南门上塘派”，而其异母弟华露（1531—1596）的后裔们则称为“南门下塘派”。

## 二、“真赏斋”主人

华夏一生困于场屋，且又不善诗文，使得他在文献中几无踪迹可觅。但是华夏的古物收藏丰硕，且多有巨迹，于是在文徵明和丰坊等人笔下，华夏一个粗糙的人物线条被勾勒于世人眼前。翻阅那些依旧存世的华夏故物，尤其是那些声名煊赫的晋唐法书巨迹，现实与历史愈发显得极不相称。毋庸置疑，华夏是一位被文献所冷落了的明代古物收藏大家。

自清代以来，关于华夏的记载，几乎所有无锡地方志均采用了如下说法：“华夏，字中甫，少游南雍，师事王文成守仁。守仁谪龙场，周旋患难，士论多之。病衄，不应科目，与文徵仲、祝允明为性命交。陶情竹素，构真赏斋于东沙，藏三代鼎彝，魏晋以来法书名画，赏鉴推江南第一，文徵仲为之铭。石刻有《真赏斋钟繇帖》行世，人拟之《玉枕兰亭》云。”[21] 这是乾隆年间《金匮县志》关于华夏的描述，而在同一时期的《无锡县志》中，有关华夏行状的记载在保持大体相同的基础上，对于他的书画鉴藏略微做了调整，其文如下：“构‘真赏斋’于东沙，藏三代鼎彝，魏晋以来金石缣素，品鉴推‘江东巨眼’，徵明为之铭。《真赏斋》拓本妙埒宣和、停云、快雪，而下不敢望也。”[22] 在这段文字中，华夏的鉴定能力使他第一次获得了“江东巨眼”的称号。这不由得使人想起万历年间著名书画鉴藏家詹景凤（1532—1602），就明代中叶江南地区的古书画鉴定情况而书写的一段对话，这段对话被后世的研究者们经常援引：

项因谓余，今天下谁具双眼者？王氏二美则瞎汉，顾氏二汝眇视者尔。唯文徵仲具双眼，则死已久。今天下谁具双眼者？意在欲我以双眼称之，而我顾徐徐答曰：“四海九州如此广，天下人如此众，走未能尽见天下贤俊，乌能尽识天下之眼”。项因言：“今天下具眼唯足下与汴耳”。余笑曰：“卿眼自佳”。乃走，则不忍谓己独有双眼，亦不敢谓人尽无双眼。嗟夫，赏识亦难矣，一荆璞也，此以为宝，彼以为石。一燕石也，彼以为宝，此以为石，然独一物耳。[23]

具有丰厚古物收藏做支撑的项元汴，他的这番评论很容易使人信服，虽然措辞用语显得有些狂妄。鉴定眼力不错的王世贞兄弟被他贬为"瞎汉"，云间的大藏家顾汝和、顾汝修兄弟亦被藐视，实际上他们不仅和华家有着姻亲关系，而且顾氏的许多藏品都和华家存在着互动，从目前的文献来看，许多时候是华家收购了顾家的藏品。他们彼此之间都应该十分熟悉，但是华夏的鉴定水平在此就没有被项氏提及。其中的原因极有可能正如黄朋女士所说："华夏每有藏品几乎必请文徵明鉴定、题识。唯其如此，华夏方能每有收购均是相当有品质的书画，成为无锡藏家的代表。"[24] 说得更为直白一些，也就是说文徵明是华夏的"掌眼人"，甚至可以更为夸张地说，华夏的鉴定眼力几乎可以忽略不计，他之所以能够收到巨迹，完全依赖于文徵明的鉴定。当然，这种说法显得过于武断和绝对，其因由在于到目前为止，华夏几乎没有一篇关于鉴定的文献存世，仅仅只有为数不多的几枚收藏印章留在了藏品上，而且都钤盖得规规矩矩，绝不钤盖到书画本幅的中心区域，基本上都钤押在画幅的边角之处。文献的缺失，使得我们无法管窥到他本人的鉴定水平，由此带给后世各种各样的推断。现藏苏州市博物馆的宋拓《古本兰亭》册（纸本，共五开，每开纵 28.8 厘米，横 13.3 厘米），（图 1）其面板上的楷书题签"宋拓古本兰亭第一神品，东沙子鉴藏"，以及册尾的华夏题识，极有可能是华夏目前存世的唯一墨迹，该题识为四行楷书，文字充满鉴赏性质：

予家向藏兰亭十余种，以定武本为最。此本得之最晚，似更出定武之右。吴君婴能，见而爱之，以海岳潇湘烟雨卷易去，云烟过眼，

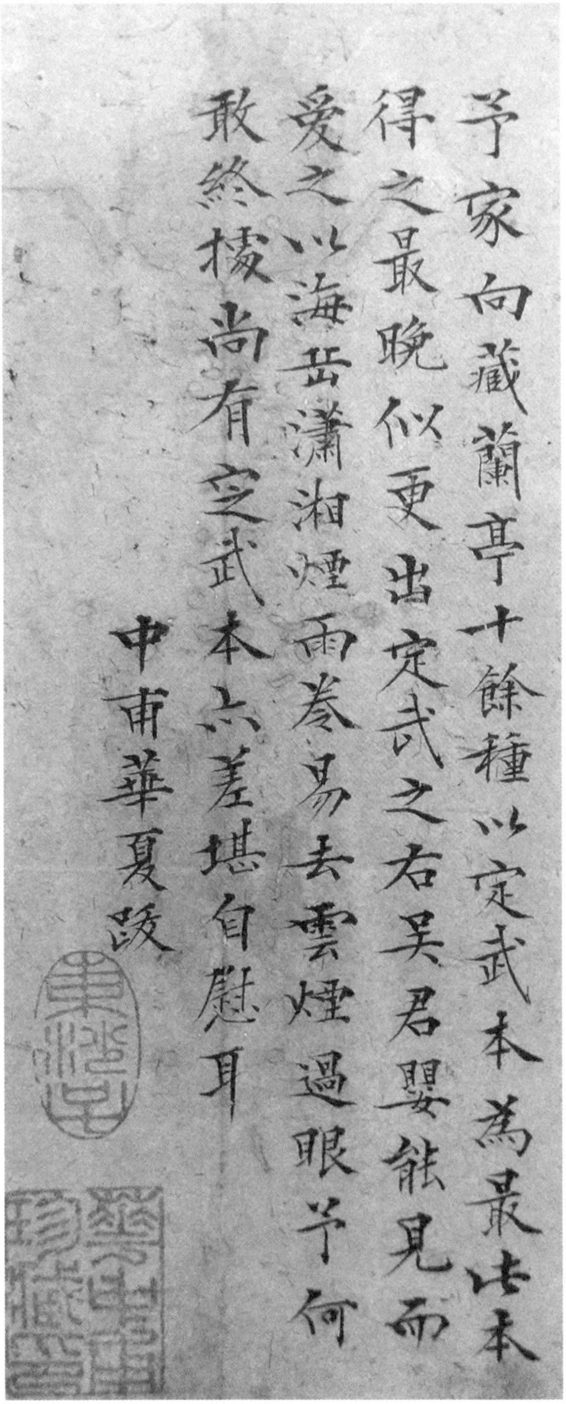


图1　华夏跋《古本兰亭》墨迹
苏州博物馆藏

予何敢终据？尚有定武本，亦差堪自慰耳。中甫华夏跋。

下钤"东沙子"朱文椭圆形印、"华中甫珍藏印"朱文长方形印两方。该题识字数不多，皆用楷体，结体严谨而颇具隶书的趣味，出锋较多，中规中矩，深受文徵明影响。从文中可知华夏收藏各种不同本子的《兰亭序》多达十余种，且尤以定武兰亭最好。一位名叫吴婴能的朋友用米芾的画卷，换走了他所收藏的定武兰亭，他却看得很淡，也不计较，以一种豁达的心态对待藏品，由此可见华夏性格之一斑。

华氏家谱中也从没有将华夏称作"江东巨眼"的文字，到了清代乾隆时期的无锡县志才第一次使用了"江东巨眼"的称呼。即使在有明一代，华夏的鉴定水平似乎也不是最高的，客观情况大抵如此。到了现代，诸多美术史家们也曾反复钩沉华夏的有关史料，惜于各种条件所限，故出现许多舛误，如杨仁恺主编的《中国书画》第七章"明代书画"中关于华夏的情况："华夏（15 世纪）字中甫，江苏无锡人，著名鉴藏家，和文徵明、祝允明、都穆等著名书画鉴藏家友善，经常过从。他世居东沙，斋名'真赏斋'，其中贮藏古物金石书画极富。"[25] 著名文徵明研究专家兼书画收藏家周道振（1916—2007）在其《无锡华夏真赏斋与文徵明》一文中写道："华夏，字中甫，号东沙，无锡人。幼颖敏，识伟志昂。长读书成均，声动南雍。遘衄疾，弃举子业。乃寄情于古图史金石之文。金石缣素，品鉴推江东巨眼。少师事王守仁。守仁谪龙场驿丞，夏侍左右，周旋患难。中岁与苏州祝允明、文徵明称合志之交。生于明孝宗弘治间（1488—1505），而著声于世宗嘉靖间（1522—1566），卒年七十四岁。"[26]

杨仁恺的说法代表了目前学界最为流行的一种说法，有关华夏的一切都显得极为笼统概括。而周道振文中所使用的材料则主要来源于《无锡金匮县志》和清人华渚的《勾吴华氏本书》，他对于华夏生卒年的推断还是较为准确的。实际情况则是，华夏的墓志铭在其逝后不久，就由其族叔华启直所撰写，并收在了他的《华豫庵先生集》一书中。（图2）华启直（1533—1597），字礼成，别号豫庵，“通四支”华兴定四世孙华舜钦（1499—1568）的次子，嘉靖四十一年（1562）进士，曾履任顺天教授、刑部主事、贵州副使等各种官职，[27]有干才，且极为至孝，在华氏家族中颇有声望。他的《华豫庵先生集》卷尾有著名学者顾宪成（1550—1612）为他所作的个人小传，同时附有民国实业家兼收藏家华绎之祖父华鸿模（1840—1911）的题跋，跋文言《华豫庵先生集》刻于清宣统三年（1911），内容虽多有舛误缺漏之处，但依旧保持了文集的原貌。由于《华豫庵先生集》的底本为清刻本，且向无刊行，故其中的有关史料很难为学界所知晓，所以华夏的墓志铭被长期湮没其中，这是一篇目前所知关于华夏行状最为详尽的史料，且出于族人之手，故其可信性极高，是勾勒华夏个人形象最为基础的材料，限于其珍贵性，兹抄录全文如下：

嗟嗟，中甫君其已焉哉。君华氏，讳夏，中甫其字，别号东沙。我华出春秋宋戴公，后东晋孝子讳宝，家无锡之华陂。传十有八世，讳荣，尝仕宋，居汴。又三传，讳原泉，自汴还锡，居邑之梅里。又八传，讳铉，早卒，配陈，守节被旌。铉生栖碧翁，讳幼武，好文能诗，有《黄杨集》行世。栖碧生贞固翁，讳悰韡，徙居鹅湖滨，为邑之延祥里人，手著《虑得集》，贻子孙规。贞固生永喜翁兴仁，仁生宗常，好君五世祖也。翁守德，松严翁春，南坡翁坦，小山翁钦，则君之高曾祖。考云母吕氏，生君兄弟五人：君最长，为南坡翁冢孙，次曰韶、曰勺、曰英、曰文甫。文甫乡进士，两仕县尹。

和其他逝去的华氏族人一样，使用近乎一致的措辞介绍了华夏的身世，他是荡口始迁祖华贞固的直系后裔，兄弟五人，华夏居长。尤其是自元代华铉以来的每一世先祖的名字都有所交代，且都能和华渚

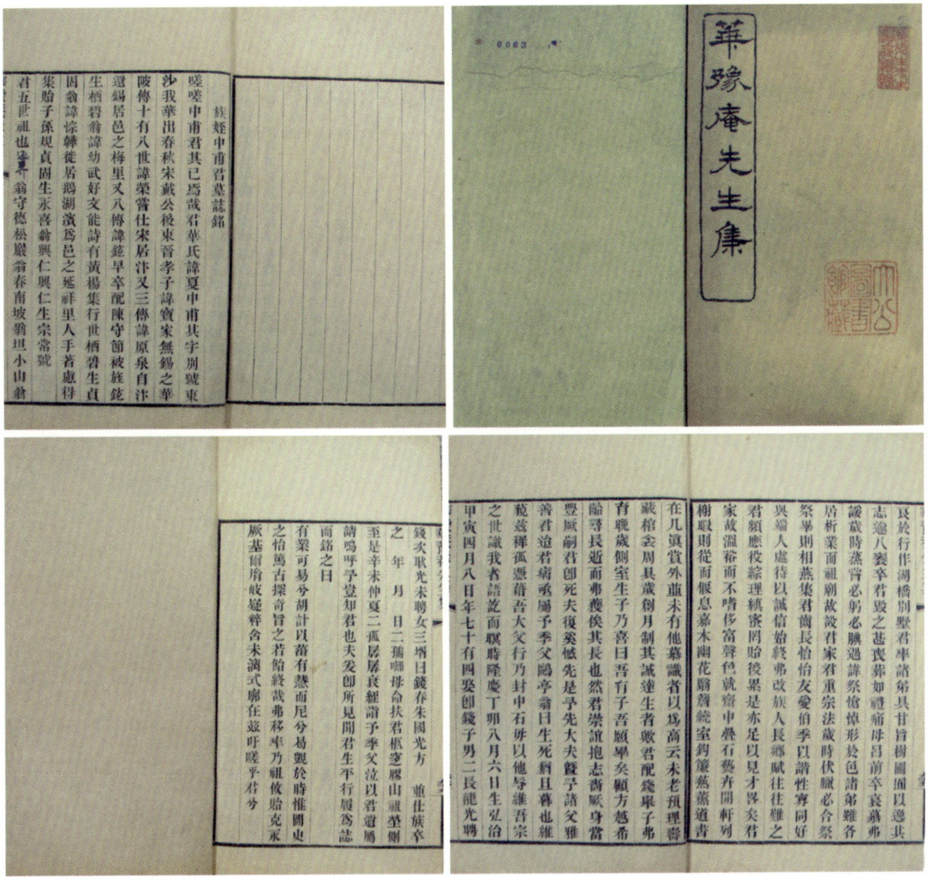


图2 ［明］华启直 《华夏墓志铭》 见《华豫庵先生集》 无锡市图书馆藏

的《勾吴华氏本书》《华氏传芳集》以及《通四支宗谱》等重要的家族文献相印证，说明了它的准确性和可靠性。

“君幼颖敏，识伟志昂。南坡翁喜摸其顶曰：‘克昌吾门者是孙乎？’稍长，锐情砥学，才可脱露，比业成均，试辄优，声动南雍。君器量冲恢，缙绅先生倾盖延纳，若太宰乔公新建、王公祭酒、邹公及吾会中丞文公，吾锡文庄邵公，咸当时伟人也。咸友重君，君亦自负。”可见华夏自幼聪明，且有志向抱负，得到了祖父华坦的喜爱，并给予厚望，认为华夏可以光耀门厅。年岁稍大以后，华夏也曾进入到南京的国子监——南雍学习，且颇有声望，以至于“声动南雍”。就性格而言，华夏器量“冲恢”，同时他也善于结交文士，铭文中所提到的有乔宇、邹守益、邵宝等几位。其中乔宇，字希大，号白岩山人，山西人，曾任南京礼部尚书、兵部尚书等职，并与杨一清和李东阳有师生之谊，而显宦杨一清与华氏家族中的华云也颇为密切。现藏无锡博物院的元人郑元祐楷书《华孝子祠记》册，其后就有杨一清和华云的题跋，我们从中得知华云在嘉靖乙酉年（1525），见证了进士兼藏家的蓝田（1477—1555）将该册页赠予华氏姻亲曹怀的这一事件，[28] 并将此事题跋于册页之后。[29] 邹守益，字谦之，号东廓，江西人，著名理学家、教育家。无锡人邵宝，则是华夏的同乡，此人不仅博学多才，且官居显位，更是写的一手好字，诗文亦是颇负盛名，无锡许多士人的墓志铭都出自邵宝之手。邵宝在当时的无锡是一个知名度极高的人物，他与华氏一族来往极多，曾经为华氏家族中的许多人写过墓志铭，如著名藏家华珵的具体行状就是依靠他书写的《神道碑》而为人所知。此外尚有华山、[30] 华燧、[31] 华昶、[32] 华津、[33] 华云母张氏、[34] 华允昭妻邹氏[35]、华云外祖父张逊[36] 等人的墓志铭或小传等都由邵宝所书。同时邵宝与华家亦有姻亲关系，有一华氏族人华珉，即为邵宝外甥。[37]

“已而遘衄疾，乃叹曰：‘命哉？名与生孰重？’遂弃去举子业，绝意进取，唯博古自娱图史是。耽精鉴远，日研以确，凡晋魏法书金石古刻，并金悬购。所藏皆巨迹最品，他如图画器物种种英粹，赏心寓目，陶厥性真，颜所居之斋曰：‘真赏。’太史衡山文公数过嘉之为叙铭。”然而命运不济，极有可能在准备继续科举考试的过程中，华夏身患“衄疾”，也就是一种鼻孔出血的疾病。由是，在虚名和生命之间，华夏选择了后者，“遂弃去举子业，绝意进取，唯博古自娱图史是”，以太学生终其一生。极有可能就是因为在科举方面的不成功，使得家谱中关于华夏的记载寥寥。就古物收藏而言，他“耽精鉴远，日研以确”，善鉴且钻研较深，当然亦有溢美之词。“凡晋魏法书金石古刻，并金悬购”，说明华夏实际上主要收藏魏晋时期的书法、鼎彝、石刻三类，且不惜重金。“他如图画器物种种英粹，赏心寓目，陶厥性真”，说明他也收藏古籍和绘画，以及其他器物一类的古物，但魏晋法书、鼎彝和石刻应该还是华夏收藏的重点对象，绘画和古籍其次，这一说法基本上能和文徵明的《真赏斋铭》和丰坊的《真赏斋赋》相互印证。就目前存世的实物来看，也确实如此，钤有华夏藏印的古代法书较多，当然魏晋时期的东西早已散佚，仅能通过《真赏斋帖》中的拓片管窥一二，唐宋人的书法反倒是存世实物中最多的，如颜真卿的《刘中使帖》（现藏台北“故宫博物院”）、传为唐人张旭的《古诗四帖》（纸本，纵 28.8 厘米，横 192.3 厘米，现藏辽宁省博物馆）、（图 3）黄庭坚的《诸上座帖》（现藏故宫博物院）和《李太白忆旧游诗》卷（现藏日本京都藤井斋成舍有邻馆）等。（图 4）我们所能见到的古代绘画，却仅有元人王蒙的《青卞隐居图》（纸本墨笔，纵 140.6 厘米，横 42.2 厘米，上海博物馆藏）一件，其他一些仅存目录，其数量实不能与唐宋法书相较。华夏收藏之所为“真赏斋”，并有文徵明为之题写长文《真赏斋铭》，如今尚能见到。

古物收藏以外，华夏于家政也较为擅长，“君虽托情图史，而雅属家政，尤笃于事亲。先是南坡翁以亩畎拓业，善经理，年九十，独自操家。小山翁白首共子，识君宝相之出入起居，冢孙是赖。南坡翁高年悃愊之士，交游多名卿巨儒，以君器量克周旋其间。每得士誉，君勿愧于顺孙也。比南坡翁殁，小山七十称孤，毁顿成患，不问家务。君承其责，户内外钜微事，熟任诸躬。小山晚婴未疾，不良于行，作湖桥别墅。君率诸弟具甘旨树圃囿，以逸其志，逾八秩卒。君毁之甚，丧葬如礼，痛母吕前卒，哀慕弗谖。岁时蒸尝，必躬必腆，遇讳祭，怆悼形于色。诸弟虽各居析业，而祖庙故设君家，君重宗法，岁时伏腊，必合祭。祭毕则相燕集。君齿长，怡怡友爱，伯季以谐，性寡同，好与端人处，待以诚信，始终弗改。族人长乡附，往往难之，君频应役。综理慎密，罔贻后累是，亦足以见才略矣。君家故温裕而

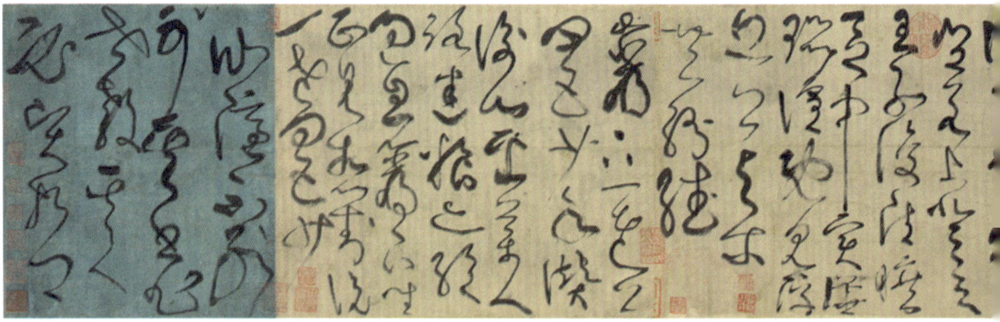

图3 （传）［唐］张旭《古诗四帖》 纸本 28.8cm ×192.3cm 辽宁省博物馆藏

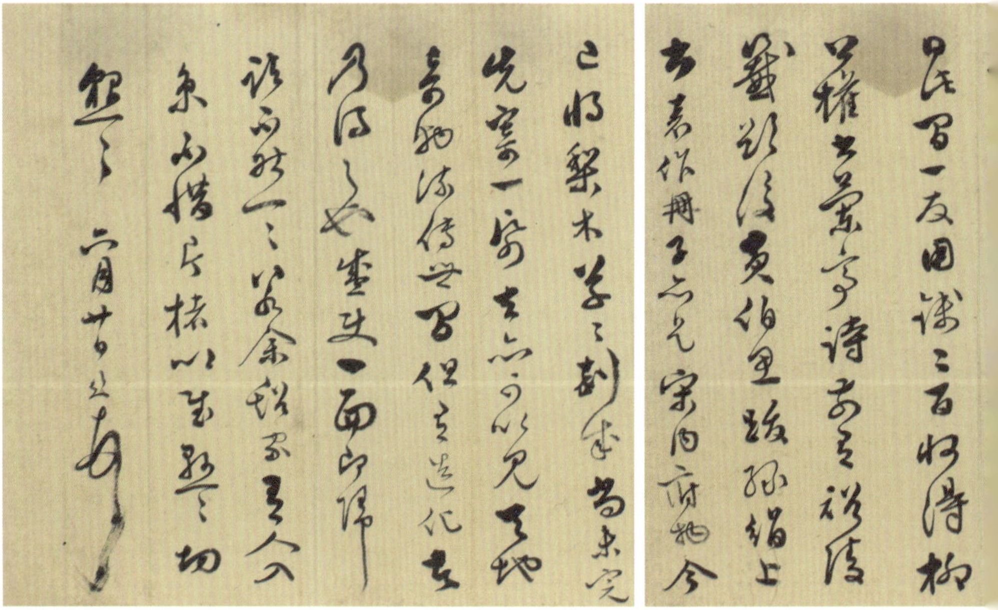

图4 《文彭致华夏信札》 纸本 31cm×14cm （每开）无锡博物院藏

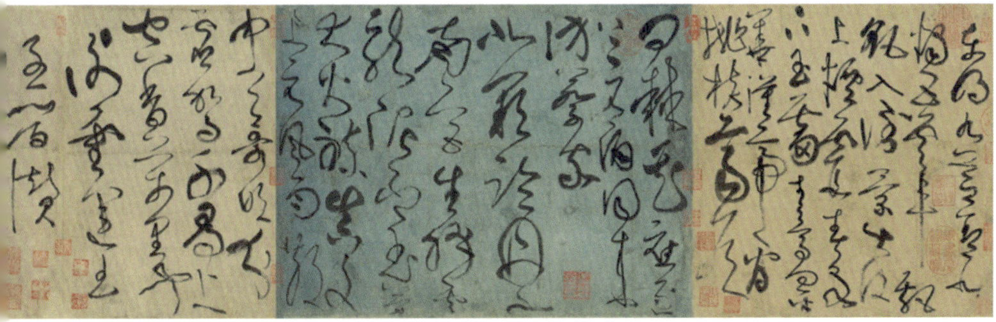

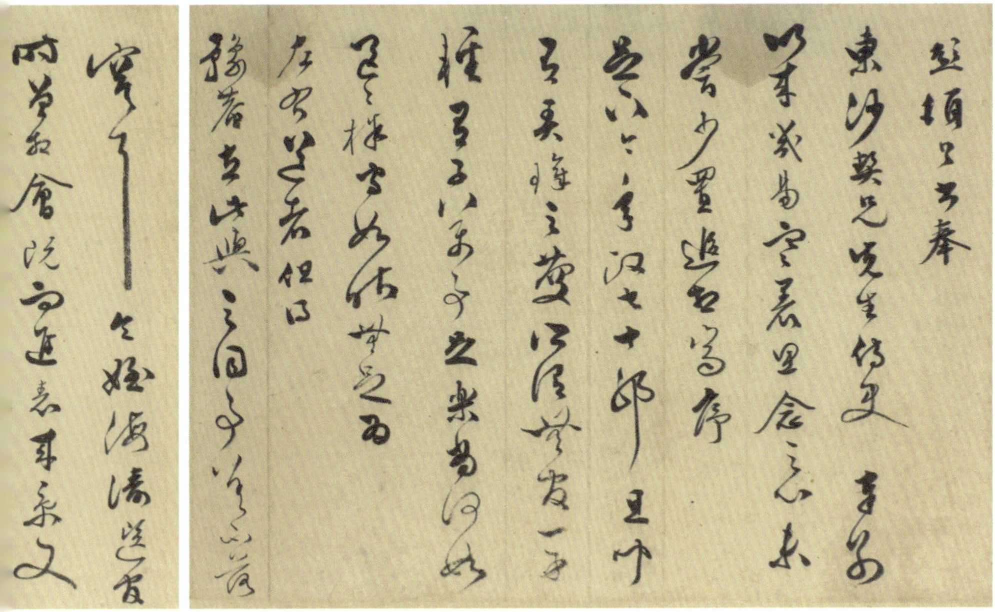

不嗜侈富声色，就斋中叠石艺卉，开轩列榭，暇则徙而偃息。嘉木幽花，翳檐绕室，钩帘爇薰，道书在几，真赏外并未有他。慕识者以为高，云未老预理寿藏棺衾，周具岁创月制，其诚达生者欤。”华夏祖父华坦经营田产，颇善经营，且交游者多名士，这在他的谱传中已有详细论述，此不赘述。华坦长寿，九十四岁方离世，而后华钦也多不问家政，家务多由华夏搭理，且处理得十分妥贴。对待亲人和族人都十分厚道，讲究诚信，且颇有干才。晚年的华钦似乎因病而致出行不便，建造湖桥别墅颐养天年，华夏经常率兄弟们前去看望照顾。华钦“逾八秩卒”，印证了文徵明所书的华钦墓志铭中关于其生卒年的准确性，即华钦八十一岁而卒，说明清人编纂的《鹅湖华氏通四支兴二支宗谱》卷四中关于华钦生卒年的信息有误。华夏母吕氏先于其父去世，他也经常前去祭奠，且“怆悼形于色”。兄弟几人虽析产而居，但对于祖庙的祭祀与管理事宜皆由华夏操持，祭毕兄弟几人往往会宴饮，家人之间极为和谐。华夏一生多与正直的人来往，且极讲诚信，“族人长乡附”，应是说华氏族人多有出任粮长一职的，虽然在华氏族谱中并无“粮长”一词出现，但却频频使用了“万石长”“掌税于乡”的表述，其实际意义其实都是指“粮长”。“往往难之，君频应役。综理慎密，罔贻后累是，亦足以见才略矣”，族人有难，华夏也频繁应对政府所征召的劳役，都能处理的缜密合理，且不留下隐患，足见其才。这句充满溢美的表述，从另一个细微的角度证实了华夏确实出任过粮长一类的管理基层民众的职务。华夏家境富裕，但其生活却不奢靡，唯喜叠石养花，把玩古物，“真赏外并未有他。”他在自己生前就备好了死后所用的棺椁一类的物品，以至于华启直说他将生命看得很诚达。

君配钱，举子弗育。晚岁侧室生子，乃喜曰：“吾有子，吾愿毕矣。”顾方越希龄，寻长逝而弗获，俟其长也。然君崇谊抱志，啬厥身当丰厥嗣，君即死，夫复奚憾。先是予先大夫，暨予诸父，雅善君。迨君病亟，属予季父鸥亭翁曰：“生死，犹旦暮也。维藐兹稺孤凭藉吾大父行，乃封中石，毋以他辱维吾宗之世，识我者”。语讫而瞑，时隆庆丁卯（1567）八月六日，生弘治甲寅（1494）四月八日，年七十有四。娶即钱，子男二，长龙光，聘钱。次耿光，未聘。女三，婿（婿）曰钱春、朱国、光方，并仕族。卒之□年□月□日，二孺啣母命，扶君柩，窆胶山祖茔侧。至是辛未（1571）仲夏，二孤孱孱衰绖，诣予季父，泣以君遗属请。呜呼，予岂知君也。夫爰即所见，闻君生平行履为志而铭之曰。[38]

晚岁的华夏，过着一种恬然自得的隐居生活。他一生娶妻两位，其中原配钱氏不育，最终侧室为之生育了儿子。今翻阅华夏家系，家谱中记载他有两个儿子，其中长子华龙光，次子华耿光，应皆为侧室所生，而非嫡妻钱氏。晚年得子，华夏感慨“吾有子，吾愿毕矣。”十分有趣的是，这件事情竟然在文彭的一封书信里被生动地提及。现藏无锡博物院的《文徵明父子致华夏家族信札》，一共十九开，每开纵 31 厘米，横 14 厘米，该信札内有一通文彭写给华夏的书信，他在信中说道：“彭顿首，书奉东沙契兄先生侍史，奉别以来，几易寒暑，思念之心，未尝少置。追想齿序，足下今年政七十耶，且闻有弄璋之庆。所谓‘无官一身轻，有子万事足’，乐当何如？区区株守如昨，无足为左右道者，但得豫庵在此，与之同事，若不落寞耳。令姪海涛选官时曾相会，既而进表来京，又得一面。询知动静安好，深慰远怀。近日此间一友用钱二百，收得柳公权书兰亭诗，前有裕陵签题，后黄伯思跋录绢上，书裱作册子，亦是宋内府物。今已将梨木草草刻成，尚未完。先寄一纸去，亦可以见天地奇物流传世间，但有造化者乃得之也。盛使一面即归，诸不能一一。若余谿家有人入京，不惜片楮以慰悬悬，切恳切恳。二月廿日，彭顿首。”（图 4）信中开篇即提到华夏七十岁生子一事，据华夏生卒年推算，其生子时间应在 1564 年，即嘉靖四十三年。清代的《鹅湖华氏通四兴二支宗谱》载

"华龙光，字伯寿，号少沙，子六：元成、元学、元进、元卿、元达、元祐"，[39] 次子华耿光，"字叔介，号振沙，子一：元明"，其余信息阙如，家谱中说华夏有二子，其因由不得而知。[40] 华夏一系迨至清末，其子孙繁衍不断，有关世系在家谱中皆有记录，然显达者寥寥，终至有清一代堪为沉寂。与之相反，同宗的华云一系，则是名家辈出，他们在书画创作、文献著述以及仕途方面皆不乏达人，如华云的长子华复初曾任应天府训导；三子华复诚出任鸿胪寺鸣赞；四子华复元任南京户部郎中；五子华复阳任职临海县主薄。[41] 其十六个孙子中的大部分皆有功名，直到清代，华云后裔也还出现了华时亨（华云玄孙）、华琪芳（华云曾孙）、华长发（华云来孙）等在文学、仕途以及艺术领域的佼佼者。

华夏的生卒年月则十分明确，即生于"弘治甲寅（1494）四月八日"，卒于"隆庆丁卯（1567）八月六日"，终年七十四岁。就年齿而言，他比文徵明和唐寅低一辈，应和文徵明的儿子们是一辈。

作为长兄，华夏有四个弟弟和一个妹妹，除去他本人和其幼弟外，其余兄弟们的史料都极少。他的二弟华英，字实甫，有一子名华祥桂，其后则无传。三弟华韶，字善甫，有一子华绍会，后曾任山西按察使，华绍会也有一子，名华积德。四弟华勺，生卒年不详，字时甫，号北溪，别号丹霞山人，原配邹氏，继配姚氏，合葬无锡堰水庄。生有三子，长子绍先，次子绍贤，幼子绍龄。其幼弟华文甫的有关史料相对较多一些，华文甫（1513—1596），字显甫，号西桥，明嘉靖丙午举人，历任襄阳、昌化二县知县，有善政，家谱中说他"少颖异，六岁就传受书，倍群儿，十二善属文"，"二十二岁补博士弟子员，嘉靖丙午举于乡，五试春宫不第，谒选得襄阳令"。[42]（图 5）任职襄阳期间，华文甫严惩不法，受到百姓拥戴，后因避祸藩王而改任昌化。任职浙江昌化知县时，华文甫修学校，并与诸生讲学其间，遂使文教振兴。同时他还组织人员修邑志，建丈田议，开垦荒田，兴利除害，以至于"两邑之民，咸爱戴如父母"，[43] 以至于同僚将华文甫喻为汉代的循吏。和其他华氏族人一样，华文甫也以孝友著称，构建“留香馆”为读书所。华文甫育有五子：长绍芳、次绍庆、三绍登、四企贤、幼绍第。此外，华文甫尚有著述甚多，著有《学庸详说》《诗经注义》《仕余稿》《西桥德藻集》等。另所纂录的文献有《春秋》《左传》《周礼家语》《六子诸书》辑《文选》《元修》。《华氏传芳集》《郡邑志》及《浙江通志》等文献俱有传。[44]

华夏的有关史料都比较零散，地方志中的记载多趋同，往往是晚期的文字沿袭早期的文字，且较为简单，这在乾隆和嘉庆时期的地方志中表现得尤为突出。而家谱中对于谱系的记载则最为清晰具体，但大多强调仕途中的成功者，华夏的史料也有一部分散落在《勾吴华氏本书》中，出现了一些异于华启直《华豫庵先生集》中的内容，可以作为补充，如家谱中说他“公（华夏）敦祀事，重宗法，岁腊合祭，祭毕，燕享群从，侃侃抑抑，称有礼焉。家故饶富，掌乡税，综理缜密，有经世才。”[45] 这里面有一个非常关键的细节，“家故饶富，掌乡

图5 ［清］佚名 《华文甫夫妇像》 纸本设色 32cm×46.5cm 无锡博物院藏

税”，说明华夏家赀殷实，这无疑和他的祖父华坦有关，因为在华坦掌家的时候，其家已经是“累赀钜万，田园邸第，遍于邑中”了。[46]“掌乡税”，其意实际上是指华夏任职粮长。根据华夏的生卒年来判断，其“掌乡税”的大致时间应该是在明世宗嘉靖时期（1522—1566）。而明代自宣德以来，粮长“往往运用所掌握着的巨额税粮来做资本经商牟利，或购买土地。”[47]“总之粮长诡诈敲剥，弊病百端，这是与明代的统治相始终的。它的整个历史，就是一部贪污史。明初粮长品质较佳的说法，绝非历史真相。”[48]我们不能据此来否定华夏的品行，因为存世不多的史料都肯定了华夏其人，但是利用“掌乡税”的机会，经商牟利，或者购买土地等却极有可能。华夏一生不曾出仕，但他却能购藏到质量非常上乘的古代书画，那么其资金来源就不得不让人觉得匪夷所思，很大程度上他也会借助粮长一职来谋取私利，成为其从事古物收藏的重要经济来源。身居粮长职位，并拥有大量土地，虽无煊赫官位，却富甲一方，这些特点和紧邻的安国家族极为相似。安国父亲安友菊（1446—1505）“掌赋于乡，公廪私蓄，事若蜎集”，[49]到安国的时候已成为巨富。其财富的来源，王赓唐先生认为主要有三个来源，其一是拥有大量的土地出租，收取地租；其二是雇佣大量劳动力从事生产，获取农产品；三是经商，土地上收获的农产品大部分作为商品出售。[50]与华夏有关的史料没有安国丰富，故无法确切知晓其财富的来源，只能通过家族对比，更兼地理上的近便，因为安国居住的安镇距离华夏居住的鹅湖都地处无锡东隅，且交通十分便利。华夏生活的时期，古书画的价格并不便宜。如项元汴收藏的古书画，大多都有价格记录，其中有一些藏品还是购自华夏的，如五代黄筌的《柳塘聚禽图》，项元汴曾记载“五代黄筌柳塘聚禽图，明墨林山人项元汴真赏宝秘。原价捌拾两，购于无锡华东沙家。”[51]元人虞集的《书虞允文诛蚊赋》，吴升《大观录》卷九曾载项元汴题记：“此帖今藏余家，往在无锡荡口得于华氏中甫处，少溪家兄重购见贻之物，元汴。”[52]李万康将这些价格与当时的物价和普通市民的购买力，进行关联性的研究，说明

“传世法书名画的价格很高”。[53] 但是，华夏却仅仅依靠曾经做过微小的“万石长”职务，收藏如此质量较高，价格不菲的古代书画，其富有的程度可想而知。

（原载于《新美术》2021 年第 2 期）

## 注释

1. ［清］华孳亨：《华氏传芳集（乾隆）》，转引自《无锡文库》（第三辑），南京：凤凰出版社，2012年，第336页。
2. ［清］华孳亨：《华氏传芳集（乾隆）》，转引自《无锡文库》（第三辑），南京：凤凰出版社，2012年，第423页。
3. 华守德：字本常，号涵养，华夏高祖，博学居孝，筑有“存思堂”，其小传见华孳亨：《华氏传芳集（乾隆）》，“涵养府君宗谱传”，转引自《无锡文库》（第三辑），南京：凤凰出版社，2012年，第347页。
4. ［清］华孳亨：《华氏传芳集（乾隆）》，转引自《无锡文库》（第三辑），南京：凤凰出版社，2012年，第347页。
5. 同上，第347页。
6. 同上，第347—348页。
7. 同上，第358页。
8. 同上。
9. 同上。
10. ［清］华渚：《勾吴华氏本书》（第二十九卷），存裕堂义庄重梓，清光绪乙巳秋月刊印（1905）。
11. 同上。
12. 《鹅湖华氏通四支兴二支宗谱》（卷三），清光绪己亥听彝堂义庄刻本，1899年。
13. ［清］华渚：《勾吴华氏本书》（第二十九卷），存裕堂义庄重梓，清光绪乙巳秋月刊印（1905）。
14. 余艳：《无锡县的华氏宗族——一个长时段的探讨》，香港：香港中文大学历史系博士学位论文，2011年，第33—34页。
15. ［清］华渚：《勾吴华氏本书》（第二十九卷），存裕堂义庄重梓，清光绪乙巳秋月刊印（1905）。
16. 同上。
17. 周道振：《文徵明集》，上海：上海古籍出版社，1987年，第1499—1500页。
18. 华文甫：华夏幼弟，其小传见华渚：《勾吴华氏本书补编》（第二十九卷），“昌化县知县西桥公”条，存裕堂义庄重梓，清光绪乙巳秋月刊印（1905）。

19. 朱书萱：《论书画鉴藏与书法教育——以华夏（1490—1563）真赏斋为例》，《东亚人文学》（第31辑），2015年，第303页。

20. 《鹅湖华氏通四支兴二支宗谱》（卷四），清光绪己亥听彝堂义庄刻本，1899年。

21. 《金匮县志（乾隆）》，转引自《无锡文库》（第一辑），南京：凤凰出版社，2011年，第776页。

22. 同上，第440页。

23. ［明］詹景凤：《东图玄览》，转引自卢辅圣：《中国书画全书》（第四册），上海：上海书画出版社，1992年，第54页。

24. 黄朋：《流动的画廊——明中期苏州书画鉴藏圈交流方式》，《收藏家》，2003年第9期，第12页。

25. 杨仁恺：《中国书画》，上海：上海古籍出版社，1990年，第489页。

26. 周道振：《无锡华夏真赏斋与文徵明》，《无锡文博》，1996年第2期，第15页。

27. 《无锡金匮县志》（卷十九），转引自《无锡文库》（第一辑），南京：凤凰出版社，2011年，第335页。

28. 曹怀：字于德，正德十二年进士，任户科给事中，其小传见《无锡金匮县志（嘉庆）》，转引自《无锡文库》（第一辑），南京：凤凰出版社，2011年，第398页。

29. 蓝田：1477—1555年，字玉甫，号北泉，山东即墨人。嘉靖进士，官至河南道监察御史。博学好古，蓄古书画富。

30. ［明］邵宝：《容春堂集前集》（卷十五），转引自《无锡文库》（第四辑），南京：凤凰出版社，2011年，第142—143页。

31. ［明］邵宝：《容春堂集后集》（卷七），转引自《无锡文库》（第四辑），南京：凤凰出版社，2011年，第251页。

32. ［明］邵宝：《容春堂集续集》（卷十四），转引自《无锡文库》（第四辑），南京：凤凰出版社，2011年，第558—559页。

33. 同上，第564—566页。

34. 同上，第580—581页。

35. ［明］邵宝：《容春堂集别集》（卷七），转引自《无锡文库》（第四辑），南京：凤凰出版社，2011年，第663页。

36. 同上，第679—680页。

37. ［明］邵宝：《容春堂集前集》（卷二），转引自《无锡文库》（第四辑），南京：凤凰出版社，2011年，第84页。

38. ［明］华启直：《华豫庵先生集》（上卷），无锡市图书馆藏，清宣统三年（1911）刻印本，第94—96页。

39. 《鹅湖华氏通四兴二支宗谱》（卷四），清光绪己亥听彝堂义庄刻本，1899年。

40. 同上。

41. ［清］华孳亨：《华氏传芳集（乾隆）》，转引自《无锡文库》（第三辑），南京：凤凰出版社，2012年，第636页。

42. ［清］华孳亨：《华氏传芳集（乾隆）》，转引自《无锡文库》（第三辑），南京：凤凰出版社，2012年，第414页。

43. 同上，第415页。

44. 《鹅湖华氏通四兴二支宗谱》（卷六），清光绪己亥听彝堂义庄刻本，1899年。

45. ［清］华渚：《勾吴华氏本书》（第三十卷），存裕堂义庄重梓，清光绪乙巳秋月刊印（1905）。

46. ［清］华渚：《勾吴华氏本书》（第二十九卷），存裕堂义庄重梓，清光绪乙巳秋月刊印（1905）。

47. 梁方仲：《明代粮长制度》，北京：中华书局，2008年，第4页。

48. 同上，第116—117页。

49. 王赓唐：《安氏旧家谱（传）抄本——胶山安国家族世次的又一资料》，《无锡文博》，1992年第3期，第18—21页。

50. 王赓唐：《安国桂坡馆的盛衰》，《无锡文博》，1994年第1期，第20页。

51. ［清］王杰等：《石渠宝笈续编》"宁寿宫藏九"，转引自《续修四库全书》（第1072册），上海：上海古籍出版社，1995年，第703—704页。

52. ［清］吴升：《大观录》（卷九），转引自《续修四库全书》（第1066册），上海：上海古籍出版社，1995年，第462页。

53. 李万康：《编号与价格：项元汴旧藏书画二释》，南京：南京大学出版社，2012年，第161—162页。

# “真赏斋”里的长物

## ——明中叶无锡古物藏家华夏家系与书画收藏考（下）

## 三、“真赏斋”里的长物

“真赏斋”是华夏的古物收藏之所，关于它的具体史料，与它的主人一样都是少之又少。华夏家族的世交好友文徵明在其《真赏斋铭》一文中说道“真赏斋者，吾友华中父(甫)藏图书之室也”，“维昔欧公，潜志金石，亦有米颠，图书是癖，岂曰滞物，寓意于斯，迺中有得，弗以物移，植志不移，寄情高朗，弗滞弗移，是曰真赏。”[1]其意也较为简单，即“真赏斋”是华夏收藏书画与古籍的处所，文中所说的“欧公”“金石”“米颠”，无疑是指书法、金石，抑或是绘画与书法，是对华夏藏品种类的一个简单表述。华夏“真赏斋”的收藏，究竟包括哪些种类？其具体的藏品究竟又有哪些？其中遗失的又是哪些？迄今存世的又有哪些？这些问题近年来虽一直有文章讨论，但依旧不断有新的发现。

关于“真赏斋”中的收藏，其实早在华夏同时期的时候就有不少人付诸笔墨，其中流传最广的文字是华夏的两位好友文徵明和宁波人丰坊，分别所作的《真赏斋铭》与《真赏斋赋》。此外，嘉兴人汪砢玉的《珊瑚网》一书对于华夏的藏品也有较为详细的整理。我们先看这三位同时代的人是如何描述“真赏斋”之收藏的。

文徵明的《真赏斋铭》是一篇短文，其全文不仅收藏在《华氏传芳集》和《勾吴华氏本书》之中，而且亦见于上海博物馆收藏的文氏青绿山水画作《真赏斋图卷》后的拖尾，为文氏手书小楷。文末款署时间为："嘉靖三十六年岁在丁巳四月既望"，即1557年，文徵明时年八十八岁，华夏六十四岁。（图1）文徵明的《真赏斋铭》全文八百余字，全文如下：

真赏斋者，吾友华中甫氏藏图书之室也。中父端靖喜学，尤喜古法书图画，古金石刻及鼎彝器物。家本温裕，蓄畲所入足以裕欲，而于声色服用一不留意，而唯图史之癖，精鉴博识，得之心而寓于目。每并金悬购，故所蓄，咸不下乙品。自弱岁抵今，垂四十年，志不少怠。坐是家稍落，弗恤而弥勤。徵明雅同所好，岁辄过之，室庐靓深，庋阁精好。燕谈之馀，焚香设茗，手发所藏，玉轴锦幖，烂然溢目。捲舒品骘，喜见眉睫。法书之珍，有钟太傅《荐季直表》、王右军《袁

图1 ［明］文徵明 《真赏斋图》 卷纸本设色 28.6cm×79cm 上海博物馆藏

生帖》、虞永兴《汝南公主墓铭起草》、王方庆《通天进帖》、颜鲁公《刘中使帖》、徐季海《绢书道经》，皆魏晋唐贤巨迹，宋元以下不论也。金石有周穆王《壇山古刻》、蔡中郎《石经残本》、《淳化帖初刻》《定武兰亭》，下至《黄庭》《乐毅》《洛神东方画赞》诸刻，则其次也；图画器物，抑又次焉。皆不下百数。于戏，富矣。然今江南收藏之家，岂无富于君者，而其赝杂出，精驳间存，不过夸示文物，取悦俗目耳，此米海岳所谓，资力有馀，假耳目于人，意作标表者。呜呼，是焉知所好哉，若夫缇缃拾袭，护惜如头目，似知所好矣。而赏则未也，陈列抚摩，摧扬探竟，知所赏矣，而或不出于性真，必如欧阳子之于金石，米老之于图书，斯无间然。欧公云：吾性颛而嗜古，于世人之所贪者，皆无欲于其间。故得一其所好，玩而老焉。米云：吾愿为蠹书鱼游，金题玉躞而不为害，此其好尚之笃，赏识之真，孰得而间哉，

中父殆是类也。铭曰：有精斋庐，翼翼渠渠。爰庋用储，左图右书。牙签斯悬，锦幖斯饰。迺缇斯袭，于燕以适。适如之何，维衎以游。金题玉躞，瑄璧琳璆。品斯骘斯，允言博雅。谁其尸之，中父氏华。维中父君，笃古嗜文。隽味道腴，志专靡分。断缣故楮，山镌野刻。探颐讨论，手之弗释。亶识之真，亦臻厥奥。岂无物珍，不易其好。维昔欧公，潜志金石。亦有米颠，图书是癖。岂曰滞物，寓意于斯。迺中有得，弗以物移。植志弗移，寄情则朗。弗滞弗移，是曰真赏。有贤中父，奇文是欣。少也师古，老而弥勤。新斋翼翼，图史祈祈，后有考德，视我铭诗。嘉靖三十六年（1557），岁在丁巳，四月既望。长洲文徵明著并书。时年八十有八。

这篇铭文后被明清以来的诸多文献所收录，自华夏祖父华坦时，文徵明就与之有来往，嗣后文嘉、文彭兄弟与华夏也有着极为频繁密切的往来，所以文徵明父子与华坦、华夏祖孙为世交。故，华夏的“真赏斋”藏物，文徵明应当非常熟悉，甚至是亲切的，而且存世的华夏藏品尤以文徵明留下的题跋最多。在这篇铭文中，文徵明指出了华夏的古物收藏种类，“古法书图画，古金石刻及鼎彝器物”，即古代法书、绘画、金石、石刻、鼎彝器物等五类，并非仅仅单一的古代法书名画。铭文中列举的华夏法书藏品有“钟太傅《荐季直表》、王右军《袁生帖》、虞永兴《汝南公主墓铭起草》、王方庆《通天进帖》、颜鲁公《刘中使帖》、徐季海《绢书道经》”等总数六件，但是前面有一个条件限制“法书之珍”，说明这六件被文徵明点出名字来的书法是藏品中的“珍品”，且“皆魏晋唐贤巨迹”，而“宋元以下不论也”，宋元以后的藏品没有被提及，或者说不值得胪列。由此可见华氏收藏之精之富，不言而喻。

金石方面被提及的则有周穆王《壇山古刻》、蔡中郎《石经残本》、《淳化帖初刻》《定武兰亭》《黄庭》《乐毅》《洛神东方画赞》诸刻等七件，和上面书法合在一起，总数在十三件，这是我们通过文徵明《真赏斋铭》所知道的“真赏斋”法书收藏情况。当然，这个名目与数字一定是华夏丰富收藏的冰山之一角，这是毋庸置疑的，因为华夏的收藏历程，持续时间是十分漫长的，“自弱岁抵今，垂四十年，志不少怠”，即从二十余岁就开始涉猎收藏，前后四十年，大约处于1514—1554年间，且从不懈怠，再加上雄厚的财力，使得他“每并金悬购，故所蓄，咸不下乙品”。藏品著录的缺失，使得大部分后人的研究几成为推测。嘉靖三十六年的时候，华夏时年六十四岁，距离其去世尚有整整十年时间，应该是其收藏最为巅峰的时候。当然，这个时间，华夏的私人收藏是否已经开始外售，抑或是其他情况造成散佚，通过项元汴的一些藏品题记，我们尚能看到一些蛛丝马迹，这个问题将会在华夏交游的章节里给予阐述。

文徵明的《真赏斋铭》一文仅提及了华夏藏品中的十三件“魏晋唐贤巨迹”和部分金石藏品，至于“图画器物，抑又次焉。皆不下百数”，说明大量的图画与器物没有被提及。到了汪砢玉的《珊瑚网》一书，[2] 华夏的书法收藏总数就变成了十九幅：钟太傅《荐季直表》、王右军《袁生帖》、谢灵运书《古诗帖》、虞永兴《汝南公主墓铭起草》、王方庆《通天进帖》、颜鲁公《朱巨川诰》、颜真卿《与刘中使帖》（一作《瀛州帖》）、徐季海绢上《楷书道经》、蔡君谟《手牍》、黄山谷真行《刘宾客经伏波神祠诗》《冬日二士两柬》、草书《诸上座帖》《太白忆旧游诗》、宋高宗黄素《黄庭经》、岳鹏举《与奉使郎中札子》、赵承旨《临鹅群帖》（有邓善之、贡仲章、龚子敬等跋）、《临大令洛神赋》（有虞伯生、李鸣凤、袁仲长、柳道传等跋）、虞雍公（虞集）《诛蚊赋》及佚名行书。

金石则提到了八件：周穆王《壇山古刻》、蔡中郎《石经》残本、《夏承碑》《娄寿汉碑》《乐毅》《东方晋刻》《定武兰亭帖》《淳化祖刻》。至此，书法与金石的总数达到了二十五件，几乎比文徵明《真赏斋铭》中提到的多了一半。《珊瑚网》中的文献依据，汪砢玉说是来自“文太史徵仲叙名”，但是现藏上海博物馆的《真赏斋图卷》后的文氏楷书《真赏斋铭》一文却没有提及如此多的藏品。两个文献中都提到的藏品是这些：钟繇《荐季直表》、王羲之《袁生帖》、虞世南《汝南公主墓铭起草》、王方庆《通天进帖》、颜真卿《刘中使帖》、徐浩《道经》、《周穆王壇山古刻》、蔡邕《石经》残本、《淳化祖帖》初刻本、《定武兰亭》《乐毅》《东方晋刻》。

此外尚有文字更为冗长的丰坊《真赏斋赋》，这篇长达万余字的文章，陈斐蓉女士经过深入而又细致地研究，[3] 认为这篇作于1549年六月三日至七月二十四日期间的长文，极有可能经过了后人的重新装裱，尤其是现藏上海博物馆的文徵明《真赏斋图卷》拖尾处的丰坊亲笔原文，也极可能出于后抄，至于是否为丰氏亲笔，笔者持保留态度。就华夏的收藏来言，是文记述了华夏所收藏的书法、金石、碑刻以及绘画作品总计达五十二件，另有古籍三十八件。此外，作者认为“显赫的身世，深厚的学养，鉴赏的名声，使丰坊被认为是华夏写作此赋的最佳人选”，[4] 实际上丰、华二人也的确存在着诸多相似之处。2003年台湾文化大学蔡淑芳女士的《华夏真赏斋收藏与〈真赏斋帖〉研究》则整理出华夏的书法藏品二十五件，碑帖收藏十八件，绘画藏品二十二件，由此得出“真赏斋”所有藏品总数达六十五件，同时作者亦对每一件藏品进行了适当的描述，诸如藏品概况，流传情况与现状。[5] 由是，自明以来关于华夏“真赏斋”的整体收藏情况基本上有如下五种较有代表性的说法：

文徵明《真赏斋铭》：“魏晋唐贤巨迹”法书六件，金石类八件，总数十四件。

丰坊《真赏斋赋》：书画与金石类五十二件，古籍三十八件。

汪砢玉《珊瑚网》：书法十九件，绘画十六件，金石类六件，总数四十一件。

卞永誉《式古堂书画汇考》：书法十六件，绘画十七件，金石六件，古籍三十八件，另有文玩若干件，总数在八十件左右。

蔡淑芳《华夏真赏斋收藏与〈真赏斋帖〉研究》：书法二十五件，金石类十八件，绘画二十二件，收藏总数达到了六十五件。现将所有文献提及到的“真赏斋”书画藏品整理附表如下：[6]

| 时代 | 作者 | 作品名称 | 文徵明《真赏斋铭》(13件) | 丰坊《真赏斋赋》(52件,古籍除外) | 汪砢玉《珊瑚网》(35件) | 卞永誉《式古堂书画汇考》(39件) | 蔡淑芳《华夏真赏斋收藏与〈真赏斋帖〉研究》(65件) |
|---|---|---|---|---|---|---|---|
| 三国 | 钟繇 | 荐季直表 | 有录 | 有录 | 有录 | 有录 | 有录 |
| 东晋 | 王羲之 | 袁生帖 | 有录 | 有录 | 有录 | 有录 | 有录 |
| 东晋 | 王羲之 | 平安、何如、奉橘三帖 | 无 | 无 | 无 | 无 | 有录 |
| 唐 | 颜真卿 | 刘中使帖 | 有录 | 有录 | 有录 | 有录 | 有录 |
| 唐 | 颜真卿 | 朱巨川告身 | 无 | 有录 | 有录 | 有录 | 有录 |
| 唐 | 颜真卿 | 祭侄文稿 | 无 | 无 | 无 | 无 | 有录 |
| 唐 | 王方庆 | 万岁通天帖 | 有录 | 有录 | 有录 | 有录 | 有录 |
| 唐 | 虞世南 | 汝南公主墓铭起草 | 有录 | 有录 | 有录 | 有录 | 有录 |
| 唐 | 徐浩 | 道德经 | 有录 | 有录 | 有录 | 有录 | 有录 |
| 唐 | 张旭 | 古诗四帖 | 无 | 有录 | 有录 | 有录 | 有录 |
| 五代 | 杨凝式 | 神仙起居法帖 | 无 | 无 | 无 | 无 | 有录 |
| 北宋 | 蔡襄 | 八帖册页 | 无 | 有录 | 有录(应为《蔡君谟手牍》) | 有录(应为《蔡君谟手牍》) | 有录 |
| 北宋 | 蔡襄 | 自书帖 | 无 | 无 | 无 | 无 | 有录 |
| 北宋 | 黄庭坚 | 刘宾客经伏波神祠诗 | 无 | 有录 | 有录 | 有录 | 有录 |
| 北宋 | 黄庭坚 | 冬日、二士两柬 | 无 | 有录 | 有录 | 有录 | 有录 |
| 北宋 | 黄庭坚 | 诸上座帖 | 无 | 有录 | 有录 | 有录 | 有录 |
| 北宋 | 黄庭坚 | 太白忆旧游诗 | 无 | 有录 | 有录 | 有录 | 有录 |
| 南宋 | 赵构 | 黄庭经 | 无 | 有录 | 有录 | 有录 | 有录 |
| 南宋 | 岳飞 | 与奉郎中札子 | 无 | 有录 | 有录 | 有录 | 有录 |
| 元 | 赵孟頫 | 黄庭经 | 无 | 有录 | 有录 | 无 | 有录 |
| 元 | 赵孟頫 | 临鹅群帖 | 无 | 无 | 有录 | 有录 | 无 |
| 元 | 赵孟頫 | 临王献之《洛神赋》 | 无 | 无 | 有录 | 有录 | 有录 |
| 元 | 赵孟頫 | 佛经 | 无 | 无 | 无 | 无 | 有录 |
| 元 | 赵孟頫 | 洛神赋 | 无 | 有录 | 有录(应为《临王献之〈洛神赋〉》) | 有录(应为《临王献之〈洛神赋〉》) | 有录 |
| 元 | 虞集 | 诛蚊赋 | 无 | 有录 | 有录 | 有录 | 有录 |
| 元 | 虞集 | 邵庵行书 | 无 | 无 | 有录 | 无 | 无 |
| 明 | 祝允明 | 前后出师表 | 无 | 无 | 无 | 无 | 有录 |
| 明 | 祝允明 | 诗翰 | 无 | 无 | 无 | 无 | 有录 |
| 唐 | 王维 | 辋川图 | 无 | 有录 | 有录 | 有录 | 有录 |
| 唐 | 卢鸿 | 草堂十志图 | 无 | 无 | 无 | 无 | 有录 |
| 北宋 | 黄筌 | 柳塘聚禽图 | 无 | 无 | 无 | 无 | 有录 |
| 北宋 | 郭忠恕 | 雪江图 | 无 | 有录 | 有录 | 有录 | 有录 |
| 南宋 | 米友仁 | 潇湘图 | 无 | 有录 | 有录 | 有录 | 有录 |
| 南宋 | 阎次平 | 寒岩积雪图 | 无 | 有录 | 无 | 有录 | 有录 |

| 时代 | 作者 | 作品名称 | 文徵明《真赏斋铭》(13件) | 丰坊《真赏斋赋》(52件,古籍除外) | 汪砢玉《珊瑚网》(35件) | 卞永誉《式古堂书画汇考》(39件) | 蔡淑芳《华夏真赏斋收藏与〈真赏斋帖〉研究》(65件) |
|---|---|---|---|---|---|---|---|
| 南宋 | 刘松年 | 香山九老图 | 无 | 有录 | 有录 | 有录 | 有录 |
| 南宋 | 马麟 | 四梅图 | 无 | 有录 | 有录 | 有录 | 有录 |
| 元 | 赵孟頫 | 溪山仙馆图 | 无 | 有录 | 有录 | 有录 | 有录 |
| 元 | 赵孟頫 | 漂母图 | 无 | 有录 | 有录 | 有录 | 有录 |
| 元 | 赵孟頫 | 设色山水小图 | 无 | 有录 | 有录 | 有录 | 无 |
| 元 | 赵孟頫 | 夜景图 | 无 | 有录 | 有录 | 有录 | 有录 |
| 元 | 赵孟頫 | 秋郊饮马图 | 无 | 有录 | 有录 | 有录 | 有录 |
| 元 | 赵孟頫 | 二羊图 | 无 | 有录 | 有录 | 有录 | 有录 |
| 元 | 赵孟頫 | 武侯图 | 无 | 无 | 无 | 无 | 有录 |
| 元 | 高克恭 | 秋山暮霭图 | 无 | 有录 | 《珊瑚网》为“绛色长卷”，存疑 | 有录 | 有录 |
| 元 | 高克恭 | 直幅（具体名字不详） | 无 | 有录 | 有录 | 有录 | 有录 |
| 元 | 王蒙 | 青卞隐居图 | 无 | 有录 | 有录 | 有录 | 有录 |
| 元 | 倪瓒 | 惠山图 | 无 | 有录 | 有录 | 有录 | 有录 |
| 元 | 倪瓒 | 春霁图 | 无 | 有录 | 有录 | 有录 | 有录 |
| 明 | 陈淳 | 梅花水仙图 | 无 | 无 | 无 | 无 | 有录 |
| 明 | 仇英 | 上林图 | 无 | 无 | 无 | 无 | 有录 |
| 明 | 仇英 | 钟馗图 | 无 | 无 | 无 | 无 | 有录 |
| 东晋 | 王羲之 | 乐毅论 | 有录 | 有录 | 有录 | 无 | 有录 |
| 东晋 | 王羲之 | 东方朔画赞 | 有录 | 有录 | 有录 | 无 | 有录 |
| 东晋 | 王羲之 | 黄庭经 | 有录 | 有录 | 有录 | 无 | 无 |
| 东晋 | 王献之 | 洛神赋 | 有录 | 有录 | 有录 | 无 | 有录 |
| 周 | 周穆王 | 壇山刻石 | 有录 | 有录 | 有录 | 无 | 有录 |
| 先秦 | 不详 | 石鼓文 | 无 | 无 | 无 | 无 | 有录 |
| 秦 | 不详 | 泰山刻石 | 无 | 无 | 无 | 无 | 有录 |
| 汉 | 蔡邕 | 熹平石经 | 有录 | 有录 | 有录 | 无 | 有录 |
| 汉 | 不详 | 夏承碑 | 无 | 有录 | 有录 | 无 | 有录 |
| 汉 | 不详 | 娄寿碑 | 无 | 有录 | 有录 | 无 | 有录 |
| 唐 | 欧阳询 | 心经 | 无 | 有录 | 有录 | 无 | 有录 |
| 唐 | 欧阳询 | 白鹿 | 无 | 有录 | 有录 | 无 | 无 |
| 唐 | 虞世南 | 破邪论序 | 无 | 有录 | 有录 | 无 | 有录 |
| 唐 | 褚遂良 | 阴符经 | 无 | 有录 | 有录 | 无 | 无 |
| 唐 | 褚遂良 | 度人经 | 无 | 有录 | 有录 | 无 | 有录 |
| 唐 | 柳公权 | 尊胜陀罗尼咒 | 无 | 有录 | 有录 | 无 | 有录 |
| 唐 | 柳公权 | 清静经 | 无 | 有录 | 无 | 无 | 有录 |
| 北宋 | 宋内府 | 淳化阁帖 | 有录 | 有录 | 有录 | 无 | 有录 |
| 北宋 | 宋内府 | 大观帖 | 无 | 有录 | 无 | 无 | 无 |
| 不详 | 不详 | 定武兰亭 | 有录 | 有录 | 有录 | 无 | 有录 |

华夏"真赏斋"中收藏的具体书画珍品，从文徵明《真赏斋铭》中所提到的十三件，到丰坊《真赏斋赋》中提到的五十二件，再到汪砢玉《珊瑚网》中的四十一件，追至清代卞永誉《式古堂书画汇考》中所说的三十九件，进而在蔡淑芳女士的《华夏真赏斋收藏与〈真赏斋帖〉研究》一文中达到了最大值，六十五件，形成了一个"真赏斋"书画收藏的动态数值。这些收藏主要限定在古代法书、绘画、金石三大类，由于《真赏斋铭》和《真赏斋赋》皆是以文学的形式胪列"真赏斋"之藏品，尤其是"刻石"一类，究竟是拓片，还是石刻，极易令人混淆，故暂将其笼统概括为"金石"一类。依据上述诸家对于"真赏斋"藏品的研究，华夏的私人收藏情况愈发显得清楚。

其一，华夏"真赏斋"的古物收藏种类较多，并不仅限于古代法书名画的收藏，主要包括：宋元以前的名人法书和绘画；唐代以前的金石；宋时的法书刻帖；古籍的收藏数量也较多，某种程度上不亚于书画的收藏；此外尚有一些文玩的收藏，其中有三方藏印尤其值得注意，汪砢玉《珊瑚网》卷二十二有着非常清晰的描述：

细如粒米古玉印章，有"东汉杨彪"文、"先四代相印"朱文。虎钮雕刻精工，神韵生动，旁皆碾花。又一印曰"三槐之裔"，通身古卧蚕朱文，螭钮刻深而奇，温润无比。高宗吴后二印"贤志堂印"，白文螭钮；"贤志主人"，覆斗卧蚕，俱精绝。其白玉螭钮三印，改刻瓢印曰"真赏"、方印曰"华夏"、一曰"真赏斋印"。扁则李西崖八分书，以米元章有"平生真赏"印也，嘉靖二十八年（1549），南禺外史丰人叔为叙赋。[7]

丰文十分清楚，即华夏收藏有古代朱文玉印"东汉杨彪""先四代相印""三槐之裔"。南宋高宗吴皇后所用过的"贤志堂印"与"贤志主人"朱文方形印。另有华夏由古玉改刻而成的"真赏"朱文瓢印、"华夏"白文方印、"平生真赏"朱文方印，尤其是后三方印章，比对存世可靠的华夏书画藏品，其上基本上都钤盖有“真赏”朱文瓢印，或者说葫芦形印，以及“华夏”白文方形印，这两方印章在华夏的藏品上一直是同时出现，形成较为稳定的华夏钤印习惯，它们的位置主要在藏品的边角之处，基本上不存着只钤盖一方藏印的情况。至于“平生真赏”朱文方印却是很少出现在华氏的藏品之上。如现藏上海博物馆的王蒙《青卞隐居图》（纸本墨笔，横 141 厘米，横 42.2 厘米），画幅的右下角钤有“真赏”朱文葫芦形印和“华夏”白文方印。宋人黄庭坚的草书《诸上座帖》（纸本，纵 33 厘米，横 729.5 厘米，故宫博物院藏），开篇的“座”字右边就钤盖有“真赏”朱文葫芦形印和“华夏”白文方形印。另一卷黄庭坚《经伏波神祠诗》卷（纸本，纵 33.6 厘米，横 82.6 厘米，日本东京细川护立氏藏），卷尾亦是与《诸上座帖》同样的钤印。由于经由文献整理出来的华氏藏品大部分已经散佚，存世的数量较少，整体观察其钤印规律，大部分还是比较符合这种钤印情况的，即法书绘画一类藏品多钤盖“真赏”朱文葫芦形印和“华夏”白文方印，此二印皆不单独使用。不知何故，在徐邦达的《古书画过眼要录》一书中，对于华夏的“真赏”朱文葫芦形印则多称之为“玄赏”，如《王氏一门帖》[8]《刘中使帖》等，[9] 应为出版时造成的错误。同时，这方“真赏”朱文葫芦形印与清初藏家耿昭忠的“真赏”朱文葫芦形印几乎完全一样。虽然早在 2016 年的《论道安素斋：倪瓒之〈苔痕树影图〉》一文中，[10] 笔者曾将无锡博物院收藏的《苔痕树影图》上的“真赏”朱文葫芦印与耿昭忠的“真赏”朱文葫芦印做过简单比对，实际上二者的差距甚小，可以说很难依靠细节的差别进行区分，我们现在愈发倾向于认为耿昭忠的这方“真赏”朱文葫芦印就是华夏之物，也就是说华夏的私人藏印在其死后流入到了耿昭忠之手。（图 2）如果一件古代书画为华夏所藏，那么“真赏”朱文葫芦印一定是与“华夏”白文方印组合的；若为耿昭忠所有，则是耿氏许多印章的组合，单一使用此印的情况并不存在。（图 3）

碑帖的钤印，就目前存世的《真赏斋帖》的“火前本”与“火后

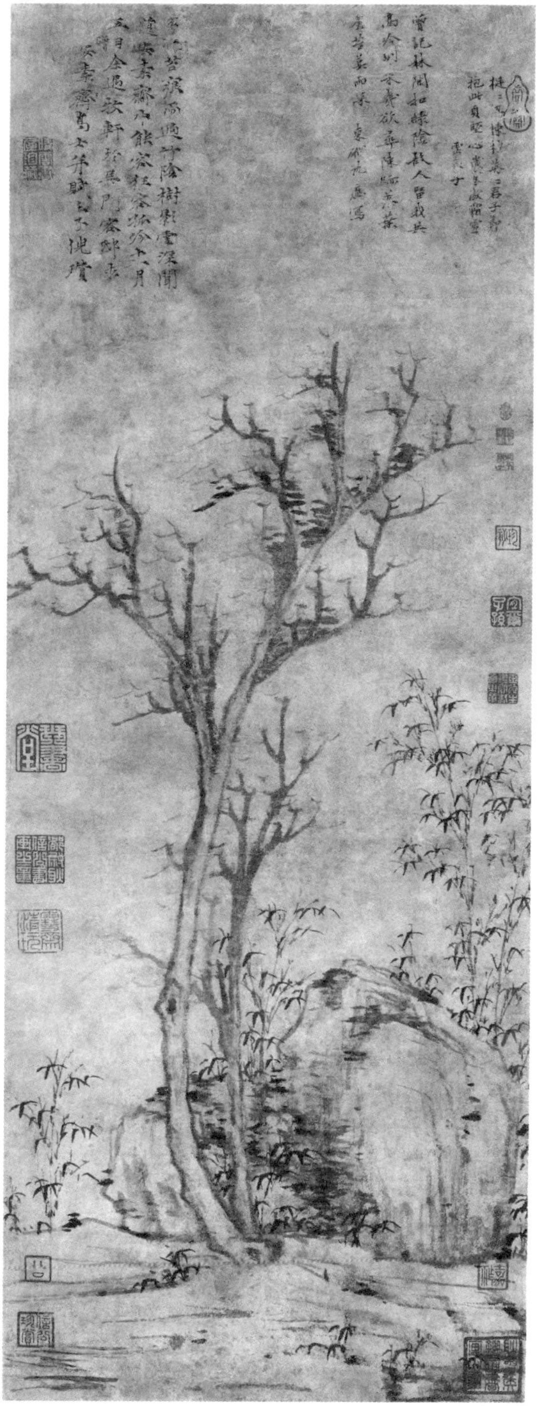

图 2 ［元］倪瓒 《苔痕树影图》
纸本墨笔 90.5cm×33.2cm
无锡博物院藏

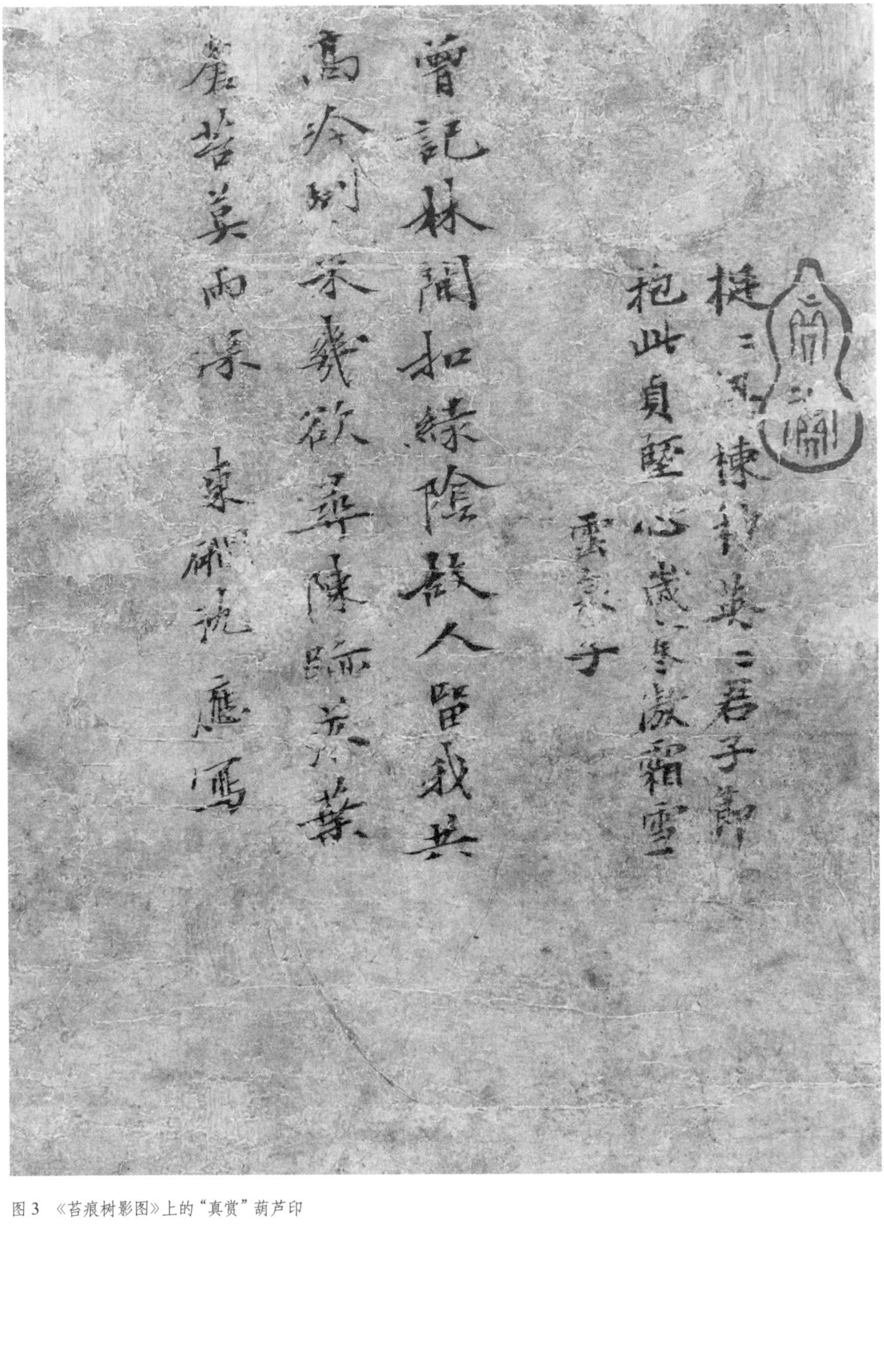

图 3 《苔痕树影图》上的“真赏”葫芦印

本"来看，与书画则差别甚大。如无锡博物院新入藏的"火后本"《荐季直表》（纸本，共十九开，每开纵 24 厘米，横 10.5 厘米），（图 4）首页钤盖"华夏私印"阳文方印，"火后本"《真赏斋帖》下卷《万岁通天帖》之王羲之《十一月帖》右下角钤盖"华夏私印"阳文方印和"武陵世家"阳文方印，末开的款题下方钤盖有"华夏私印"阳文方印、"东沙居士"阳文方印、"真赏斋印"阳文方印等，此外藏于苏州博物馆的《古本兰亭》册，亦是出现了一些十分稀见的华夏藏印。（图 5）如签题处的"公孙张"朱文方形印、末开华夏楷书题识下方的"东沙子"朱文椭圆形印和"华中甫珍藏印"朱文长方形印。书画与碑帖相比，前者的钤印规律十分明显，后者则显得无稽可循。

其二，就其藏品来看，华夏实际上是一个古物收藏家，并非单一的书画藏家。不管文徵明、丰坊，还是汪砢玉、卞永誉以及后世的学者们，其统计数据皆有出入，但是藏品中法书的数量都是最多的，且都是魏晋以来的主流书法家，几乎从不收藏小名头作家的作品。从时间上来看，华夏的收藏偏爱古代书法，即宋元以前作品居多，同时代人的作品几乎不收，绘画亦是如此。法书的收藏也包括碑帖和石刻，虽然它们更多时候被看做"金石"。文献中反复提到他也喜欢"古金石刻及鼎彝器物"，但是"鼎彝"一类的器物，有关文献阙如，几乎成了一个谜。

其三，文献古籍实际上是华夏收藏的一个大宗，主要包括汉唐以来的诗文、史籍等珍贵古籍。

其四，文玩等所谓的"杂项"一类，则主要是古代的印章、屏风、案几等，数量不多。

总体来看，华夏"真赏斋"内的书画收藏，其总数至少在五十件以上，包括古代法书、绘画与金石三类，遑论古籍。文徵明、丰坊、汪砢玉三人的文献记载最为可靠，书画藏印则是"华夏"朱文方印和"真赏"朱文葫芦形印同时钤盖，且具有联印性质。也就是说只有钤

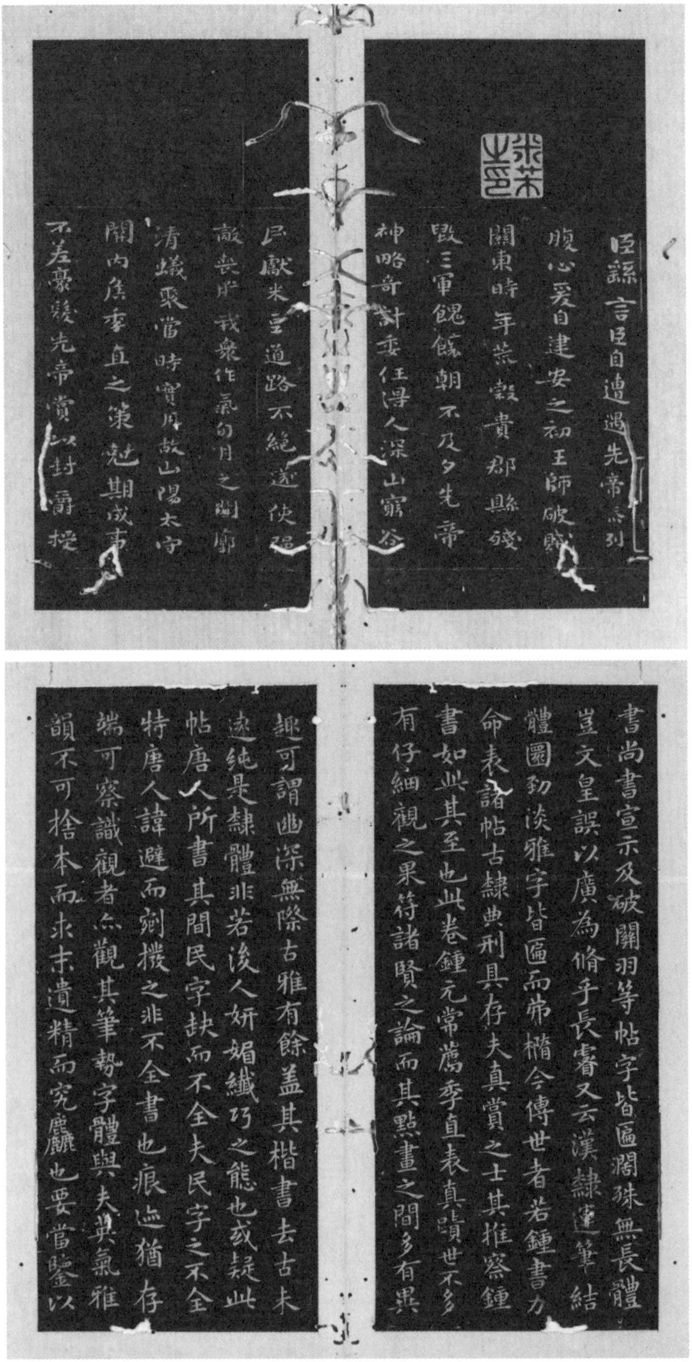

图 4　明拓《荐季直表》火后本　纸本　24cm×10.5cm（每开）　无锡博物院藏

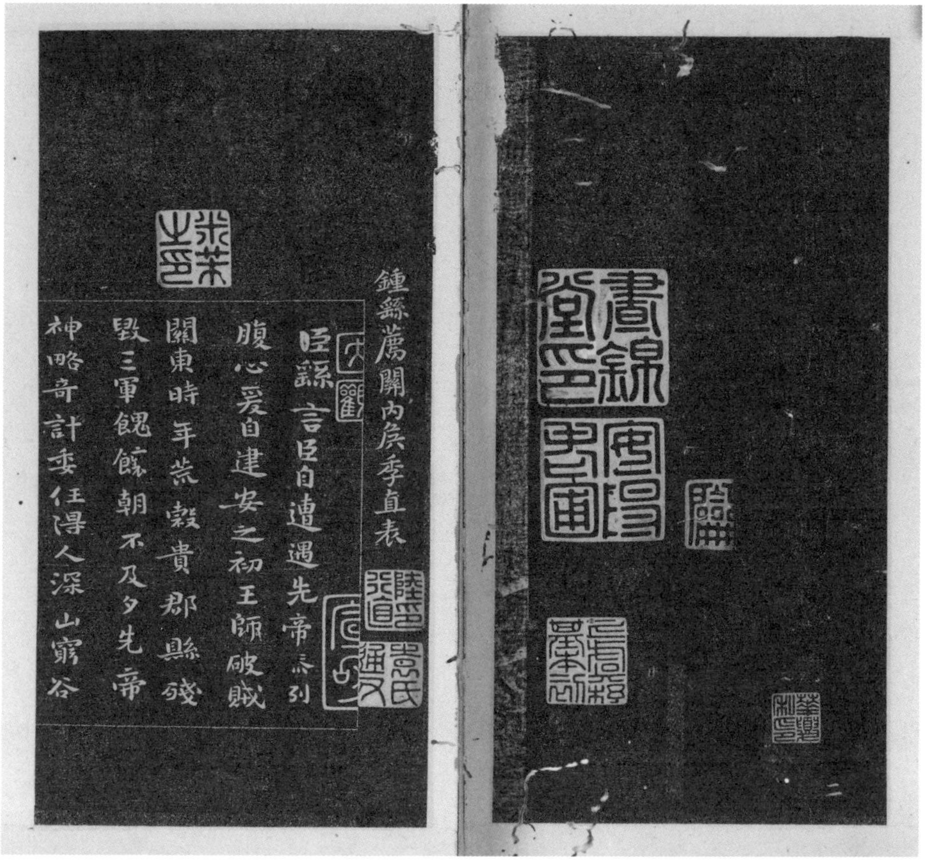


图 5 《荐季直表》上的“华夏私印” 无锡博物院藏

盖有“华夏”白文方印和“真赏”朱文瓢印两方印章的书画作品方为华夏的藏品，这一结论近乎判断华夏私人藏品的铁律。基于此，笔者愈发肯定《万岁通天帖》《古诗四帖》《刘中使帖》《诸上座帖》《经伏波神祠诗》卷是毫无争议的“真赏斋”旧藏。由是也可以断定王羲之的《平安、何如、奉橘三帖》不一定是华夏之物，因为该卷作品上并无“华夏”白文方印和“真赏”朱文瓢印。仅在后隔水处发现有一枚“真赏斋印”的白文方印，该印颜色鲜艳，年代很明显晚于常见的华夏藏印，更重要的是，华夏藏印中并无此印。颜真卿的《朱巨川告身》和《祭侄文稿》、杨凝式的《神仙起居法帖》、赵孟頫的《二羊图》和

《秋郊饮马图》的情况与王羲之的《平安、何如、奉橘三帖》类似，它们并非“真赏斋”故物。文物收藏，自古就是有聚有散，如过眼云烟，那么华夏“真赏斋”中的藏品亦是如此。

## 四、流动的藏品

对于“真赏斋”中藏品的流动情况，苏醒的《华夏书画收藏的来源与流向》一文认为“真赏斋”里的藏品主要有四个来源，[11] 其一是祖传，如现藏辽宁省博物馆的唐摹《万岁通天帖》（纸本，纵 26.3 厘米，横 253.8 厘米）后拖尾处的第三段文徵明楷书题识，（图 6）说得十分清楚“右唐人双钩晋王右军而下十帖，岳倦翁谓即武后通天时所摹留内府者。通天抵今八百四十年，而纸墨完好如此。唐人双钩，世不多见，况此又其精妙者，岂易得哉，在今世当为唐法书第一也。此帖承传之详已具，倦翁跋中，但宋诸家评品略无，论及者，盖自建隆以来，世藏天府至建中靖国，入石始流传人间，宜乎不为米黄诸公所赏也。此书世藏岳氏，元世在其几世孙仲远处，不知何时归无锡华氏。华有栖碧翁彦清者，读书能诗，好蓄古法书名画。帖尾有春草轩审是记，即其印章也。今其裔孙夏，字中父者，藏袭唯谨，又恐一旦失坠，遂勒石以传。其摹刻之妙，极其精工，视秘阁续帖，不啻过之。夏其知所重哉。嘉靖丁巳七月既望长洲文徵明题，时年八十有八”，下钤文氏“徵仲父印”白文方印、“悟言室印”白文方印。

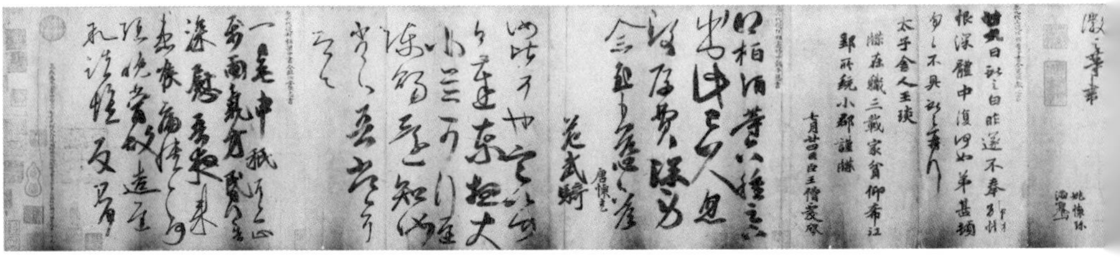

图 6　唐摹《万岁通天帖》　纸本　26.3cm×353.8cm　辽宁省博物馆藏

文中“华有栖碧翁彦清者，读书能诗，好蓄古法书名画。帖尾有春草轩审是记，即其印章也。今其裔孙夏，字中父者，藏袭唯谨，又恐一旦失坠，遂勒石以传”，即说的是华夏的八世祖华幼武，字彦清，号栖碧，华氏后人尊称其为“栖碧翁”，他是无锡荡口华氏始迁始祖华贞固的父亲。文徵明说他“读书能诗，好蓄古法书名画”，很明确，他也是一位书画收藏家，“春草轩审是记”是他的收藏印。而王氏《万岁通天帖》正是华幼武的藏品，后世代递传，至华夏手中。华幼武奉母之所为“春草轩”，异于元明之际藏家陈彦廉之“贞节堂”与“春草堂”，华、陈二人藏印极易混淆，由是导致一些藏品的张冠李戴，穆棣《“贞节堂印”“春草堂图书印”印记考》一文对之有过详细阐述。[12]

华幼武的藏品迄今很少见到，唐摹《万岁通天帖》更是唯一存世的有华幼武藏印，且是递传至其八世孙华夏手中的书法藏品。《文徵明年谱》也曾载正德二年丁卯（1507）五月十一日，文徵明“往相城访沈周，周有赠诗。又为周钩抚无锡华氏藏《唐摹万岁通天进帖》。”[13] 时年文徵明三十八岁，而华夏仅十四岁，说明极有可能是华夏的父亲华钦或者祖父华坦将这件珍贵的书法借给了沈周，按照文献中对于华钦和华坦二人的性格描述，与沈周来往的当是华坦。周道振生前对这个问题也产生了疑问“此时华夏年事尚少，沈周札中所云‘华氏’，不知即华夏否？”[14] 另一件苏轼的《乞常州居住奏状》，卞永誉《式古堂书画汇考》记载有文徵明的一段题识：“梁溪华氏得此帖几及百年，一日过余请题漫书欧公语于后，此帖当为华氏世守之珍可也，嘉靖二十八

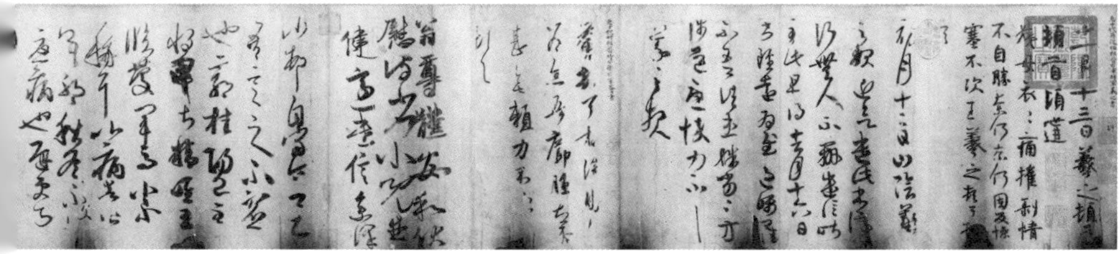

年己酉秋八月晦日后学文徵明书”，[15]此处的“梁溪华氏”极有可能是指华夏，[16]其后的李东阳跋文印证了这一推断。[17]但是该藏品并不见于丰坊的《真赏斋赋》，“梁溪华氏得此帖几及百年”一语，无疑说明它也是一件祖传之物。

比较有意思的是，华夏的同宗族人，著名藏家华珵，按照辈分，华珵应与华夏高祖华守德同辈，曾经收藏过的宋人黄庭坚草书《李太白忆旧游寄谯郡元参军》卷，嗣后进入华夏之“真赏斋”，这是极为少见的华氏宗亲之间藏品的互动，明人汪砢玉《珊瑚网》详细记载了这则信息：“双井之学大抵以韵胜，文章、诗乐、书画皆然。姑论其书，积功固深，所得固别，要之得晋人之韵，故形貌若悬，而神爽冥会欤。此卷驰骤藏真，殆有夺胎之妙，非有若象孔子之类也，其故乃是与素同得晋韵然耳。今之师素者，大率鲁莽，求诸其外，动至狂妄。又是优孟为叔敖，抵掌变幻，眩乱人鬼，只能惑楚竖子耳。亦独何哉？卷迹英气横发，于其本书，故是平生神品。尚古光禄先生藏护过于至宝，嘻，老谷不死之神在华氏矣。吴郡祝允明跋。”[18]祝允明与华氏亦有来往，他的题跋当较为可信。另，此卷后的沈周长文题跋在结尾处提到“尚古宜宝藏之，正德改元清明日。”“正德改元”为1506年，此时华珵已是六十九岁的古稀老人，黄氏《李太白忆旧游寄谯郡元参军》卷此刻尚为华珵收藏，而这时的华夏只有十三岁，很显然，该书卷的散落当在沈周殁后。丰坊的《真赏斋赋》和汪砢玉的《珊瑚网》记载此卷为华夏所藏，当较为可信。但令人不解的是，该手卷本幅并没有华夏的私人藏印。

苏州地区的前辈师友，如沈周、史鉴、李应祯等，也是华夏书画藏品的重要来源。黄庭坚的行书《经伏波神祠诗》卷，[19]最早应为沈周的藏品，“右黄文节公书刘宾客《伏波词诗》，雄伟绝伦，真得折钗屋漏之妙。三十年前（1501），徵明尝于石田先生家观此帖，今归无锡华中甫。中甫持来求题，漫识如此。嘉靖辛卯九月晦，长洲文徵明书。”[20]也就是说文徵明在三十二岁（1501）的时候，于沈周家看到过此帖，此时的华夏只有七岁，三十年以后，即嘉靖十年辛卯（1531）的时候，《经伏波神祠诗》卷已到了华夏手中。此时的沈周已经过世二十余年，极有可能说明华夏是从沈周后人手中获得此卷书法的。同时在沈周家获得的书法还有王羲之的《袁生帖》：

右《袁生帖》，曾入宣和御府，即《书谱》所载者，《淳化阁帖》卷六亦载此帖，是又曾入太宗御府，而黄长睿《阁帖考》尝致疑于此。然阁本较此微有不同，不知当时临摹失真，或《淳化》所收，别是一本，皆不可知。而此帖八玺灿然，其后賸纸及"内府图书之印"，皆宣和装池故物，而金书标签又出祐陵亲书，当是真迹无疑。此帖旧藏吴兴严震直家。震直洪武中仕为工部尚书，家多法书，后皆散失。吾友沈维时购得之，尝以示余，今复观于华中甫氏，中甫尝以入石矣。顾此真迹无前人题识，俾余疏其本末如此。嘉靖十年岁在辛卯九月晦，长洲文徵明跋。[21]

流传有绪的《袁生帖》，明初由沈周子沈维时购于严震直（1344—1402）处，嘉靖十年（1531）文徵明看到了此帖，并留下题识。颜真卿的《刘中使帖》最早应为史鉴的藏品。嘉靖十年的时候，华夏持此卷相示，文徵明为之下了一段题识："右颜鲁公《刘中使帖》，徵明少时，尝从太仆李应祯观于吴江史氏。李公谓：'鲁公真迹存世者，此帖为最。'徵明时未有识，不知其言为的。及今四十年，年逾六十，所阅颜书屡矣，卒莫有胜之者。因华君中甫持以相示，展阅数四，神气爽然。嘉靖十年岁在辛卯八月朔，长洲文徵明题。"[22]《袁生帖》墨迹早已佚，吴升的《大观录》记载该书法"末有真赏瓢章，华夏藏印"，[23]无锡博物院藏《真赏斋帖》火前本，其中的上册"荐季直表"的题签钤有一方"华夏私印"方印，《荐季直表》的墨迹旧照片上却看不到华夏的私人藏印；中册的《袁生帖》则也没有钤印，说明拓本和墨迹本之间在钤印上存在着差异。

另有一批藏品主要购自市场，最有名的当属《淳化祖石刻法帖三卷》，嘉靖庚寅年（1530），文嘉发现了市场上出现的《淳化祖石刻法帖三卷》，“亟报中甫”，遂使华夏以高价获得此法帖：“余生六十年，阅淳化帖不知其几，然莫有过华君中甫所藏六卷者，尝为考订，定为古本无疑，而中甫顾以不全为恨，余谓淳化抵今五百余年，屡更兵燹，一行数字，皆足藏玩，况六卷乎。嘉靖庚寅，儿子嘉偶于鬻书人处，获见三卷，亟报中甫，以厚值购得之。”[24]

“真赏斋”里的丰硕藏品，就目前的文献和存世实物上的鉴藏印章来看，有一部分是售给了嘉兴的大藏家项元汴。这些售出的藏品究竟包括哪些？它们是由华夏本人经手，还是由其后人经手？都是一些较为复杂的问题。但是对于它们的厘清，有助于弄清华夏藏品的流动情况。目前所知出售给项元汴的书画有如下几件：

“元翰林学士雍国公虞文靖行书宋虞雍著诛蚊赋，项元汴真鉴之秘。明□□（按：嘉靖）三十九年（1560）春日，购于无锡华氏，用价五拾金”。[25] 亦见于吴升《大观录》：“此帖今藏余家，往在无锡荡口，得于华氏中甫处，少溪家兄重购，见贻之物，元汴。”[26] 很明确，虞集的《诛蚊赋》经由项元汴仲兄项笃寿（1521—1586）之手购于华夏处。

五代黄筌的《柳塘聚禽图》：“五代黄筌柳塘聚禽图，明墨林山人项元汴真赏宝秘。原件捌拾两，购于无锡华东沙家。”[27]

南宋画家阎次平的《寒岩积雪图》：“用价壹佰贰拾锭，得于锡山华氏。”[28]

王羲之法书《袁生帖》“余近闻华东沙氏有右军袁生、姨母、初月三帖，大令廿九日一帖，疑司寇未见之。华氏帖今归项少参子长（项笃寿）。”[29]

唐摹《万岁通天帖》，后归项元汴仲兄项笃寿，书卷拖尾上钤有“项子长父鉴定”朱文方形印、“子长”朱文方形印、“项笃寿印”白文方形印等数方，但无项元汴钤印，也有学者认为是“项元汴后转让其兄项笃寿。”[30]

颜真卿《刘中使帖》，张丑《清河书画舫》载：“相传大字瀛洲帖，为宋宣和御府故物，元初藏张可与家，后具王芝、鲜于枢等六跋。乔篑成题名，历代传授有绪若此。弘治中归史明古氏，即寓意编所谓史丈新收者也。嘉靖壬辰（1532）复在华中甫家，而文徵仲为之跋。至甲子岁，幸为茂实府君所购。每一披阅，我公忠肝义胆，恍然在目，为之敛衽叹赏者竟日（瀛洲帖后归项叔子）。”[31]

颜真卿《朱巨川告身》，文嘉曾反复看过此卷，“其所藏法书真迹，若通天进帖，颜书朱巨川诰，刘中使帖，皆世之奇宝。余每造其真赏斋，必焚香盥手，尽出以阅终日忘倦”，[32] 此卷后归项元汴。

张旭《古诗四帖》，拖尾隔水处有“真赏”朱文葫芦印和“华夏”白文方印，另有多方项元汴藏印，可知此帖后归项氏。

黄庭坚的《经伏波神祠诗》卷，最初华夏计划售于族弟华叔阳的，后因华叔阳囊中羞涩而被项氏以重金收去，王世贞在其《弇州四部稿》中记载了此事，“山谷书刘禹锡《经伏波神祠》诗，最为奇逸，有潆回飞舞之势。后有张安国、范致能、李贞伯、文徵仲诸跋，皆佳。初自华东沙氏售于吾馆甥叔阳，意忽疑之，持以见畀，偶橐涩不能应，得旬日留，托王君载双钩而俞仲蔚廓填之，虽不尽得其妙，比之拓石尚少一重障也。卷今为嘉兴项氏以重价购得，尤物属沙咤利矣。可怜！可怜。”[33] 卷后文徵明题跋言“三十年前徵明于石田先生家观此帖，今归无锡华中甫。中甫持来求题，漫识如此。嘉靖辛卯九月晦。长洲文徵明书。”“嘉靖辛卯”即1531年，可知约在1501年左右此帖尚在沈周处。该法书现藏日本，有项氏藏印多方。

另有数量不少的藏品，文献著录中曾反复提及“锡山华氏”“梁溪华氏”“无锡华氏”等称谓，但具体是否是指华夏本人，尚待进一步研究，因为明人经常将其混为一谈，这些称谓看似没有严格的区分，事实上差距较大。因为有明一代，华氏家族善收藏者并不限于华夏、华云两位，所以这些藏品究竟为哪一位藏家所有，尚需要仔细考辨，文末已将这些藏家待考的藏品整理为附录，可资参考。

## 五、游中寓藏

华夏交游的友朋不多，而且有一个非常鲜明的特点，即他的交游多与收藏有关，某种程度上形成一种收藏与交游共生的关系。

与华夏来往最多的无疑当首推“明四家”之一的文徵明，华夏祖父华坦在世时，文徵明的叔父文森就与之有来往，文森年长华坦十岁，而华坦又年长文徵明十九岁。但是华夏的父亲华钦却几乎与文徵明同庚，且与文徵明一样长寿，都是八十余岁而终。可以说文森、文徵明叔侄与华坦、华夏祖孙四人几乎保持了近百年的友情，文徵明的儿子文嘉亦与华夏有来往，毋庸置疑文徵明家族与华夏家族为世交。目前所能见到的文徵明与华夏父亲华钦的来往，仅是他为死后的华钦撰写墓志铭，大约在1555年左右华钦下葬前后的一段时间，“（华）夏偕诸弟以状来请铭，状则（华）文甫所自述也。”[34] 至于生前华钦是否与文徵明有来往，则史料阙如。

与书画收藏有关的来往则要等到华夏二十六岁的时候，即正德十四年己卯年（1519）五月十五日，文徵明跋华夏所藏宋拓《淳化祖石刻法帖》六卷。见郁逢庆《郁氏书画题跋记》卷一《宋拓淳化祖石刻法帖六卷》:“无锡华中甫偶得旧刻六卷，相传为阁本，而银锭撰痕隐然可验，楮墨既异，字复丰腴，至于行数多寡，与今世传本皆不同，第六卷内宋人朱字辨证五条，笔迹精好类苏书，但其间有黄辨等字，疑为黄长睿。长睿，宣政间人，出坡公之后，不宜引以为据也，然余考长睿所著法帖辨，与此又似不同，岂别一人也，寡浅无识，不敢自信，漫记如此，然此帖要非寻常传刻本也。正德己卯五月望，衡山文徵明题。”[35]

文徵明与华夏以后数十年的来往，从存世的文献来看，基本上都是围绕着书画的收藏与鉴题展开的。“明世宗嘉靖元年壬午（1522）正月，华夏刻《真赏斋帖》，徵明为钩摹，章文刻石。”[36] 嘉靖十年辛卯（1531）的八月十五日至十月十五日，两个月的时间里，华夏携带藏品频繁出入文家，至于他干了些什么，文献记载没有提及，仅说"秋，华夏又携书画至吴，徵明为跋钟繇《荐季直表》（十月十五日），王羲之《袁生帖》（九月十五日）、颜真卿《刘中使帖》（八月十五日）及黄庭坚《经伏波神祠诗》"，[37] 按照二人来往的习惯，定是为书画鉴定和题识的事情。事实也确实如此，明以后的书画著录均记载了这一年的八月到九月之间，文、华二人在书画方面的活动："嘉靖十年岁在辛卯九月朔。宣和收藏，传至祐陵，亲加标识。衡山先生又起而疏其本末，《袁生》一帖，声价遂重。"[38] 1531 年九月初一，文徵明题识《袁生帖》，后使之声价大增。

"右颜鲁公《刘中使帖》，徵明少时，尝从太仆李应祯观于吴江史氏。李公谓：'鲁公真迹存世者，此帖为最。'徵明时未有识，不知其言为的。及今四十年，年逾六十，所阅颜书屡矣，卒莫有胜之者。因华君中甫持以相示，展阅数四，神气爽然。嘉靖十年岁在辛卯八月朔，长洲文徵明题。早来左顾，匆匆不获款曲，甚愧。承借留颜帖，适归，仆马遑遽，不及详阅，姑随使驰纳。他日入城，更望带至一观，千万千万。签题亦俟后便，不悉。徵明顿首，中甫尊兄。"[39] 1531 年八月初一，华夏持颜真卿《刘中使帖》求题，并希望以后能仔细观看此帖。

"右黄文节公书刘宾客《伏波词诗》，雄伟绝伦，真得折钗屋漏之妙。三十年前（1501），徵明尝于石田先生家观此帖，今归无锡华中甫。中甫持来求题，漫识如此。嘉靖辛卯九月晦，长洲文徵明书。"[40] 1531 年九月底华夏持黄庭坚行书《经伏波神祠诗》卷求题，此卷后隔水处尚有华夏钤印，后归项子京。

在华夏晚年的时候，文徵明为之绘制了两幅著名的《真赏斋图》卷，将文、华二人在书画鉴藏方面的友谊推向了高潮。《石渠宝笈》卷十五《明文徵明真赏斋图一卷》载："嘉靖己酉（1549）秋，徵明为华君中甫写《真赏斋图》，时年八十"。嘉靖三十六年丁巳（1557）四月既望，为华夏隶书及小楷所撰《真赏斋铭》于八十岁秋画《真赏斋图》后。又另作一图，亦小楷斋铭于后。《石渠宝笈》卷十五有具体记载。

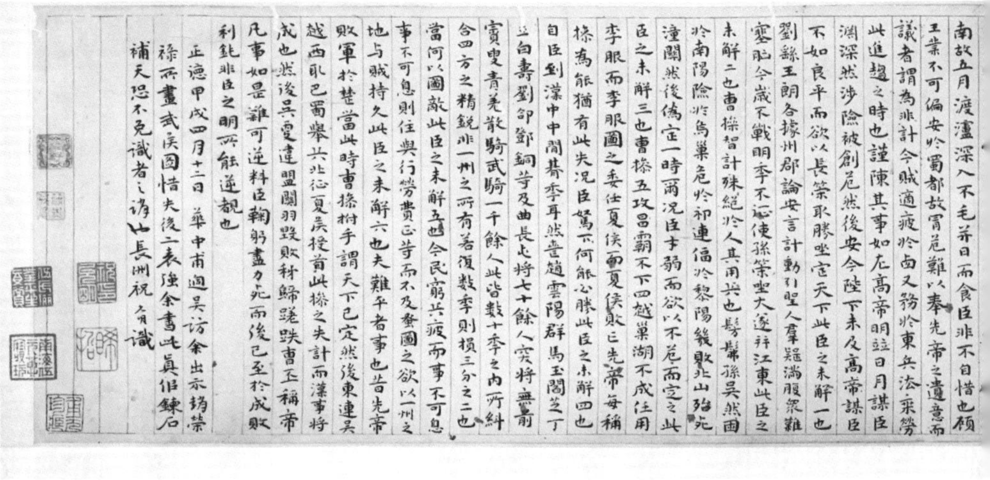

图 7 ［明］ 祝允明 《出师表》卷 纸本 22cm×102.5cm 日本高岛菊次郎氏藏

嘉靖三十五年丙辰（1556），华夏时年六十三岁，这一年的四月八日，文彭至无锡，过华夏家。应华夏请，录文徵明跋《荐季直表》《袁生帖》《唐人双钩晋右军而下十帖》三文于古纸拓《真赏斋帖》后并记。其后华氏以文彭所书刻入帖尾。[41]

到了嘉靖三十七年戊午（1558）七月十八日，这一年华夏六十五岁，文徵明用小楷书旧作五古三首于扇，以赠华夏。自此以后，文献就再也没有出现过二人来往的任何记录了。实际上文徵明距离其去世也仅仅只有七个月的时间，漫长的书画生涯几乎走到了尽头，但依旧不忘给他这位世交好友写诗赠箑。

华夏与祝允明的来往。正德九年（1514）甲戌年四月，“无锡华夏过吴，访祝允明，请补书《出师》两表于赵孟頫画《武侯图》后。夏字中甫，号东沙。富收藏，善品鉴。与允明及徵明交往颇密。”[42] 谱志中说华夏“与文徵仲、祝允明为性命交”，[43]“中岁与苏州祝允明、文徵明称合志之交”。[44] 该书法现藏日本高岛菊次郎氏，纸本，纵 22 厘米，横 102.5 厘米。（图 7）全卷书体行中带隶，风格隽秀且极富书卷

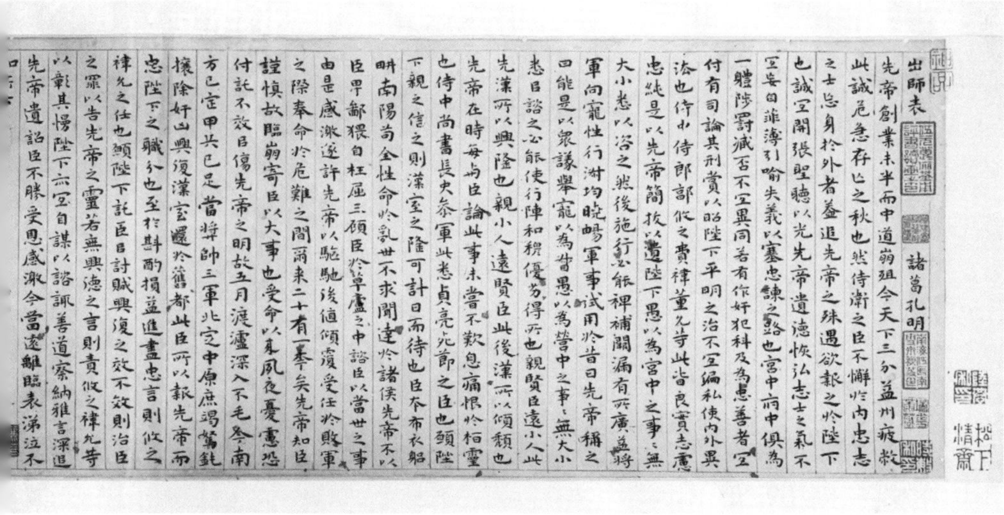


气，卷尾枝山款署写道：“正德甲戌四月十二日，华中甫过吴，访余出示赵荣禄所画《武侯图》，惜失后二表，强余书此，真似炼石补天，恐不免识者之诮也。长洲祝允明识。”正德甲戌，即正德九年，华夏时年仅二十一岁，说明他在非常年轻的时候就和长辈祝允明有过往来。此外，也可以由此推断出华夏从事收藏活动的时间较早，赵孟頫的《武侯图》即是其早年藏品之一。实际上文献中关于祝、华交往的史料非常稀少，看不出“性命交”的表现，而文徵明与华夏的来往材料则非常丰富，确为“性命交”与“合志之交”。

华夏与文嘉的来往，目前可见的史料主要与华夏在嘉靖庚寅年（1530）收购《淳化祖石刻法帖三卷》有关：“嘉靖庚寅，儿子嘉偶于鬻书人处，获见三卷，亟报中甫，以厚值购得之。”[45] 无锡博物院收藏的行草书册《文徵明父子致华夏家族信札》（纸本，共十九开，每开纵 31 厘米，横 14 厘米），（图 8）其中文徵明的信札有八通，十开。文彭的则有三通六开，一通致华世桢，两通致华夏。最后一通则是文嘉致华夏的，一共两开。这是一封极为稀见的文嘉写给华夏的书信，文嘉在信中说道：

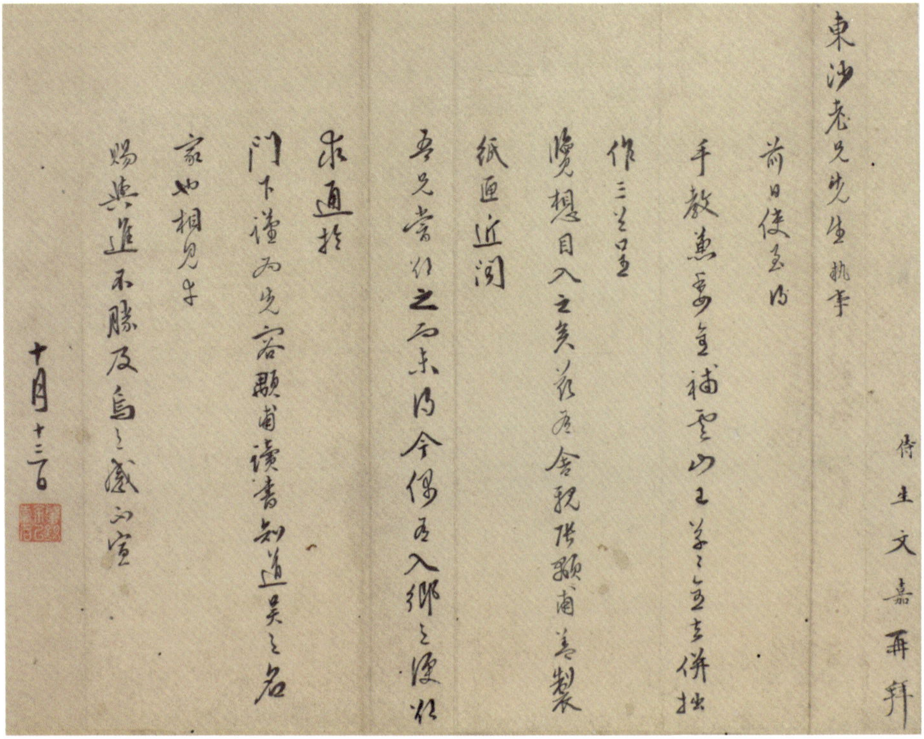

图8 《文嘉致华夏信札》 纸本 31cm×14cm（每开） 无锡博物院藏

侍生文嘉再拜东沙老兄先生执事，前日使至，得手教兼委全补云山，已草草全去，并拙作三首呈览，想目入之矣。兹有舍亲张颙甫善制纸匣，近闻吾兄尝欲之而未得，今偶有入乡之便，欲求通于门下，谨为先容。颙甫读书，知道吴之名家也。相见幸赐与进，不胜及乌之感。不宣。十月十三日。

信中开篇文嘉自称“侍生”，说明他是以晚辈的身份来称呼华夏的，且谈及前几天的事情，可见信函来往较为频繁。文嘉似乎给华夏绘制了画作，并写了三件书法送给华夏，最重要的内容是他推荐了自己的一位亲戚张颙甫，此人善做纸匣，而华夏有所需要，故文嘉推荐给他。

文嘉还告诉华夏，张颙甫读过书，了解苏州的名家，希望华夏能够接纳，而且文嘉使用了十分诚恳的语气。

华夏与文彭的来往。文彭经常去华夏的“真赏斋”欣赏藏品，与华夏为“书画友”，华夏对于文彭的拜访，亦是“每一见，必各出所得所见”，明人汪砢玉在其《珊瑚网》中有详细记载：

淳化祖刻世绝其传久矣，唯有银锭痕者为真世之所传，若谱系所载不可尽见，其所见者皆寻常不足道，淳熙之际复摹入石，谓之修内司帖，盖以阁本不可复得也，况今世哉。中甫先得六卷，刻搨之工世所罕见，其六七卷中朱书评皆苏长公笔，且有银锭痕可据，每叹其奇妙谓他帖终不可续，二十年后复得三卷，朱书印章悉出原本，莫不惊异，神物终合，中甫宝爱，不在子固兰亭之下。中甫视天下之物，举不足以移其所好，其所藏法书真迹，若通天进帖，颜书朱巨川诰，刘中使帖，皆世之奇宝。余每造其真赏斋，必焚香盥手，尽出以阅终日忘倦，盖余与中甫忝为书画友，每一见，必各出所得所见，辄相较量，自谓不在海岳、仲永、巨济之下，所谓功名皆一戏，未觉负生平者也，今年癸卯（1543）秋九月，因阅此帖，见癸未（1523）岁所题，忽忽二十余年，字弱语，稚因拆去，而重题之。后学文彭敬书。[46]

他也给华夏写过书信，现藏无锡博物院（纸本，共十九开，每开纵 31 厘米，横 14 厘米）：“彭顿首，书奉东沙契兄先生侍史，奉别以来，几易寒暑，思念之心，未尝少置。追想齿序，足下今年政七十耶，且闻有弄璋之庆。所谓‘无官一身轻，有子万事足’，乐当何如？区区株守如昨，无足为左右道者，但得豫庵在此，与之同事，若不落寞耳。令侄海涛选官时曾相会，既而进表来京，又得一面。询知动静安好，深慰远怀。近日此间一友用钱二百，收得柳公权书兰亭诗，前有裕陵签题，后黄伯思跋录绢上，书裱作册子，亦是宋内府物。今已将梨木草草刻成，尚未完。先寄一纸去，亦可以见天地奇物流传世间，但有造化者乃得之也。盛使一面即归，诸不能一一。若余豁家有人入京，不惜片楮以慰悬悬，切恳切恳。二月廿日，彭顿首。”信中不仅谈及两家之间的生活琐屑，而且涉及到了古代法书柳公权书《兰亭诗》的鉴藏，由是可以窥见华、文两家在书画方面来往的一些情况，此卷现藏故宫博物院。学术界向以为华夏“真赏斋”的大量收藏多经文徵明父子“掌眼”，此信札无疑为之提供了确凿的文献证据。

华夏与王阳明的来往。王阳明是有明一代著名的哲学家和政治家，从其游者甚众。华夏、华云都曾从师其门下。华夏与王阳明的师生关系，不论家谱，还是方志，均是一致的纪录：“师事王文成守仁。守仁谪龙场，周旋患难，士论多之”。[47]“少师事王守仁。守仁谪龙场驿丞，夏侍左右，周旋患难。”[48]但是《王阳明集》中没有提到这件事，更没有提及到华夏这个人物。倒是在《勾吴华氏本书》中提到了华夏请王阳明为其祖母钱氏撰写寿文的事情：

> 锡山华翁南坡之配曰钱孺人，今年寿七十矣。七月六日设帨辰也，其孙太学生夏，尝从予游，以其父之命，以币以书来请，必得一言为之寿。[49]

这篇文章仅说明华夏从王阳明游，受父命为其祖母求取寿文，其余有关华夏的事情则极少谈及。

华夏与王世懋的来往。王世懋（1536—1588）兄王世贞与华夏族叔华察为儿女亲家，兄弟二人同时又都是大收藏家。王世懋与华夏的来往，并没有直接证据可以佐证，仅在王世懋的藏品中发现了几件原属华夏的旧藏，如元人赵孟頫的书法《黄庭经》与《洛神赋》。[50]赵孟頫一生写过多件书法《黄庭经》与《洛神赋》，我们迄今为止还看不到华夏所收藏的《黄庭经》与《洛神赋》实物，故尚缺乏极为可靠的材料去证实华夏与王世懋所收藏的书法为同一件，仅限于华、王两家有多重关系而做出的推测。

华夏与华察的来往。华察按照家族辈分，是华夏的族叔，但是血缘关系较远，二人的来往仅见于两首诗作：

**岁晚过夏侄真赏斋**[51]

岁晚得招携，欢然一解颐。
松阴云自宿，雪意鸟先知。
开阁惬真赏，论文祛故疑。
殷勤讵能别，寒月下前墀。

**中甫过嘉遁园有作次韵**[52]

客至可留赏，清阴方满园。
卿寻五岳伴，沉在一山村。
永昼坐丹室，薰风吹绿尊。
悠然已忘世，相对复何言。

“嘉遁园”是华察在鹅湖修建的宅院，“嘉遁园在鹅湖，明华察筑，察所居隆亭第，后又有东西二园。”[53] 华察和华夏的幼弟华文甫亦有来往，《岩居稿》中有一首“冬夜过文甫侄酌别”的小诗：“溪上偶招寻，云容澹夕阴。霜空残叶尽，寒烛夜堂深。室迩追欢数，年穷离思侵，相逢但取醉，无复问升沉。”[54] 较之华云而言，华察与他的来往则相对较为频繁。（图 9）

华夏与华叔阳的来往。华叔阳是华察的幺子，王世贞的女婿，华夏是其族兄，两人年纪相差甚大，故来往的可能性较小。华夏主要和其父华察有来往，但是文献中还是留下了一则华夏与华叔阳之间的交往材料：

山谷书刘禹锡《经伏波神祠》诗，最为奇逸，有潆回飞舞之势。后有张安国、范致能、李贞伯、文徵仲诸跋，皆佳。初自华东沙氏售

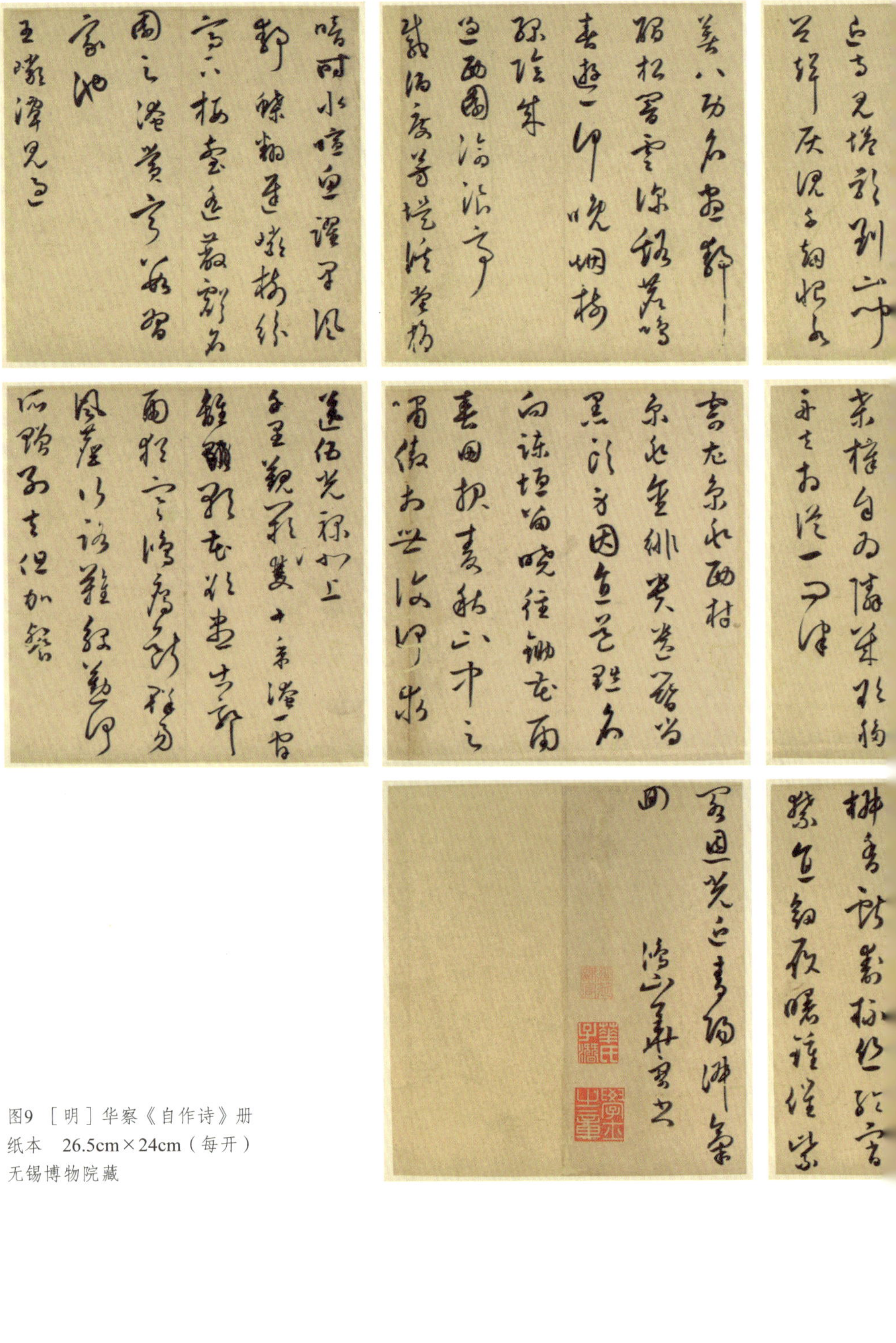

图9　［明］华察《自作诗》册
纸本　26.5cm×24cm（每开）
无锡博物院藏

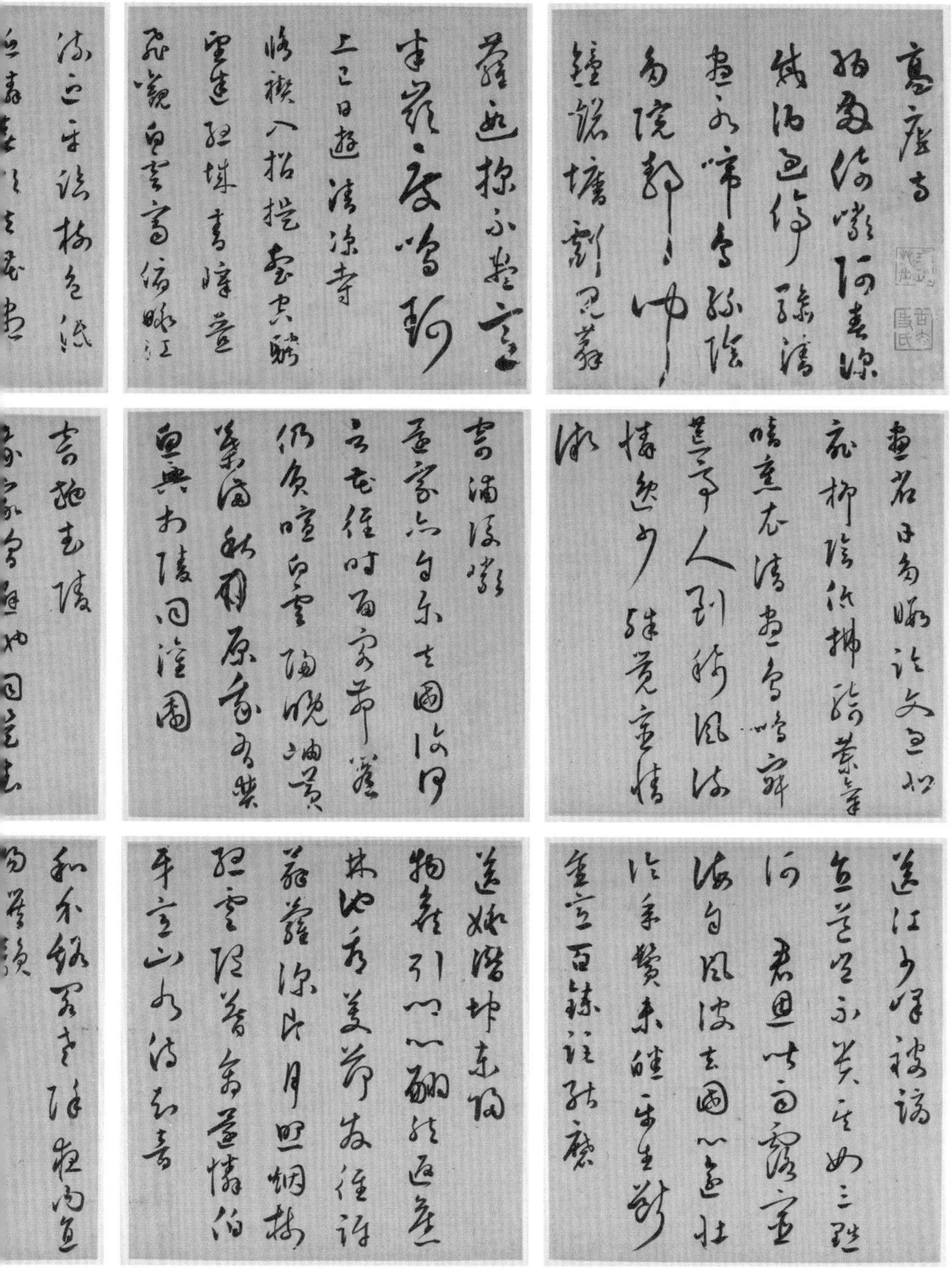

于吾馆甥叔阳，意忽疑之，持以见畀，偶橐涩不能应，得旬日留，托王君载（王复元）双钩而俞仲蔚廓填之，虽不尽得其妙，比之拓石尚少一重障也。[55]

华夏旧藏《汝南公主志铭草》，似乎在他活着的时候出售给了华叔阳，孙矿的《书画跋跋》曾载："此（《汝南公主志铭草》）无锡华氏物也，华礼部起龙殁后数月，唐元卿忽谓余曰，元谷家汝南志草今又为凤洲公有矣。"[56]华叔阳早逝，此法书后归其岳丈王世贞。华叔阳的仲兄华仲亨曾帮助董其昌，将黄公望的《富春山居图》从无锡谈志伊家族购入囊中，足见华察父子的书画收藏情结。

华夏与弘治年间首辅，宜兴人徐溥（1428—1499）的交往，仅限于苏轼的书法《乞居常州奏状帖》，此帖多认为后归无锡华夏，但不见于丰坊的《真赏斋赋》，极有可能是徐溥后人出售了这件法书，华夏最大可能是与徐氏后人往来，而非徐溥：

右苏文忠公乞居常州奏状宝帖，故徐文靖公（徐溥）藏本，即都玄敬先生《寓意编》所载也，后归梁溪华氏。[57]

华夏与陈淳的来往。白阳与华夏的来往材料极少，目前仅见一则关于陈淳《淳化祖石刻法帖三卷》的题识："予与华中甫平生有书画之癖，而古帖尤所酷嗜，每从中甫求阅所藏，必首及此，盖刻拓之妙，固不待言，而其聚散之迹又复奇异，当为华氏世宝也，庚子中秋道复书于东沙草堂。"[58]

华夏与项笃寿的来往。项元汴和项笃寿兄弟二人与华夏的往来，某种程度上可以说纯粹是藏品交易方面的往来，许多时候都是华夏或者其后人将家藏之物售于项笃寿，而后项笃寿又转交其弟。如《淳化阁帖》："右阁帖九卷，隆庆（1567—1572）末年归于吾乡项少溪公。"[59]

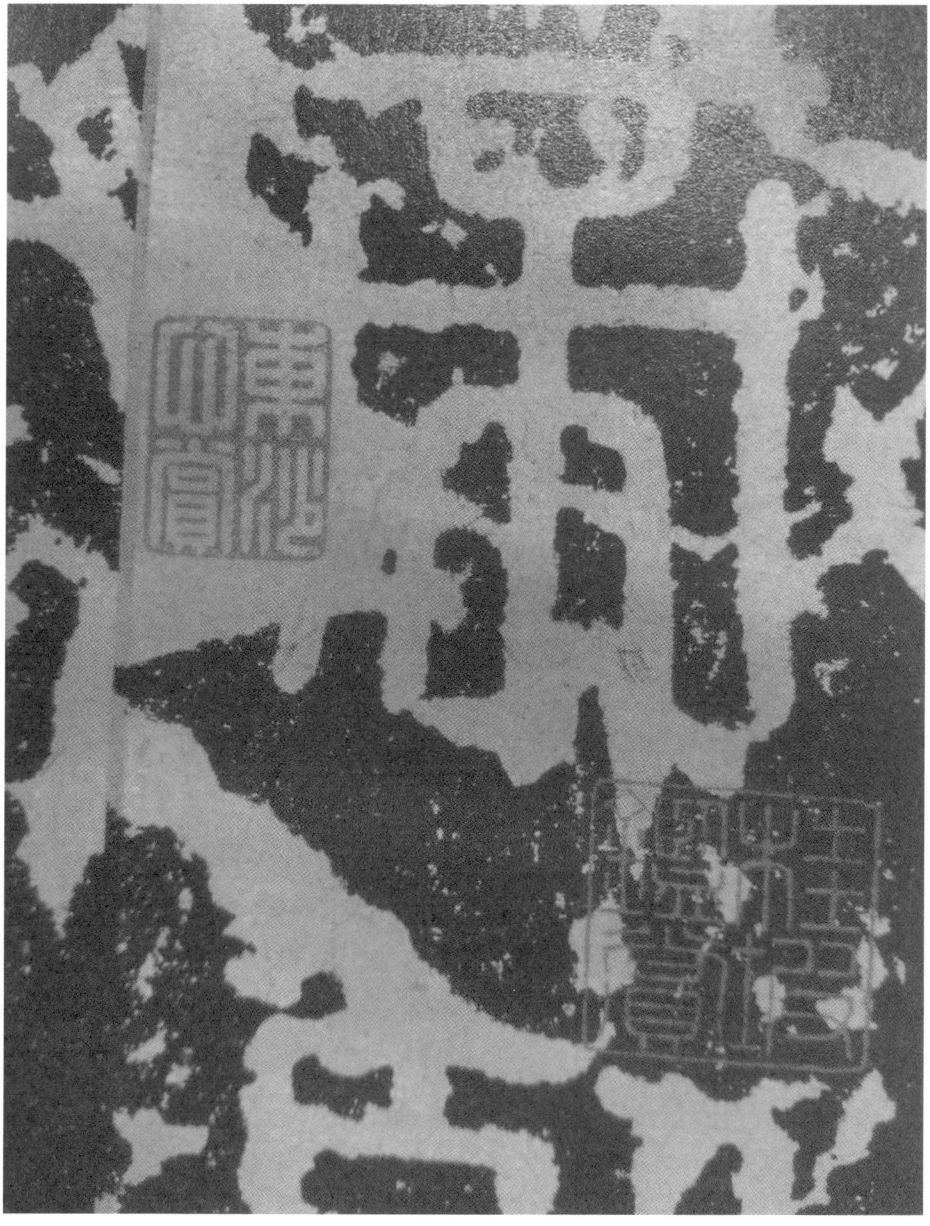

图10 安国旧藏“中权本”《石鼓文》上的华夏藏印

此外尚有唐摹《万岁通天帖》，也是从“真赏斋”流入到项笃寿之手，最后归项元汴收藏。

华夏与安国的来往。安国为无锡安镇巨富，他生于成化辛丑年（1481），小华夏父亲华钦七岁，和华夏的来往已不可考。目前仅见于原为安国旧藏的《泰山石刻》和“中权本”《石鼓文》（纸本，总计约三十六开，每开纵 28 厘米，横 14.5 厘米，现藏日本东京三井纪念美术馆），其上有安国本人二十余方藏印，这是所见安国藏品中钤印最多的一件，对于研究安国的收藏具有较高史料价值。（图 10）册后尚有稀见的安国籀文题跋，尚有倪瓒题诗一行。其中有一开上面钤有华夏的“东沙心赏”白文方印、“真赏斋”朱文长方形印、“华夏”朱文方印、“中甫”白文方印三方华夏私人藏印，无疑说明安国与华夏之间存在着藏品流动。安国的藏品，在其死后不久就由于子孙们析产而散落出去，[60]故此拓本应是华夏购自安国的儿孙辈。

## 结语

华夏生活的时代，巧合的是，几乎贯穿于嘉靖帝在位的整个时期（1522—1566），嘉靖帝于 1566 年十二月去世，而华夏去世于隆庆丁卯（1567）八月。在这个时间段，与他一起活跃于书画鉴藏舞台的主要是文徵明、文彭、文嘉、同宗的华云、近邻安国，以及稍微晚一点的槜李项元汴、苏州王世贞、韩世能等几位。其中在时间段上尤以文徵明父子和华云最为接近。明末的沈德符认为当时“名播江南”的书画鉴藏大家是“吾郡项太学、锡山安太学、华户部辈”三人，并没有提及华夏。在有明一代的华氏家族中，赠获得户部主事官衔的华氏族人就有华珵父亲华时济、华舜钦父亲华恩、收藏家华珑、华栻父亲华宏宪、文徵明友华金、华泮的父亲华鑰以及华云等七位之多，[61]而在书画收藏界声望较高的则只有华云一位，故沈氏笔下的“华户部”毋庸置疑就是指华云。而项元汴则认为当时的“巨眼”为文徵明、詹景凤和他自己三人，也没有提及华夏，实际上二人应该有机会谋面，因为华夏比他年长近三十岁。只有在文徵明的《真赏斋铭》中，华夏才有了较高的声誉，文徵明说他“而唯图史之癖，精鉴博识，得之心而寓于目。每并金悬购，故所蓄，咸不下乙品。”可能是因为文、华两家为世交，更重要的是华夏的许多收藏都要经文徵明父子过眼，一定程度上充当了“掌眼人”的角色。但据苏州博物馆藏的《古本兰亭》册后的华夏题跋来看，他本人应该也能鉴定，虽然书法水平非常一般，再结合存世华夏收藏的法书来看，所以基本上可以肯定文徵明《真赏斋铭》中的“精鉴博识”，“故所蓄，咸不下乙品”的评论也算公允。至于清代以来流行的华夏为“江东巨眼”的谑称，并不见于明代的文献，最早的文献则见于 17 世纪的无锡县志，可以肯定这一称呼是清中期以后的事情，且仅限于方志，并不流行于书画鉴藏圈内。

以诸生终身的华夏，并无功名，这一状况导致关于他的文献记载不多。他本人的文艺水平似乎也不高，迄今为止看不到一篇出自他本人的诗文，倒是他的古物收藏之所“真赏斋”以及他私人镌刻的著名法帖《真赏斋帖》使他暴得大名。但是他的个人家系、行状甚至收藏等情况，自明清以来均是时隐时现，模模糊糊，更多时候他经常与其族人相互混淆，尤其是涉及藏家的时候，究竟是华夏，还是华云，抑或是其他华姓藏家，均会产生龃龉。对诸多华氏家谱与方志、藏品的条分缕析，可以看出华夏实际上是一个家境殷实但无功名身份的富户人家，从其曾祖父华春开始力于治生，到了祖父华坦时已经是家赀丰厚，田产遍邑，这极可能是华夏家族财富积累的鼎盛时期，无疑为其不惜重金购藏古物提供了重要的资金来源。虽然华夏也曾出任过粮长一职，但是此时的粮长已经失去了升官发财的最好良机，可能不是其获得财富的主要途径。华夏所处的时期，正是中国社会商品经济大发展时期，整个社会风气完成了由俭入奢易的转变，商品经济高度发达，随之带来书画交易的繁荣，有明一代在这个时期出现的大藏家最多，某种程度上与此时社会风气的变幻不无关系。

## 附录一：华夏鉴藏印

在华氏藏家之中，存世的华夏旧藏相对数量最多，但后人多将其私人藏印与华云相混淆，现从存世可靠的华夏藏品中析出其鉴藏印十四方（图 11-1—图 11-14）：

图11-1 “真赏”朱文葫芦形印（张旭《古诗四帖》，辽宁省博物馆藏。）

图11-2 “华夏”白文方印（王蒙《青卞隐居图》，上海博物馆藏。）

图11-3 “华夏私印”方印（《真赏斋帖》火前本，无锡博物院藏。）

图11-4 “真赏斋印”方印（《真赏斋帖》火前本，无锡博物院藏。）

图11-5 “东沙居士”方印（《真赏斋帖》火前本，无锡博物院藏。）

图11-6 “武陵世家”方印（《真赏斋帖》火前本，无锡博物院藏。）

图11-7 “中甫”方印（《石鼓文》“中权本”，日本东京三井纪念美术馆藏。）

图11-8 “东沙心赏”白文方印（《石鼓文》“中权本”，日本东京三井纪念美术馆藏。）

图11-9 “真赏斋”朱文长方形印（《石鼓文》“中权本”，日本东京三井纪念美术馆藏。）

图11-10 “华夏”朱文长方形印（《石鼓文》“中权本”，日本东京三井纪念美术馆藏。）

图11-11 “公孙张”朱文方印（《古本兰亭》，苏州博物馆藏。）

图11-12 “东沙子”朱文椭圆形印（《古本兰亭》，苏州博物馆藏。）

图11-13 “华中甫珍藏印”朱文长方形印（《古本兰亭》，苏州博物馆藏。）

图11-14 “华氏中父”方印（《华氏精刻文徵明小楷》拓本，无锡博物院藏。）

## 附录二:华夏家系简表

华幼武 (1307—1375) → 华贞固 (1341—1397, 鹅湖华氏始迁祖 ) → 华兴仁 (1364—1429) → 华宗常 (1382—1407) → 华守德 (1405—1476) → 华春 (1429—1501) → 华坦 (1452—1545) → 华钦→ (1474—1554，华夏父亲，生五子 ) ：华夏 (1494—1567，字中甫，子二：华龙光、华耿光 )。

华英 , 生卒年不详，字实甫。

华韶，生卒年不详，字善甫。

华匀，生卒年不详，字时甫。

华文甫（1513—1596），字显甫，号西桥，曾任襄阳令。

（原载于《新美术》2021 年第 3 期）

# 注释

1. ［清］华孳亨：《华氏传芳集（乾隆）》，转引自《无锡文库》（第三辑），南京：凤凰出版社，2012年，第413—414页。

2. ［明］汪砢玉：《珊瑚网法书凭卷》（卷二十二），转引自卢辅圣：《中国书画全书》（第五册），上海：上海书画出版社，1992年，第919—920页。

3. 陈斐蓉：《丰坊〈真赏斋赋〉研究》，《艺术学研究》，2012年第1期，第630—647页。

4. 同上，第638页。

5. 蔡淑芳：《华夏真赏斋收藏与〈真赏斋帖〉研究》，台北：台湾中国文化大学史学所，硕士学位论文，2003年。

6. 该表格依据文徵明《真赏斋铭》、丰坊《真赏斋赋》、汪砢玉《珊瑚网》、卞永誉《式古堂书画汇考》、蔡淑芳《华夏真赏斋收藏与〈真赏斋帖〉研究》、陈斐蓉《丰坊〈真赏斋赋〉研究》等文献制成。

7. ［明］汪砢玉：《珊瑚网法书凭卷》（卷二十二），转引自卢辅圣：《中国书画全书》（第五册），上海：上海书画出版社，1992年，第919—920页。

8. 徐邦达：《古书画过眼要录——晋、隋、唐、五代、宋书法》，长沙：湖南美术出版社，1987年，第41页。

9. 同上，第80页。

10. 王照宇：《论道安素斋：倪瓒之〈苔痕树影图〉》，《中国国家博物馆馆刊》，2016年第1期，第118—128页。

11. 苏醒：《华夏书画收藏的来源与流向》，《收藏家》，2016年第2期，第59—64页。

12. 穆棣：《“贞节堂印”、“春草堂图书印”印记考》，转引自穆棣《名帖考》（卷上），天津：天津人民美术出版社，2006年，第6—10页。

13. 周道振，张月尊：《文徵明年谱》，上海：百家出版社，1998年，第169页。

14. 同上。

15. ［清］卞永誉：《式古堂书画汇考》（卷十），转引自卢辅圣：《中国书画全书》（第六册），上海：上海书画出版社，1992年，第283页。

16. 周道振，张月尊：《文徵明年谱》，上海：百家出版社，1998年，第586页。

17. ［清］卞永誉：《式古堂书画汇考》（卷十），转引自卢辅圣：《中国书画全书》（第六册），上海：上海书画出版社，1992年，第283页。

18. ［明］汪砢玉：《珊瑚网》（卷五），转引自卢辅圣：《中国书画全书》（第四册），上海：上海书画出版社，1992年，第759页。

19. 方爱龙先生认为现藏日本的《经伏波神祠诗卷》后文徵明题跋伪，笔者看文氏墨迹，亦赞同此说，说明日本所藏书卷极有可能并非华夏所藏本。见方爱龙《黄庭坚〈经伏波神祠诗卷〉的流传与著录——兼及卷后文徵明跋的真伪问题》，《中国书法》，2008年第1期，第102—105页。

20. 周道振，张月尊：《文徵明年谱》，上海：百家出版社，1998年，第439页。

21. 同上，第666页。

22. 同上，第438—439页。

23. ［清］吴升：《大观录》，转引自卢辅圣：《中国书画全书》（第八册），上海：上海书画出版社，1994年，第143页。

24. ［明］汪砢玉：《珊瑚网法书题跋》（卷二十一），转引自卢辅圣：《中国书画全书》（第五册），上海：上海书画出版社，1992年，第893页。

25. ［清］英和等《石渠宝笈三编》（延春阁藏一六），转引自《续修四库全书》（第1077册），上海：上海古籍出版社，1995年，第326页。

26. .［清］吴升：《大观录》（卷九），转引自《续修四库全书》（第1066册），上海：上海古籍出版社，1995年，第462页。

27. ［清］王杰等《石渠宝笈续编》（宁寿宫藏九），转引自《续修四库全书》（第1072册），上海：上海古籍出版社，1995年，第703—704页。

28. ［清］姚际恒：《好古堂家藏书画记》，转引自卢辅圣：《中国书画全书》（第八册），上海：上海书画出版社，2000年，第716页。

29. ［明］孙矿：《书画跋跋》（续卷一），转引自卢辅圣：《中国书画全书》（第三册），上海：上海书画出版社，1992年，第976页。

30. 沈红梅：《项元汴书画典籍收藏研究》，北京：国家图书馆出版社，2012年，第91页。

31. ［明］张丑：《清河书画舫》，"'红'字号第五"，转引自卢辅圣：《中国书画全书》（第四册），上海：上海书画出版社，1992年，第214页。

32. ［明］汪砢玉：《珊瑚网法书题跋》（卷二十一），转引自卢辅圣：《中国书画全书》（第五册），上海：上海书画出版社，1992年，第893页。

33. ［明］王世贞：《弇州四部稿》（卷一六一），文渊阁四库全书电子版，上海：上海人民出版社，1998年。

34. 周道振：《文徵明集》，上海：上海古籍出版社，1987年，第1499—1500页。

35. ［明］郁逢庆：《郁氏书画题跋记》（卷一），转引自卢辅圣：《中国书画全书》（第四册），上海：上海书画出版社，1992年，第580页。

36. 周道振，张月尊：《文徵明年谱》，上海：百家出版社，1998年，第320页。

37. 同上，第438页。

38. ［清］吴升：《大观录》，转引自卢辅圣：《中国书画全书》（第八册），上海：上海书画出版社，1994年，第143页。

39. 周道振，张月尊：《文徵明集补辑》（卷二十三），上海：上海古籍出版社，1989年，第1330页。

40. 黄庭坚《刘禹锡经伏波神祠诗卷》后文徵明题跋。

41. 周道振，张月尊：《文徵明年谱》，上海：百家出版社，1998年，第666页。

42. 同上，第248页。

43. 《金匮县志（乾隆）》，转引自《无锡文库》（第一辑），南京：凤凰出版社，2011年，第776页。

44. 周道振：《无锡华夏真赏斋与文徵明》，《无锡文博》，1996年第2期，第15页。

45. ［明］汪砢玉：《珊瑚网法书题跋》（卷二十一），转引自卢辅圣：《中国书画全书》（第五册），上海：上海书画出版社，1992年，第893页。

46. ［明］汪砢玉：《珊瑚网法书题跋》（卷二十一），转引自卢辅圣：《中国书画全书》（第五册），上海：上海书画出版社，1992年，第893页。

47. 《金匮县志（乾隆）》，转引自《无锡文库》（第一辑），南京：凤凰出版社，2011年，第776页。

48. 周道振：《无锡华夏真赏斋与文徵明》，《无锡文博》，1996年第2期，第15页。

49. ［清］华渚：《勾吴华氏本书》“通四鹅湖兴二支列传三”，存裕堂义庄重刻，清光绪乙巳秋月刊印（1905）。

50. ［明］汪砢玉：《珊瑚网》，转引自卢辅圣：《中国书画全书》（第五册），上海：上海书画出版社，1992年，第925页。

51. ［清］顾光旭：《梁溪诗抄》，转引自《无锡文库》（第四辑），南京：凤凰出版社，2011年，第146页。

52. ［明］华察：《岩居稿》（卷三），嘉靖三十五年王懋明刻本，无锡博物院藏。

53. ［清］秦缃业，裴大中：《无锡金匮县志（光绪）》，转引自《无锡文库》（第一辑），南京：凤凰出版社，2011年，第375页。

54. ［明］华察：《岩居稿》（卷三），明嘉靖三十五年王懋明刻本，无锡博物院藏。

55. ［明］王世贞：《弇州四部稿续稿》（卷一六一），文渊阁四库全书电子版，上海：上海人民出版社，1998年。

56. ［明］孙矿：《书画跋跋》（卷一），转引自卢辅圣：《中国书画全书》（第三册），上海：上海书画出版社，1992年，第932页。

57. ［明］张丑：《清河书画舫》“‘尾’字号第八”，转引自卢辅圣：《中国书画全书》（第四册），上海：上海书画出版社，1992年，第290页。

58. ［明］汪砢玉：《珊瑚网法书题跋》（卷二十一），转引自卢辅圣：《中国书画全书》（第五册），上海：上海书画出版社，1992年，第893页。

59. 同上，第894页。

60. 王照宇：《明代安国家族的书画收藏研究》，《荣宝斋》，2017年第3期，第212—225页。

61. 《无锡县志（嘉庆）》，转引自《无锡文库》（第一辑），南京：凤凰出版社，2012年，第162页、第331页、第378页。

# 明代无锡古物藏家华珵及其他家族藏家考

明代江南无锡华氏，家族庞大，支系纷繁，自正统（1436—1449）以来，陆续出现了华珵、华夏、华云、华察、华叔阳、华仲亨等诸多古物藏家，这种收藏风尚一直延续至清代，可谓瓜瓞绵绵，不绝于缕。他们的收藏包括书画、金石、古籍及文玩等多种，其中尤以书画收藏为大宗。在上述多位藏家中，影响较大的首推华夏、华云、华珵三家。华夏与华云的研究已有专文刊行，由于华珵的墓志铭收集在明人邵宝的《容春堂集》中，且多不为世人知晓，故对华珵的研究相对成果较少。本文以《华氏传芳集》与地方志为基础，结合邵宝的《容春堂集》，以及一些存世的书画作品，对华珵的家系、书画收藏与个人交游进行研究。此外，行文对一些散落在《华氏宗谱》中的其他华氏藏家，诸如华靖、华守器、华德、华叔阳、华玄禧、华世荣、华珑、碧梧主人等八人的有关情况亦进行文献梳理。

## 一、华珵家系

华珵一系为无锡华氏“十通五奇”中的通六一支 ( 在无锡华氏家谱中，“通”指嫡出;“奇”指庶出 )，该系始祖为南宋华诠（1206—1285）次子华友直（1231—1306）长子华珙（1266—1347），其小传见于乾隆年间的《华氏传芳集》，[1] 其四世孙华衡就是华珵的祖父。通六一系在庞大的华氏宗族中并不煊赫，人丁兴旺程度和仕途中举者皆不及华夏所属的通四一系，亦不及华云所在的通八一系。民国时期许同莘所撰的《华氏谱略》对之有过简单叙述：

“通六之族，分居胶山、怀仁、新安、秦塘泾、东葑渎、梅里、扬名、居仁、上福、开化、延祥、洛社诸乡。琪六世孙杲，永乐间任绍兴巡检，子麟随之官，因家焉。弘治间，有光禄丞珵，吏部郎中珏，甲辰进士，修族谱，万历间，谟诚再修之。珏父有太平别墅，阚庄新第，悉让诸兄，而独居隆亭旧里，立义田赡族。子镗、镛、钲、钧，有文礼者，性孝友，著《自讼略儆后编》。子四：起经、起纯、起贤、起续。”[2] 通六一支主要分布在无锡的周边地区，其贤达者有华杲、华珵、华珏等。华珵的父亲名华时济，有房产，且分之与诸兄弟，而自己居于隆亭，说明华珵应该出生于隆亭，而这里正是有宋以来无锡华氏的祖居地。至于“子镗、镛、钲、钧”一句，究竟是指谁的儿子，有些语焉不详。《（乾隆）华氏传芳集》中的“奉议大夫诚斋府君宗谱传”是华珵幼弟华珏的小传，其中提到了华珏与其妻吴氏育有“镗、镛、钲、钧”四子。[3] 据上海图书馆收藏的十二卷《华氏宗谱》卷四“通六支坎庄派”记载，[4] 华珵的高祖华原道，字伯初，与华幼武同辈。华原道子华振道（1340—1414），[5] 字彦成（《华氏谱略》作“彦威”），生有二子，其中长子为华师鲁，次子为华衡，他字唯政（《华氏谱略》作“唯正”），即为华珵祖父。华衡有五子，其一为华泽，字时济，就是华珵的父亲。华氏家族的诸多文献，提及华珵父亲时，几乎都用“时济”的称谓，唯独家谱中出现了另一个名字“华泽”。据家谱记载，华珵实际上兄弟三人，长子华玲，字汝器，封光禄寺署丞；次子即华珵；三子为华珏，字汝和。有关文献提及华珵时，很少提及华玲此人，家谱中对他们的行状都没有详细记述。

关于华珵的史料极为稀少，我们一般见到的华珵行状主要来自文徵明撰写的《华尚古小传》一文，[6] 相对较为简洁，但也能完整记录华理的情况：

华尚古，名理，字汝德。尝仕，有官称。以其仕不久，又性好古，故遗其官不称，称尚古生。尚古生，常之无锡人，出南齐孝子宝之后，世累高赀不仕。至济时甫以赀为郎，后以二子升朝，累赠光禄署丞、户部主事，尚古，其次子也。少绩学，与弟珏俱隶学官，为弟子员，俱刻厉自奋。既而珏举进士，去为稽勋郎中，而尚古七试辄斥，循资贡礼部，卒业太学，选授光禄寺太官署署丞。太官掌内廷法膳，共具浩穰，而事关中禁，仓杂皆从中涓取办，其徒率饕诐骄扬，往往凭恃为奸利，稍不厌所欲，辄能中人以法。尚古周慎详雅，而洁廉自将。又平实沉厚，见者沮丧，讫其去，无有过举。一时卿僚方重得尚古，而尚古归矣。其后有司复授恩例起之，卒辞不就。盖尚古仕虽晚，而辄知止足，又乐闲旷，既家居，率以良时胜日，领客燕游，南昉钱塘，北尽京口，数百里中名山胜境，靡不践历，遐瞩高寄，黯然兴思，有古逸人之风。家有尚古楼，凡冠履、盘盂、几榻，悉拟制古人。尤好古法书名画、鼎彝之属，每饼金悬购，不厌而益勤。亦能推别真赝美恶，故所蓄皆不下乙品，时吴有沈周先生，号能鉴古，尚古时时载小舟从沈周先生游，互出所藏，相与评骘，或累旬不返。成化、弘治间，东南好古博雅之士，称沈先生，而尚古其次焉。尚古家居孝友，而接物闿朗，未尝督过人，而恒负人之惧。古称长者，尚古有焉。尚古今年七十有几，先未有子，以稽勋之子钲为子，晚得一子名铸。余家吴门，与锡比壤，颇闻诸华之盛。其间履德植义，固多有之，要不如尚古生之笃意古人也。尚古所藏古名人文集，若古人理言遗事、古法帖总数十，费皆数百千不惜，又喜散财利物，而不求知主名。其事皆足有足称者，然固富人有识者所能，可以不书，书其大者以传。[7]

华理比文徵明年长三十余岁，二人之间亦无相互往来的文献记载。在衡山笔下，华珵“世累高赀”，为华时济次子，印证了《华氏宗谱》中的记载无误。华珵考进士，七试不中，出资礼部，获得了光禄寺署丞的职位。他居官干练廉洁，似乎是倦于官场的腐败而归隐家乡。乞归后，华珵多游历，与文人雅士宴饮家中，不惜重金收购古代法书名画与鼎彝之属。他与沈周往来较多，在鉴古方面堪与之匹敌。长子华钲，字世静，邑庠生，为其弟华珏的儿子，后过继华珵为嗣。晚年得一子华铸，字世范。文徵明在这篇短文中提到了华珵的收藏种类，它们包括古法书名画（书画）、鼎彝（金石）、古代名人文集（古籍）、古法帖（碑帖）四类，与华夏的收藏内容完全相同，即绝非单一的古代书法绘画收藏，而是相对较为广泛的古物收藏。

实际上华珵殁后，其同乡好友邵宝为他撰写了篇幅较长，且记述更为完整的墓志铭，收录在邵氏的《容春堂集》中，此文基本上不被后人所见，全文如下：

“明故光禄寺署丞进阶文林郎华君墓志铭。光禄华君之病，而将卒也。命其子钲征铭于予。越九月，钲以太仆少卿吕君仲仁状，介吾姻友秦君国英，以君言来请。昔君在光禄，见内廷供亿之繁，而有司者弗能继也，有隐忧焉。每见予部署，辄形于言。今君已矣，铭焉能无感乎？”在邵宝的笔下，这篇墓志铭是华珵病危前，应该是在正德甲戌年（1514）左右，命其子华钲向邵宝索取的。华珵卒于正德甲戌（1514）正月十有六日，应该是这一年的九月，华钲托邵宝姻亲秦国英为其父撰写墓志铭。“君讳珵，字汝德，别号梦萱，华，其氏也。华自春秋来，为著姓。晋有孝子旌于南齐者，曰宝，锡诸华实宗之。在宋，有族望曰原泉者，传八世至伯初，君高祖也，是为隆亭之宗。伯初子彦威，彦威子唯正，咸以隐终。”华珵，字汝德，别号梦萱，他的高祖华伯初是隆亭华氏始迁祖华原泉的八世孙，曾祖父华彦威，祖父华唯正，咸以隐士终。华希颜（1313—1398）与华彦威有往来，他曾为华彦威绘制过一幅《春山图》的画作，并有赋诗。[8] 但华珵父、祖的具体情况，家谱皆无考。

至君父时济翁，始应助赈例，授宣义郎，后以君暨其弟南京吏部郎中珏贵。先赠如君官，寻加赠户部主事。母，徐氏，累赠安人君。幼有钜人仪度，读书蚤悟而能勤。甫成童，与吏部同学，时其族弟湖广参议仁甫亦在馆，更切劘以业。君游邑庠，廪于公者若干年，文学日进，凡七试应天，始以贡升太学。于是二弟者，后先登第。君弗愠弗沮，益友天下士。士之召时望者，极意结纳，有多闻之益。既而选于吏部，授光禄寺大官署署丞。光禄剧地，而大官为最，中贵人宣索日数至，声张势附，殊难酬应，独见君正色温言，顾加体貌。君夙夜恪居三载，考称受敕，推赠如制，寻以劳遘疾得告南归，时弘治已未也。越若干年，病已例起，君不行，乃用诏进阶致仕，君始家居事亲以承欢为说。亲有疾，必躬进药，继以躬祷，丧葬祭皆勉自躬。壮岁，以父命自隆亭居阙庄。阙庄业未治，或为君少之，君曰：分也。数年而田野益辟，食指至千余，则规而率之，日修礼于祠堂，退而事事。内外大小，无敢喧哄，自族姻党里至于疏逖，皆被其惠。君时未有子，择诸从得吏部季子钲，钲已聘夏，遂子而室之。君平生好品论古图书器玩，以赏鉴自负，或持至君所，真赝立辨。所御几杖盘盂之类，皆仿诸古。居官时，公退辄自玩，及归而益遂焉，更自号曰“尚古君”。既有楼阁园亭之胜，而古物充贮其间，所过宾客又多清人逸士。君古衣冠从容日夕，城府俗事不唯不屑，亦不暇论者，谓尚古之号，于是为称。君老多疾，日焚香静坐，间以制药治书自适。药非尝验不制，中须远方珍品，虽重贾，必致之，故病人有不之医肆而之君者。书仿宋人活字板，加以精密，爱放翁诸集，多印以归士夫。士夫以他书钞本至，不数日以印本出，尤以是称快。其手校而梓行者，若扬子《方言》《百川学海》《东书堂帖》，又凡数十种。岁衣寒者、食饿者，殓葬死无归者，不下若千人。正旦扶携来拜称谢者盈庭，君无德色。庶子铸晚生，年及就传，君以教属钲曰：吾老矣，汝尚终之。先祖之数月，尝泛舟西观于大江，登金山绝顶，东望海屿，有超世之想焉。归而疾病，病间为二子处后事甚悉。盖三越月，而君卒矣。君雅能忍，或负君，率弗校，晚有构大祸以诬君者，负君为尤，众皆危君，君曰：命也。吾焉咎之？未几，诬者自败坐远戍。戍还诣君谢，君劳苦之如平生，盖君之阅世于是久矣，论者多之。君卒于正德甲戌（1514）正月十有六日，距其生正统戊午（1438）某月某日，寿七十有七。配胡氏，赠孺人；继张氏，封如之。子男二人，钲为长，太学生；其次即铸，其所生母葛氏。女四，长庶出，适钱诏；次适陈凤徐某、周某，俱侧室陈出。孙，男五，女一。君葬于阚庄新阡，盖去所居二里，而近胡孺人。先葬某原，钲尝请迁祔。君曰：非古也，且体魄安矣，其勿轻动。钲从之，葬之日，为卒之明年正月庚申。铭曰：华君好古诗书是珍，谓其人远，兹唯其神有官卿属厥，亦有禄有感于秉不敢。上告敢忱于独，谓彼踳踽，退我严谷，有林丛，丛有泉，潺潺有子，克述既传而终 我思古人，九原其从。[9]

华珵父华时济，因赈灾有功而授宣义郎一职，这是一个无实权的文职散官，后因两个儿子华珵和华珏科举上的成功而获得官职。明中期的华氏族人中，出现了多位以款或纳粮而获得官职的情况，这些官职实际上多是一种没有实权的“传奉官”或“义官”，某种程度上反映了正统以来明政府对于江南地区的赋税政策的变化，进而带来民间经济的发展与繁荣。结合华氏家族在明初期至明中期以来，十几位族人出任粮长一职的情况，与家族的兴旺繁荣存在着密切的关联。[10] 再延伸至华氏的家族收藏研究，不难发现政府的粮长制、赋税政策以及修谱中的“联宗”行为等都十分密切贯穿于收藏之中，只不过古物收藏的行为是一条十分清楚的明线，而其它内容是若干条若隐若现的暗线。

华珏于成化二十年（1484）甲辰中进士，任职南京吏部郎中，[11] 其兄华珵则是在成化八年（1472）出任光禄寺署丞，[12] 但是华珵并未能成为进士，仅是成化八年的贡生。[13]

华珵幼年有仪度，且读书早慧，后入太学，喜交友。任职吏部，并授光禄寺署丞一职，于弘治已未（1499）辞官归乡。关于华珵的子女情况，邵宝《明故光禄寺署丞进阶文林郎华君墓志铭》也说其有子二，华钲与华铸，和文徵明的《华尚古小传》说法一致。此外华珵还有四个女儿。华珵的居处一直混淆不清，据邵宝文“壮岁，以父命自隆亭居阚庄”，知华珵早年居住在隆亭，后奉父命迁至阚庄，并在此地置田兴业。阚庄位于无锡东北方向，胶山之西，相对荡口而言，阚庄居北，荡口居南，二者之间尚有不小的距离。由是，我们可以很清楚地知晓，华珵父辈居于祖居地隆亭，成年后华珵奉父命移居隆亭东北方向的阚庄，此处似乎早在华珵迁来之前已经有了其父的别业——阚庄新第，说明这里极有可能是华氏一族的聚居地之一。华珵三弟华珏（1444—1504），字汝和，号诚斋，五岁能属对，九岁能属文，十七岁補邑诸生，邃于易学，登成化七年辛卯（1471）甲辰进士，授户部主事。他也曾建立义田赡养族人，修葺宗谱以明世系，在家族中威望较高。[14]

## 二、华珵的收藏与交游

华珵的古物鉴藏在当时颇负盛名，文徵明曾说“成化、弘治间，东南好古博雅之士，称沈先生，而尚古其次焉。”也就是说，华珵堪与沈周齐名。华珵年长邵宝二十余岁，且与其弟华珏皆与邵宝有交，对于他的古物鉴藏，邵文也说得十分具体清楚:“君平生好品论古图书器玩，以赏鉴自负，或持至君所，真赝立辨。所御几杖盘盂之类，皆仿诸古。居官时，公退辄自玩，及归而益遂焉，更自号曰‘尚古君’。”华珵平生喜欢鉴赏古代图书器玩，且眼力过人，“真赝立辨”，迄今为止我们并没发现有关华珵鉴定的只言片语，只能推测邵宝的措辞可能带有夸张的性质，但其辨别真假的眼力，应该是不错的。华珵的嗜古也体现在日常用度上，所用器物多仿古，晚年归乡后遂自号“尚古君”。

晚年的华珵年老多病，间以制药治书，尤其是“治书”一事，应该是刻书，使得华珵成为中国出版史上一位出版大家。他的刻书，“仿宋人活字板，加以精密，爱放翁诸集，多印以归士夫。士夫以他书钞本至，不数日以印本出，尤以是称快。其手校而梓行者，若扬子《方言》《百川学海》《东书堂帖》，又凡数十种。”实际上，有明一代，鹅湖华氏从事印书事业者人数较多，钱存训曾做过统计，“现已知华姓诸人在1490—1516年的不到30年中使用铜活字印书共20余种，1500余卷”。[15]据文徵明一文知，华珵的收藏主要有古书画、金石、法帖与古籍四类，其中古籍的收藏是其从事出版印刷的重要范本。其书画收藏，虽在当时人的笔下有着较高的声名，但是迄今存世的华珵旧藏书画几乎全部散佚。即使他使用了哪些藏印也是不得而知，毋庸置疑的是“尚古楼”中的书画收藏应该是全部散佚了，现藏故宫博物院的赵孟頫楷书《故总管张公墓志铭》（纸本，纵32.7厘米，横259厘米），据卷后祝允明题识:“尚古楼蓄魏公此笔，予观之，冲素浑含而姿媚溢发，非他粗示地文者比，盖周旋中礼，从容中道，其书之圣者也”，说明此书卷为华珵旧藏，但书卷本幅和赙纸皆无华氏钤印和款题。汪砢玉的《珊瑚网》还著录了一件黄庭坚的草书《李太白忆旧游寄谯郡元参军》，并说“尚古光禄先生藏护过于至宝，嘻，老谷不死之神在华氏矣”。[16]这两件书法似乎是仅见的华珵旧藏。另，邵宝尚有为华珵题画诗两首：

其一为“《为华汝德题画二首》。小桥南北总春风，多少诗情杖楼中。高阁卷簾还坐我，天涯芳草更无穷”。其二为“山中云起不知山，坐听流泉尽日闲。短壑青松凉似水，却疑天上在人间”。[17]这两幅画的具体信息难以知晓，但可以推断应为华珵藏物。

## 三、 华氏“通七支”华靖

华靖，生卒年不详，字彦谋，他是华氏通七支华玠（1268—1355）的五世孙，与华云的高祖华荃同辈，其父亲华详叔（1375—1418）早年入赘苏州朱仲昂家，[18]遂占籍苏州，世代以为人忠厚而受人称道。[19]

由于华靖父亲入赘苏州朱氏，故华靖常被称为“姑苏华靖”。华彦谋幼年失祜，奉母极孝，其情形同于华幼武。他也曾出任过“粮长”一职，著有《贻远集》。他的古书画收藏情形，《华氏传芳集》记载如许:“所居有隙地，辟一室，环植修竹，庋古琴、书、图史于其中，以自娱。以‘友竹’自扁，故又自号‘友竹’。”[20]可见华靖有书画收藏，但其具体情况已不可考。据《华氏传芳集》记载，华靖的五世祖华玠曾收藏有元代竹石名家李士行（1282—1328）的《墨竹图》一幅，名士杨维祯曾作《题云溪所藏李遵道墨竹》:“太白骑鲸去不还，漫留风雨在人间。谁知黄髮湘中老，泪染江云湿佩环。”[21]华玠，字宜珍，号云溪，华氏通七支的始祖。李士行《墨竹》早佚，但可以说明华靖的收藏亦有家族传统。此外，华靖亦曾重修过《华氏家乘》，大学士杨士奇曾为之题文。[22]明人陈继曾作《华彦谋妻叶氏墓志铭》，[23]知叶氏生于明初洪武二十五年（1392），卒于宣德八年（1433），由是可知华靖主要活动于明初洪武宣德年间，大抵与通八支的华景安相近，为华氏家族在明早期的藏家之一。

## 四、华氏“通四支”华守器

华守器（1437—1487）的名讳不详，他字守器，后以字行，号用斋、守九处士等，为明代成化年间无锡华氏的一位藏家。华守器为鹅湖华氏始迁祖华贞固的曾孙，通四一系“澹然支”华宗安的次子。华宗安，字思浩，号澹然，其后裔遂称“澹然支”，他是华贞固次子华兴叔的第四子。华守器的史料仅见于华渚的《勾吴华氏本书》，华渚说他“府君当丱（音“冠”）角，锐意书史图画，倾囷悬橐购之，渔猎其中。皆得其要领，天造厥资，不烦磨琢，磊落英爽之气，发于诗歌。施诸行事，炳于时矣。工习举子业，乃竟以治产，废习举子业。代将仕府君掌内外事，踰二十年，经画干制，有条不紊，人称其能”。[24]与华夏情况近似，华守器也是不惜重金收购书史图画，且有干才。御史夏乾德曾评价他:“其幼也，游艺而逊志，而非所谓玩物也。”[25] 华守器的收藏情况亦是仅见于文献记述，具体资料则阙如。

## 五、华氏通四“山桂支”华德

通四一系“山桂支”的华德，因其祖父华宗隆（1395—1465）别号“山桂”，故其后裔遂称作“山桂支”。该支人脉兴旺，贤达者较多，诸如华宗隆的嫡亲孙辈中就涌现出了知名出版家华燧（1439—1513）、唐伯虎科举舞弊案中的著名言官，曾任户科给事中的华昶（1459—1521）、收藏家华德（1441—1516）等有成就者。与文徵明来往十分密切的华世祯（1482—1566）和华泮（16 世纪）亦出此支，华世祯是华燧三弟华烣（1444—1486）的孙子，而华泮则是华炯的曾孙。入清以来的诗人华庆远（1620—1692）、设立华氏义庄的华进思（18 世纪）、书画家华翼纶（1812—1887）、华蘅芳（1833—1902）、华世芳（1854—1905）、华曰曾（1878—1964）等祖孙三代均出自“山桂支”。

华氏家族文献中关于华德的史料相对较多，他字文润，号西野。华德勤于家事，并保存了先祖华贞固的家谱遗稿，“而贞固府君所遗宗谱稿，爱菊翁（即华烣）顾授之西野公，西野公谨就订于会通公（华燧），又遍访诸族人，谱成，再授长孙金藏之，题曰：传家遗墨”。[26] 他也曾筑藏书楼“贯虹楼”，作为其藏书之所。同时华德“又善鼓琴弈棋，辨阅书画，作四美之堂，日与客周旋焉，客多名流”。[27]“辨阅书画”说明华德能鉴别书画，但存世书画与文献，与之相关者亦是寥寥。

## 六、华氏“通四支”华叔阳

作为通四支显宦华察的幺子，华叔阳（1547—1575）的名气相对较大，这不仅是因为其父华察由于“唐伯虎点秋香”的故事暴得大名，而且当时的文坛领袖王世贞（1526—1590）是其岳父。华叔阳，字起龙，号玄谷，少有才，二十二岁举隆庆戊辰（1568）进士，授工部都水司主事、视税浙省，后补刑部四川司，再调礼部主客司，后因父老而乞归。华察于万历甲戌（1574）病逝，翌年华叔阳“以哀毁得癖疾”，时年二十九岁，王世贞曾撰文哀悼。[28] 有关华叔阳的收藏，清人黄印在其《锡金识小录》一书中有过详细描述：[29]

《梁溪杂事》云，华起龙,鸿山学士季子，好书画古玩，书法善一时，又为王凤洲快婿，耳目熏染，其癖益甚。二十二成进士，尽买故大珰袁祥家三代鼎彝书画，严分宜家所蓄亦尽收之，于是好古之名远四方。秣陵朱庭皋谒之，以腰槎大小二定楪、古玉如意、玉鸠、香杖为贽，起龙倒屣迎，啜茗贻燕堂，置香古鸭鼎中。庭皋曰：“此香西洋员白名金不换，烧却一环金矣。”馆列三巨架，一架古石刻；一架国朝名人书，王雅宜、彭龙池、袁吴门、徐天全、吴匏庵、沈氏兄弟、祝枝山、文氏父子为多；一架国朝名人画，倪云林、陈唯寅兄弟、顾阿瑛、王孟端、沈石田、唐伯虎、仇十洲为多。庭皋览一二，拂袖起曰：“不望上驷，得一二宋迹可矣。”起龙乃启复壁中倭箱，取杜祁公、范宽、萧照、钱舜举、赵千里兄弟、黄大痴、王叔明、吴仲圭、张可观、苏子美、王齐翰辈二十轴示之，亦不称赏。引入秘馆，饮茗餐果，果碟茗瓯俱哥、定、龙泉、蜜犀、水晶、宣窑。果为马乳蒲桃、辽榛、倭松、罗浮人面子，继之小饮，大都食器精于食品。五客各一酒器，一瓢、一斝、一觯、一莲瓣叵罗，咸宝玉也。庭皋默默不怡，起龙知其意，命舁一麋鹿竹长匣启之，得李龙眠美人、苏长公书醉翁记、王诜春雪、山谷十咏、李北海上林赋、文与可竹、赵松雪蔡女归朝，又书楞严经十小卷、周昉琴阮山石、赵魏公书陶诗二十二首、米南宫父子诗画，卷舒之间，颜色稍和，稍稍叹赏而别，唐人妙墨终不出一纸也。起龙简乌银三大杯为答，庭皋置之而去。是秋，学士捐馆，起龙割股，明年创剧而亡。其仲兄中舍据其有，一夕尽毁于火，凤洲诔之曰：“珍玩妙墨，几侔内苑，宜庭皋之不悦

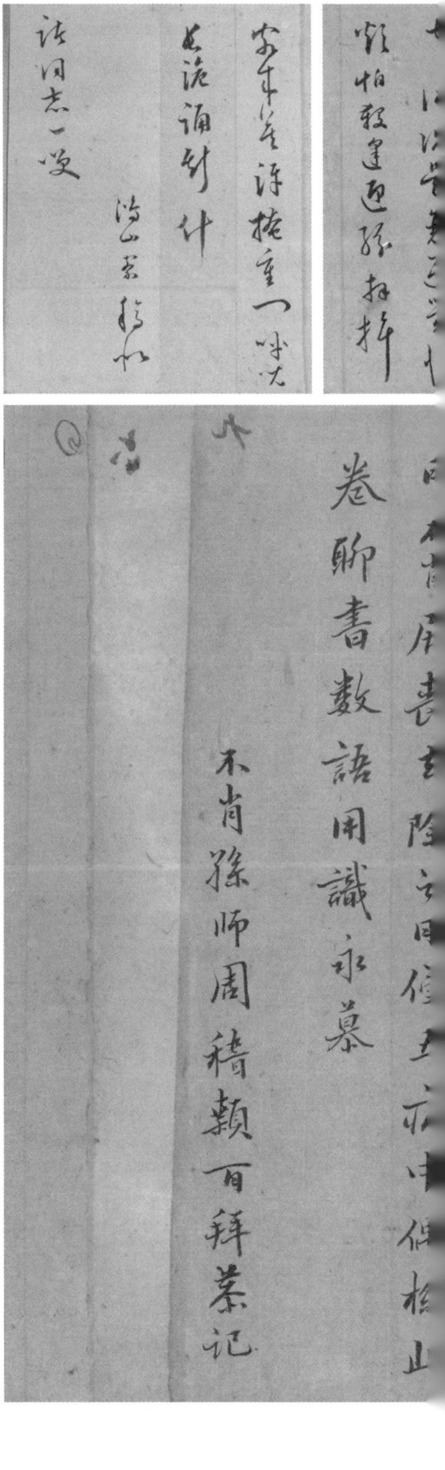

图1　［明］华察《六十言怀诗》册
纸本　26.8cm×20.8cm（每开）
无锡博物院藏

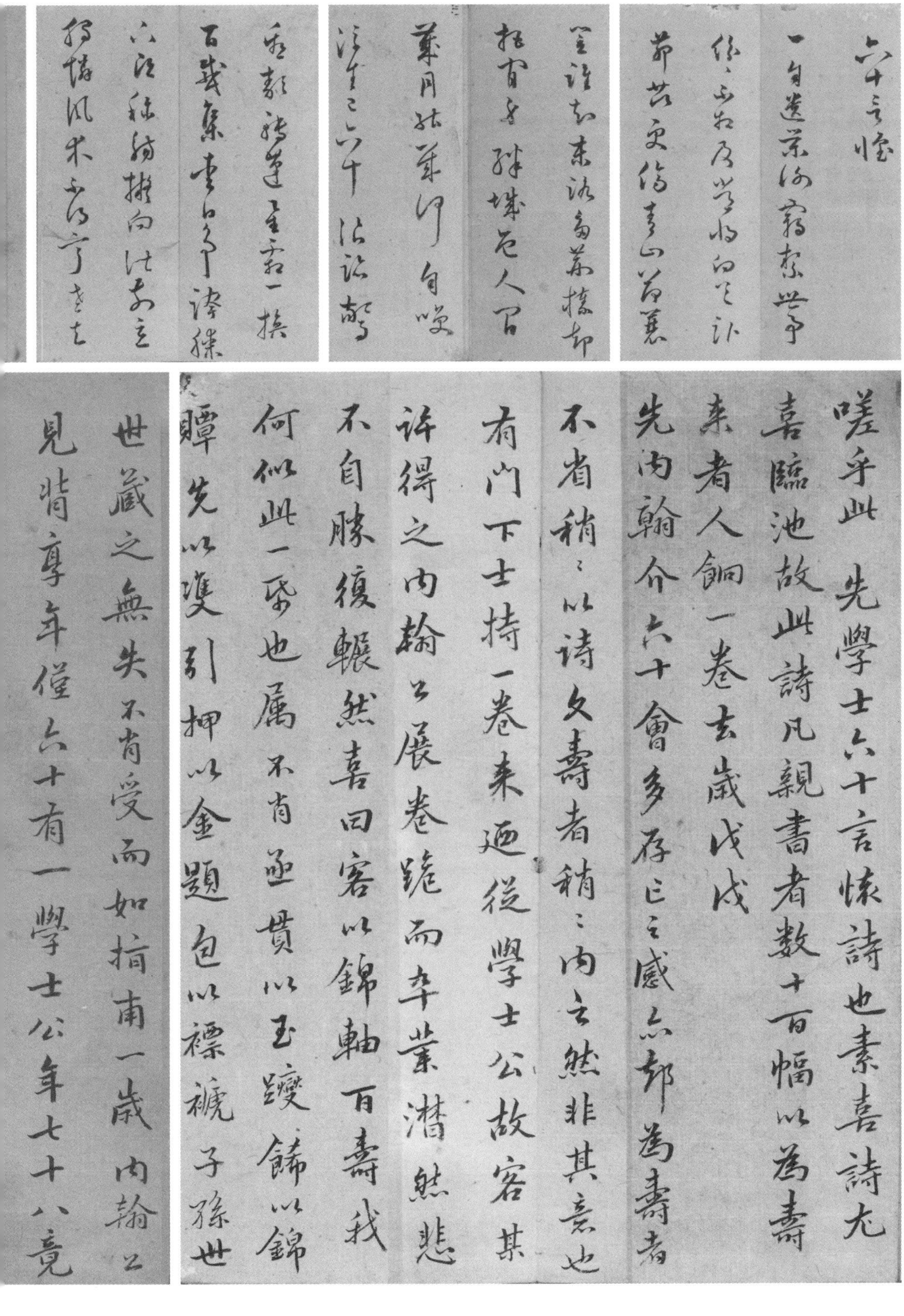
嗟乎此 先學士六十言懷詩也素喜詩尤
喜臨池故此詩凡親書者數十百幅以為壽
來者人餉一卷去歲戊戌
先內翰介六十會多存之感亦郁為壽者
不肖稍稍以詩文壽者稍稍內之然非其意也
有門下士持一卷來迺從學士公故客其
許得之內翰公展卷跪而卒業潸然悲
不自勝復輾然喜曰客以錦軸百壽我
何似此一段也屬不肖亟貫以玉軸飾以錦
贉先以褾引押以金題包以褾褫子孫世
世藏之無失不肖受而如指南一歲內翰公
見背享年僅六十有一學士公年七十八竟

也。”近王淡生手记起龙所收王维以下至五代三百卷轴，宋人不与也，秦汉器二百件。”[30]

《梁溪杂事》是一本杂记，据它的记载，华叔阳的收藏包括书画和鼎彝，且其本人也擅长书法，但迄今无墨迹存世，其书法究竟是什么面目则不得而知。据说严嵩倒台后的书画藏品，悉数归华叔阳。但沈德符的《万历野获编》则又是另一种说法：“严氏被籍时，其它玩好不经见，唯书画之属入内府者，穆庙初年出以充武官岁禄，每卷轴作价不盈数缗，即唐宋名迹亦然，于是成国朱氏兄弟以善价得之，而长君希忠尤多，上有‘宝善堂’印记者是也。后朱病亟，渐以饷江陵相，因得进封定襄王。未几张败，又遭籍没入宫，不数年为掌库宦官盗出售之，一时好事者，如韩敬堂太史、项太学墨林辈争购之，所蓄皆精绝。”[31]而且汪砢玉的《珊瑚网》对之也有记录，[32]宋元古籍归大内；经史子籍归各儒学收藏；道经佛经归寺观传诵，都没有提及它们归华叔阳所有，所以基本上可以确定《梁溪杂事》的说法不确。至于书画以外的其它门类，几乎涵盖了所有古玩的品种，可惜的是，华叔阳殁后，这些古物都归其仲兄华仲亨（1539—1599）所有，[33]结果却“一夕尽毁于火”。华仲亨，字起光，号芝台，华察次子，曾任武英殿中书。所以华叔阳的书画收藏某种程度上只能推测有一定的规模与水准，但是具体情况如何也是一个谜。清人卞永誉的《式古堂书画汇考》也认为华察具有丰富的书画收藏：“梁溪华学士收藏法书名画为江南冠，檇李项子京后起与之斗胜，元季四大家无所不有，唯倪迂画寥寥，画尤易致，画卷绝少。项所藏《师子林图》，华则《鹤林图》耳。文太史父子尝欲两家合并为一，各不相下。”[34]华察的书画收藏几乎堪与项子京抗衡，但是华察并不喜欢画卷与古玩，唯其幺子华叔阳嗜好古物，由此可以推断，华察的收藏应该是为华叔阳所继承。（图1）

## 七、华云侄儿华玄禧

华麟祥原配，华云生母张氏于嘉靖癸未（1522）去世后，华麟祥又娶了杨氏作侧室，并育有一子华露（1531—1596）。[35]他字从玉，号次庵，生而孝友，十二龄丧父，随长兄华云。华露有二子，长子华玄禧，次子华玄禔。华元禧（1568—1617），字咸伯，号完素，生而敦厚，后补博士弟子员，家谱中说他"好施予，好客，好图书鼎彝，及业削不顾也"。[36]他曾"构楼椽、凿池、叠石、种鱼、养花，更构一小楼于圃之中，望西神孝子之故居，对菰川補翁之遗泽，商彝、周鼎，命酒逃禅，不知神仙之相去几何也。或有劝之强仕者，弗应"。[37]华玄禧的书画收藏多有继承家族遗风，具体情况则失考。

## 八、华夏族孙华世荣

"真赏斋主人"华夏的曾祖父华春（1429—1501），育有五子：华坦、华埲（音"邦"）、华堂、华壆（音"学"）、华堉（音"育"）。[38]其中华埲的曾孙华世荣（1557—1636），字懋仁，号玉成，邑庠生，天性孝谨，淡于仕途，以诸生终。"所喜唯法书名画及名花异卉，意所鉴赏，不惜称贷而得之"，"所居一堂一阁，雅洁罕俦，不减云林清閟。"[39]华世荣与华夏的血亲最近，按辈分来讲，华世荣的祖父华泗（1518—1538）为华夏的堂弟，华世荣与华夏是鹅湖华氏通四兴二支仅有的书画藏家。

## 九、华氏 通四"三省支"华珑

华珑（1616—1673）活动在明末清初，他字龙叔，号守固、华坡居士等，为鹅湖华氏通四三省支的后裔。现藏无锡博物院的明拓《申公墓志铭》拓本（纸本，共二十八开，每开纵 23 厘米，横 12 厘米），是存世唯一仅见的华珑藏物，（图 2）该拓本最后一开有一段华绎之的题跋，详细介绍了华珑的生平：

“华坡居士，讳珑，字龙叔，号守固，为通四三省支对桥玉庵派第十六世。生万历四十年壬子，卒康熙十二年癸丑，寿六十有二。生平精鉴别，富收藏，建‘保墨阁’，敬藏先世遗墨。其中余先后收得郑元祐孝子祠记及祝允明华氏宗谱跋等，均‘保墨阁’旧物。此明拓申时行墓志，虽非吾族文献，因有守固公二跋，亦足珍也。甲申春日，绎之士巽敬记。”后钤“绎之”朱文方印。此处的“甲申”，当为 1944 年。华贞固次子华兴叔（1370—1438），即华仲谆，号乐勤，他的第五个儿子华宗康（1409—1497），字思淳，号三省，其后裔遂称“三省支”。[40] 华珑就是他的后裔，其收藏斋号为“保墨阁”，其中原为华云旧藏的元人郑元祐楷书《华孝子祠记》即为华珑旧藏，不知何时此册又归华绎之，最终进入无锡博物院。

另有两段华珑自己的楷书题识：“右文定志铭，大司马兄弟隆以幣乞古白陈先生笔也，特借名高邑（赵南星）耳。识之，俾观者知所自云”，款署“守固”。下钤“华珑龙叔氏”朱文圆印、“南齐孝子后裔”朱文长方形印。起首钤“保墨阁”朱文葫芦印。华珑认为《申时行墓志铭》由“大司马兄弟隆”出资请万历时书家陈元素所写。“昔甲辰岁，见若孙小楷书，端方遒劲，颇近学欧，余遂举此帖赠之。今书学大进，往往有踞古白上坐意，若再假百日功，临摹数次，直入率更堂奥，奚难哉。余虽老钝，当刮目以俟。壬子五月望日，华坡居士书”，下钤“珑”白文方印、“守固”朱文方印、“少平千袭”朱文仿汉瓦当印。此跋书于壬子（1672），为华珑卒前一年所作。“若孙”何人待考，从中可见华珑不仅酷爱欧书，于习书亦颇有心得。

无锡博物院藏有明拓《明华廷器夫妇合葬墓志铭等拓本二种》册页（纸本，共二十二开，每开纵 24.7 厘米，横 14 厘米），其一为华廷器夫妇合葬墓志铭，其二为华珑墓志。（图 3）华珑的墓志铭内容较长，为苏州人韩菼（1637—1704）所写，由华珑子华章志集祝允明书法而

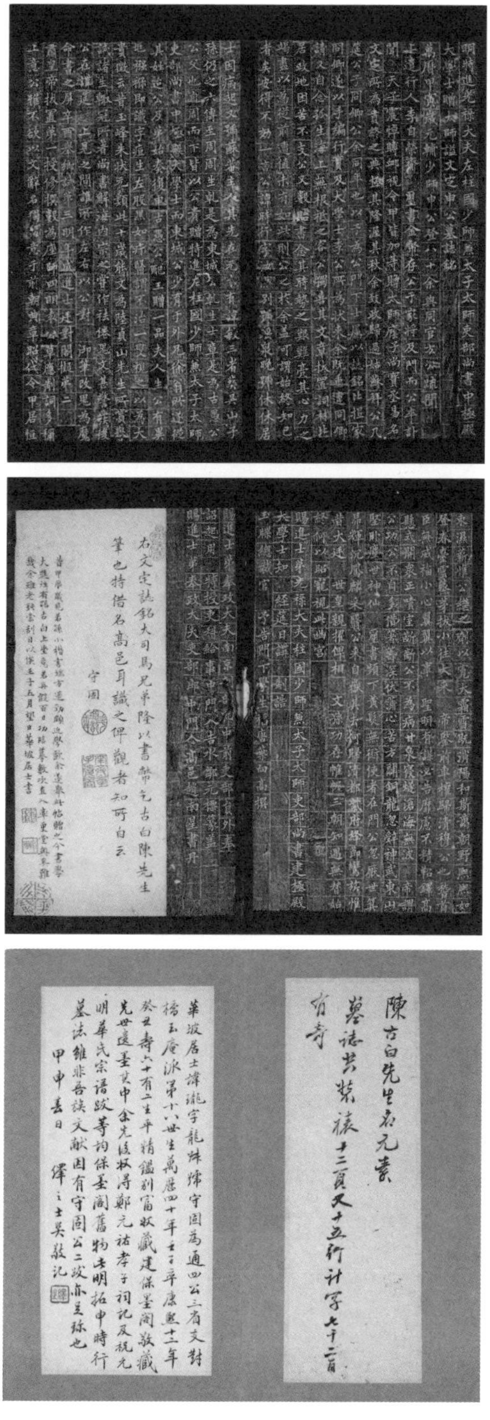

图2 明拓《申公墓志铭》
纸本 23cm×12cm（每开）
无锡博物院藏

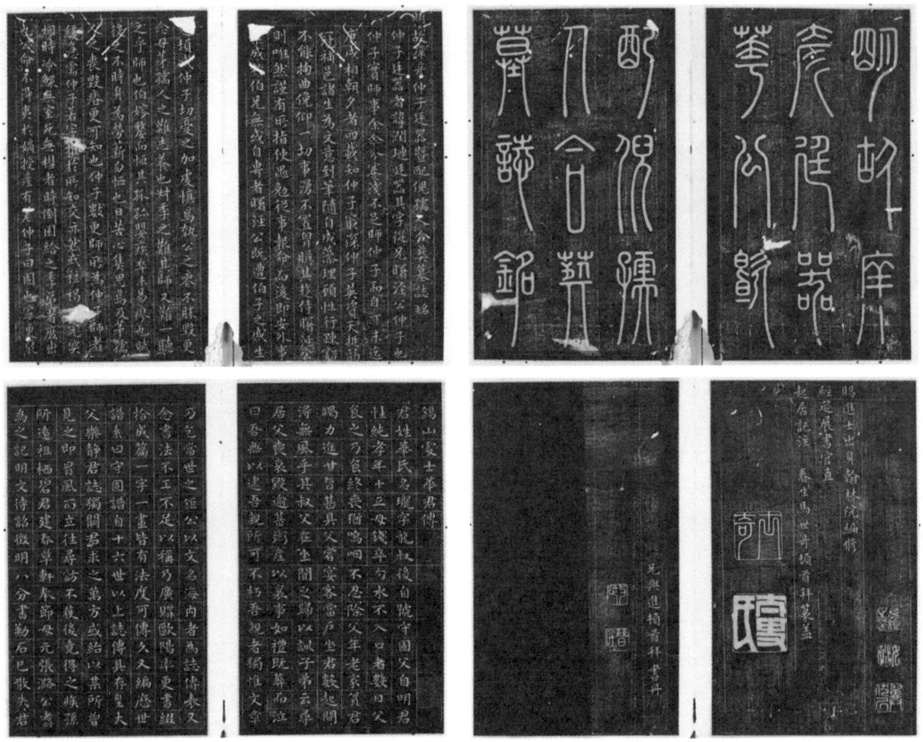

图3 《华廷器夫妇墓志铭》拓本 纸本 24.7cm×14cm（每开） 无锡博物院藏

成，铭文中详细提及到了华珑的书画收藏，“自先君子，生平无他嗜好，唯古人书法，最所爱玩。于明推希哲先生，与少陵昌黎诗文皆集大成。石本中尤喜文恪韩孺人志，谓王志如端人正士，鸣玉垂绅，令人肃然起敬。韩志逸致嫖姚，而严正之骨具在，故是林下风格。其品论如此。今元少先生，诚当代甫愈，自非京兆书不足以称，乃集二志，得十之五六，而以真迹足成之，虽不敢谓抗行欧阳庶几”；“元张潞公翥为之记，明文待诏徵明八分书勒石，已散失。君重购之，寻得之荆溪澄江，或出之榃牢井爨间，石凡十九具全。至所收先世遗墨若郑提举元祐孝子祠记、黄文献溍、干尚书文传、危参知政事素、贡尚书师泰、曾进士坚贞节堂诗叙铭、倪侍御敬三省斋记、盛邑令琦赠三省君诗及栖碧书画各一卷，三省春日写意图及八十不称寿诗卷，皆有名贤诗跋。又乐静京邸家书一册，凡散佚他所者，悉典衣质钱完致之。建保墨阁经藏其中，常曰：吾每一展视，如见列祖音容，闻謦欬，火齐木难不易也。”在华珑子华章志笔下，乃父一生酷爱古代书法，他认为祝允明的书法有明一代成就最高，石刻则最喜韩（韩日缵）孺人志，他曾收藏了许多家族先世遗墨，诸如郑元祐的《华孝子祠记》、贞节堂诗铭、倪侍御敬三省斋记、盛邑令琦赠三省君诗卷、华幼武书画卷、华宗康春日写意图、八十不称寿诗卷等。华珑常用印章如下（图 4-1—图 4-6）：

图4-1 “保墨阁”朱文瓢印（《明华廷器夫妇合葬墓志铭等拓本二种》册页，无锡博物院藏）

图4-2 “华珑龙叔氏”朱文圆印（《明华廷器夫妇合葬墓志铭等拓本二种》册页，无锡博物院藏）

图4-3 “珑”白文方印（《明华廷器夫妇合葬墓志铭等拓本二种》册页，无锡博物院藏）

图4-4 “南齐孝子后裔”朱文长方形印（《明华廷器夫妇合葬墓志铭等拓本二种》册页，无锡博物院藏）

图4-5 “少平千袠”朱文瓦当印（《明华廷器夫妇合葬墓志铭等拓本二种》册页，无锡博物院藏）

图4-6 “守固”朱文方印（《明华廷器夫妇合葬墓志铭等拓本二种》册页，无锡博物院藏）

## 十、华氏“通四支”碧梧书屋主人

华氏家族在明清时期尚有一位号曰“碧梧主人”的藏家，迄今尚能看到几件钤盖有他的收藏印的藏品。如现藏南京博物院的明人周臣《柴门送客图》轴（纸本设色，纵121厘米，横57厘米）画心处所钤盖的“锡山华氏碧梧书屋珍藏”朱文长方形印；无锡博物院收藏的清代邹一桂叔父邹显吉的《四季花卉图》卷（绢本设色，纵20厘米，横179.5厘米）（图5）引首处右下角的“锡山华氏碧梧书屋珍藏”朱文长方形印、画心右下角钤有“碧梧书屋珍藏”白文方形印和“子孙宜永宝之”白文方形印、画心起首处右下方的“碧梧书屋珍藏”白文方印、卷后拖尾清代杜文原题跋后的“锡山华氏珍赏”白文长方形印；现藏无锡博物院的清代华氏家族画家华冠的《拟元人山水图》（纸本设色，纵102厘米，横49厘米），画心右下角的“碧梧书屋珍藏”白文方形印；（图6）无锡博物院藏的“扬州八怪”之一华喦的《花鸟图》（纸本设色，纵95.5厘米，横35厘米）左下角钤有与邹显吉《四季花卉图》卷拖尾一样的“锡山华氏珍赏”白文长方形印。（图7）这四件绘画毋庸置疑为无锡华氏的旧藏，但应该分属于华氏的两位藏家，其中周臣的《柴门送客图》、邹显吉的《四季花卉图》卷以及华冠的《拟元人山水图》等三件作品无疑应为“碧梧书屋”之物，而华喦的《花鸟图》与邹显吉的《四季花卉图》卷应该为另一位华氏藏家所藏，尤其是后者，既有“碧梧书屋”的藏印，亦有“锡山华氏珍赏”的藏印，极有可

图5 ［清］邹显吉 《四季花卉图》卷 绢本设色 20cm×197.5cm 无锡博物院藏

能存在着先后递藏的关系。

在《华氏传芳集》中，仅发现有一位叫“碧梧”的华氏人物，此人叫华增（1475—1579），字咸伯，号碧梧，家谱中这样描述他：“府君讳增，字咸伯，号碧梧，通四支静修府君次子，性刚敏，遇事井井，为人敬惮。岁饥，以勤自持，弗至荡析，人嘉其守。中岁遘危疾，得愈即慨然达生，谢绝世故，足不入城市，灌园植卉，逍遥吟咏，当效唐司空图故事。早营寿藏，间为赋诗，饮酒其中，人嘉其知止。万历改元，恩诏许给耆德冠带，当事者廉府君行实，如例优给。后复与仲子怡梧公，同以善获旌。盖府君一生慈静，善气薰煦，故得济美称荣也。生成化十一年（1475），卒万历七年（1579），年九十五，以无疾终。子四：栋、柱、权、枅（音“机”）。”[41] 按，周臣生卒年为1460—1535年，华增亦能收藏他的作品。至于清代邹显吉和华冠的作品，则只能是华增的后人收藏了。据无锡博物院收藏的邹一桂叔父邹显吉的《四季花卉图》卷上的印章，知道这位“碧梧书屋”主人的收藏印尚有“子孙宜永宝之”白文方印、“山云水月主人”朱文椭圆形印几方。卷后拖尾无锡画家杨芳燦（1753—1815）题跋中说“碧梧主人冲情元（避“玄”字）赏此卷，珍逾拱璧，兹得窥秘密之藏，窃自幸焉。丙寅季春望日，杨芳燦识。”[42] 根据杨芳燦的生卒年可知此处的“丙寅年”为1806年，那么“碧梧主人”的活动时间可以大抵确定在嘉庆年间。作于同时的孙尔准（1772—1832）的题跋中也提到“碧梧主人鉴别精”。由于钤有“碧梧书屋”藏印的书画作品数量不多，文献记载亦阙如，故有关“碧梧书屋”主人的具体

图6 ［清］华冠
《拟元人山水图》
纸本设色 102cm×49cm
无锡博物院藏

图7 ［清］华嵒
《花鸟图》
纸本设色　95.5cm×35cm
无锡博物院藏

讯息依旧停留在粗线条的推断之中。与锡山“碧梧主人”有关的藏印如下（图 8-1—图 8-7）：

图8-1 “锡山华氏图书”白文长方形印（清代邹显吉《四季花卉图》卷，无锡博物院藏）

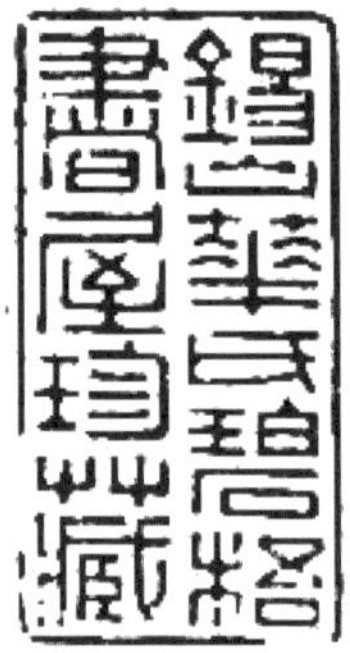

图8-2 “锡山华氏碧梧书屋珍藏”朱文长方形印（清代邹显吉《四季花卉图》卷，无锡博物院藏）

图8-3 “子孙宜永宝之”白文方印（清代邹显吉《四季花卉图》卷，无锡博物院藏）

图8-4 “山云水月主人”朱文椭圆形印（清代邹显吉《四季花卉图》卷，无锡博物院藏）

图8-5 “碧梧书屋珍藏”白文方印（清代邹显吉《四季花卉图》卷，无锡博物院藏）

图8-6 “锡山华氏珍赏”白文长方形印（清代邹显吉《四季花卉图》卷，无锡博物院藏）

图8-7 “子孙世守”朱文方形印（清代邹显吉《四季花卉图》卷，无锡博物院藏）

## 结语

明正统以来，无锡华氏藏家辈出，其中主要集中在嘉靖至万历时期（1522—1620），这与当时整个社会风气的变化密切相关。世风的渐趋奢靡，同姓之间联宗风气的盛行，对于扩大华氏一族在古物收藏方面的影响皆有关联。实际上，华氏一族从事收藏的家风最早始自元末明初的华幼武，嗣后经过明初的华景安、华德、华靖，明中叶的华叔阳、华守器、华玄禧、华世荣以及明末清初的碧梧主人等数代人的承继，成为烜赫一时的收藏世家。较为遗憾的是，这些华氏藏家的藏品大多散佚不存，即使留有著录者亦是寥寥无几，使得我们今天去勾勒他们的收藏面貌几无可能，有关的书画收藏研究，也只能停留在一种理论状态。

## 附录：华理家系（依据邵宝《容春堂集》）

华原泉……（八代不详）华伯初→华彦威→华唯正→华时济→华玲

华理——华钲

华珏 └— 华铸

（原载于《艺术工作》2020 年第 6 期）

# 注释

1. ［清］华孳亨：《华氏传芳集（乾隆）》，转引自《无锡文库》（第三辑），南京：凤凰出版社，2012年，第284页。

2. 许同莘：《华氏谱略》，转引自《无锡文库》（第三辑），南京：凤凰出版社，2012年，第10页。

3. 奉议大夫诚斋府君宗谱传，见［清］华孳亨：《华氏传芳集（乾隆）》，转引自《无锡文库》（第三辑），南京：凤凰出版社，2012年，第354页。

4. ［清］华谦辑，华希闵，华孳亨校：《华氏宗谱》（卷四），上海图书馆藏，清刻本。

5. 华振道，其小传见“新一府君宗谱传”，转引自《无锡文库》（第三辑），南京：凤凰出版社，2012年，第254页。

6. ［明］文徵明：《华尚古小传》，转引自周道振，张月尊《文徵明集》（卷二十七），上海：上海古籍出版社，2014年，第625页。

7. 同上，第624—625页。

8. ［明］华希颜：《为从孙彦威作春山图并诗示之》，见［清］华孳亨：《华氏传芳集（乾隆）》，转引自《无锡文库》（第三辑），南京：凤凰出版社，2012年，第320页。

9. ［明］邵宝：《明故光禄寺署丞进阶文林郎华君墓志铭》,见于［明］邵宝：《容春堂集后集》（卷四），转引自《无锡文库》（第四辑），南京：凤凰出版社，2011年，第240—241页。

10. 余艳：《无锡县的华氏宗族——一个长时段的探讨》，香港：香港中文大学历史系博士学位论文，2011年，第34—35页。

11. 《无锡金匮县志（嘉庆）》，转引自《无锡文库》（第一辑），南京：凤凰出版社，2011年，第246页。

12. 同上，第271页。

13. 《无锡金匮县志（康熙）》，转引自《无锡文库》（第一辑），南京：凤凰出版社，2011年，第180页。

14. 《奉议大夫诚斋府君宗谱传》，见［清］华孳亨：《华氏传芳集（乾隆）》，转引自《无锡文库》（第三辑），南京：凤凰出版社，2012年，第354页。

15. ［美］钱存训：《中国纸和印刷文化史》，南宁：广西师范大学出版社，2004年，第196页。

16. ［明］汪砢玉：《珊瑚网》（卷五），转引自卢辅圣：《中国书画全书》（第四册），上海：上海书画出版社，1992年，第759页。

17. ［明］邵宝：《容春堂集前集》（卷八），转引自《无锡文库》（第四辑），南京：凤凰出版社，2011年，第70页。

18. 华审，字详叔，精于史鉴，其小传见于［清］华孳亨：《华氏传芳集（乾隆）》，转引自《无锡文库》（第三辑），南京：凤凰出版社，2012年，第332页。

19. ［明］邹亮：《华彦谋传》，见［清］华守方：《华氏传芳集（嘉靖）》，转引自《无锡文库》（第三辑），南京：凤凰出版社，2012年，第131页。

20. 同上。

21. ［明］华守方：《华氏传芳集》，转引自《无锡文库》（第三辑），南京：凤凰出版社，2012年，第32页。

22. 同上，第132页。

23. 同上，第131—132页。

24. ［清］华渚：《华氏本书》（第二十五卷），存裕堂义庄重梓，清光绪乙巳（1905）秋月刊印。

25. 同上。

26. ［清］华渚：《华氏本书》（第三十一卷），存裕堂义庄重梓，清光绪乙巳（1905）秋月刊印。

27. ［明］邵宝：《华处士西野君墓志铭》,见［明］华察：《华氏传芳集（隆庆）》，转引自《无锡文库》（第三辑），南京：凤凰出版社，2012年，第188—190页。

28. ［明］王世贞：《礼部主事华起龙诔》，转引自《勾吴华氏本书》（卷三十二），存裕堂义庄重梓，清光绪乙巳（1905）秋月刊印。

29. 黄卬：字尧咨，江苏无锡人，乾隆初年岁贡生，家贫好读书，善思考，久困场屋，著有《易象质疑》八卷，乾隆十五年（1750）邑人浦起龙、华希闵、顾栋高、顾奎光等纂新县志成。黄卬尽收修纂县志所用之材料，重加搜讨，意在补苴。《锡金识小录》为县志之外补遗缺、纠讹误、参异同、考轶事之重要著述。

30. ［清］黄卬：《锡金识小录》“华礼部叔阳”条，转引自《无锡文库》（第二辑），南京：凤凰出版社，2011年，第89—90页。

31. ［明］沈德符：《万历野获编》（卷八），上海：上海古籍出版社，2012年，第176—177页。

32. ［明］汪砢玉：《珊瑚网书凭卷》（卷二十二），转引自卢辅圣：《中国书画全书》（第五册），上海：上海书画出版社，1992年，第920—921页。

33. 华仲亨：字起龙，号芝台，其小传见［清］华孳亨：《华氏传芳集（乾隆）》“中翰芝台华公志略”，转引自《无锡文库》（第三辑），南京：凤凰出版社，2012年，第419页。

34. ［明］董其昌：《容台集别集》（卷四），转引自《四库禁毁书丛刊》（集部32册），北京：北京出版社，2000年，第515页。

35. ［明］华露：《敕赠文林郎广东道御史次庵府君传》，转引自《无锡文库》（第三辑），南京：凤凰出版社，2012年，第400页。

36.《完素府君宗谱传》,见[清]华孳亨:《华氏传芳集(乾隆)》,转引自《无锡文库》(第三辑),南京:凤凰出版社,2012年,第431页。

37.[清]华坡:《小园图》,转引自《华氏通八支传芳集》(第五册,卷四),清刻本,无锡市图书馆藏。

38.《鹅湖华氏通四支兴二支宗谱》(卷三),清光绪己亥(1899)听彝堂义庄刻,无锡市图书馆藏。

39.同上。

40.《三省府君宗谱传》,见[清]华孳亨:《华氏传芳集(乾隆)》,转引自《无锡文库》(第三辑),南京:凤凰出版社,2012年,第344页。

41.《碧梧府君宗谱传》,见华孳亨《华氏传芳集(乾隆)》,转引自《无锡文库》(第三辑),南京:凤凰出版社,2012年,第377页。

42.杨芳燦:1753—1815年,字才叔,号蓉裳,无锡人,清代官员、文学家、书画家,无锡博物院藏有其绘画多件,主要以花卉为主。

# 文氏信札四册与文、华两族交游

## 一、华氏家族源流与华绎之旧藏

江南望族无锡华氏，源出商代最后一位王商纣的庶兄微子，经过世代相传，居于晋陵（即今常州一带）的华覈，是为江南华氏一族的始祖。华覈后传三代至华豪，其子华宝居于无锡之隆亭（今江苏无锡东亭），由是无锡隆亭成为江南华氏的祖居之地。其后历经社会变迁，虽亦多有迁徙，但无锡东亭始终被华氏后裔作为其祖源所在。宋元时期，华氏家族与许多文人名士有交往，如现藏无锡博物院的《文徵明书杨维桢〈春草轩辞〉》册页（纸本，共十五开，每开纵 32 厘米，横 15.5 厘米）就是华氏后人邀请文徵明抄写的元人辞文。另《春草轩记》后有段天祐、胡㬠、杨维祯、陈基、潘纯、张世昌、高明、王逢、杨铸、宇文谅、贡师泰、周伯琦、迺贤、陈远、涂贞、谢理、韩文璵、王余庆、黄师宪、金玉、范成等人的文字，可以管窥其交游情况。迨至明清，华氏家族依旧是名人辈出，如大藏家华夏、华云、华世祯，书画家华察、华坡、华冠、华胥、华翼纶、华曰曾、华鲲、华艺珊等。其中清末民国时期的华绎之，则是华氏家族中集实业、书法与收藏为一体的卓越人物。

华绎之（1893—1956），谱名华士巽，字绎之，后以字行，今江苏省无锡市荡口镇人。他出身江南望族，幼年失怙，由祖父华鸿模抚养成人。嗣后华绎之继承祖业，在无锡城中开设了宏仁堆栈、宏余丝厂、仁昌堆栈、宏泰茧栈以及宏绪丝厂等实业，同时又投资了申新纱厂、庆丰纺织厂、太湖面粉厂等民族实业，成为中国近代著名的实业家。民国七年（1918），华绎之东渡日本，考察养蜂及其他农副业。民国十年（1921），在上海创办华绎之蜜蜡公司，蜂场设在无锡荡口，中国科学养蜂业由此开始。同时还在无锡社桥头创立惠康乳牛场，在荡口镇西创立华氏农场。此外他还热心于家乡教育事业，改建华氏私立鸿模高等小学校，后改为鹅湖中学。华绎之工作之余爱好古字画收藏，精鉴别，擅书法，尤擅颜体，结字饱满圆润，笔力强健，功力深厚。（图1）1948年，华绎之及家人携带大批古玩书画赴台定居。华绎之生前酷爱收藏，书画等古物收藏颇丰。2011—2013年间，其后人向无锡博物院捐赠了家族旧藏的二百一十三件古代书画、碑帖和古籍善本。在华氏家族捐赠的这批古代书画作品中，有四件重要书法作品：文徵明《和陶渊明〈九日闲居诗〉及二文信札》册页，文徵明《书杨维桢〈春草轩辞〉》册页，文徵明、文彭、文嘉《与无锡华氏家族书函》册页以及文徵明、文彭《致无锡华世祯信札》手卷。这四件书法均属华氏家族经年秘藏之物，鲜有文献著录，其文献价值与艺术价值极高，对于研究文徵明书法和明中叶吴门地区的书画鉴藏史都具有极为重要的学术意义。

## 二、文徵明《和陶渊明〈九日闲居诗〉及二文信札》册页考释

此册页为纸本，共十三开，每开尺寸不一。首开为清人顾曾寿山水画，其余皆为文徵明、文彭父子的信札。[1]（图2）

首开顾氏山水，纸本设色，图绘庭院一角，中有古松、太湖石和修竹等景物，笔墨细腻沉稳，设色温润雅致，文人气息浓郁。裱边有画家隶书款识，其文如下：

偶得文太史和陶九日闲居诗，为之补图，乃光绪五年（1879）重

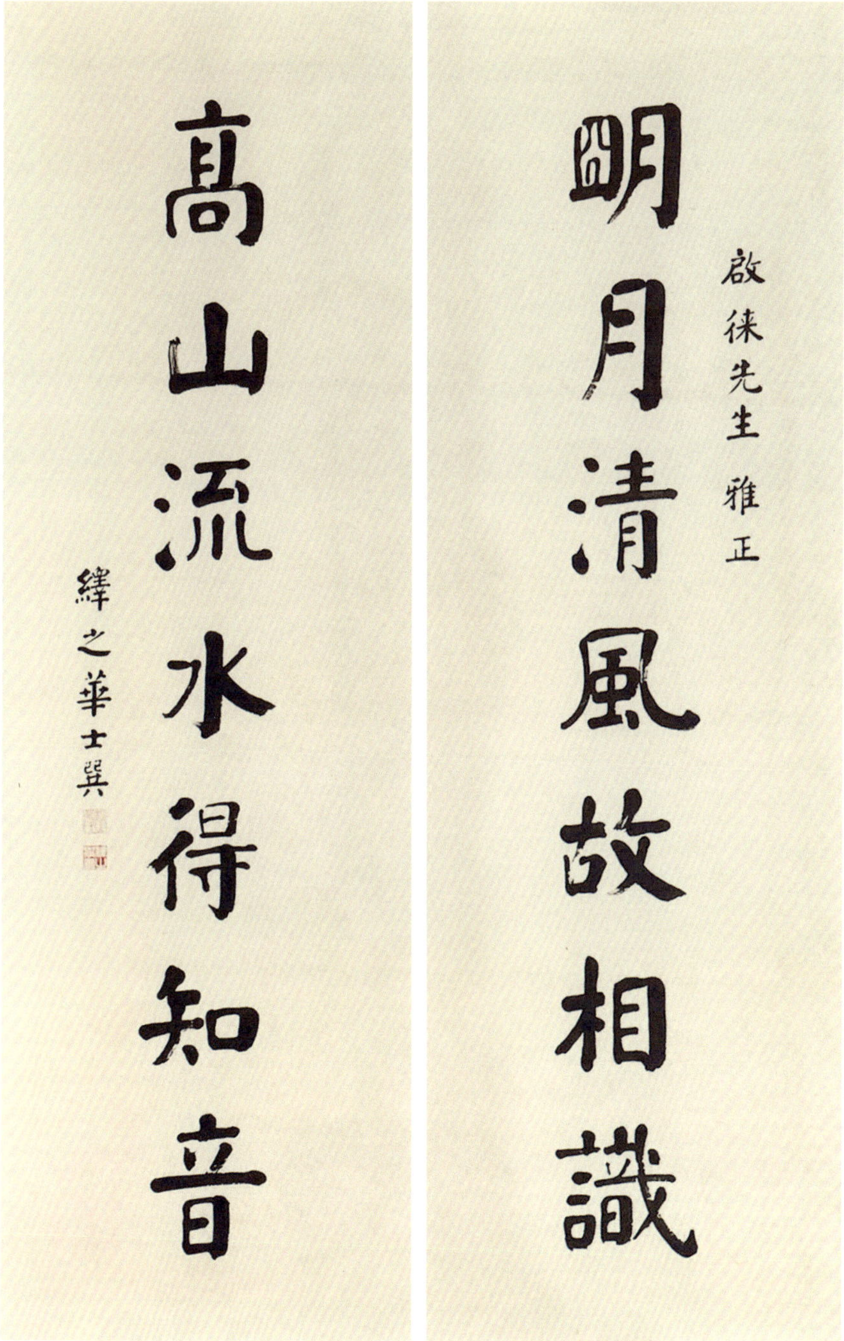

图1 ［民国］ 华绎之 《楷书七言联》 纸本 166cm×46cm 无锡博物院藏

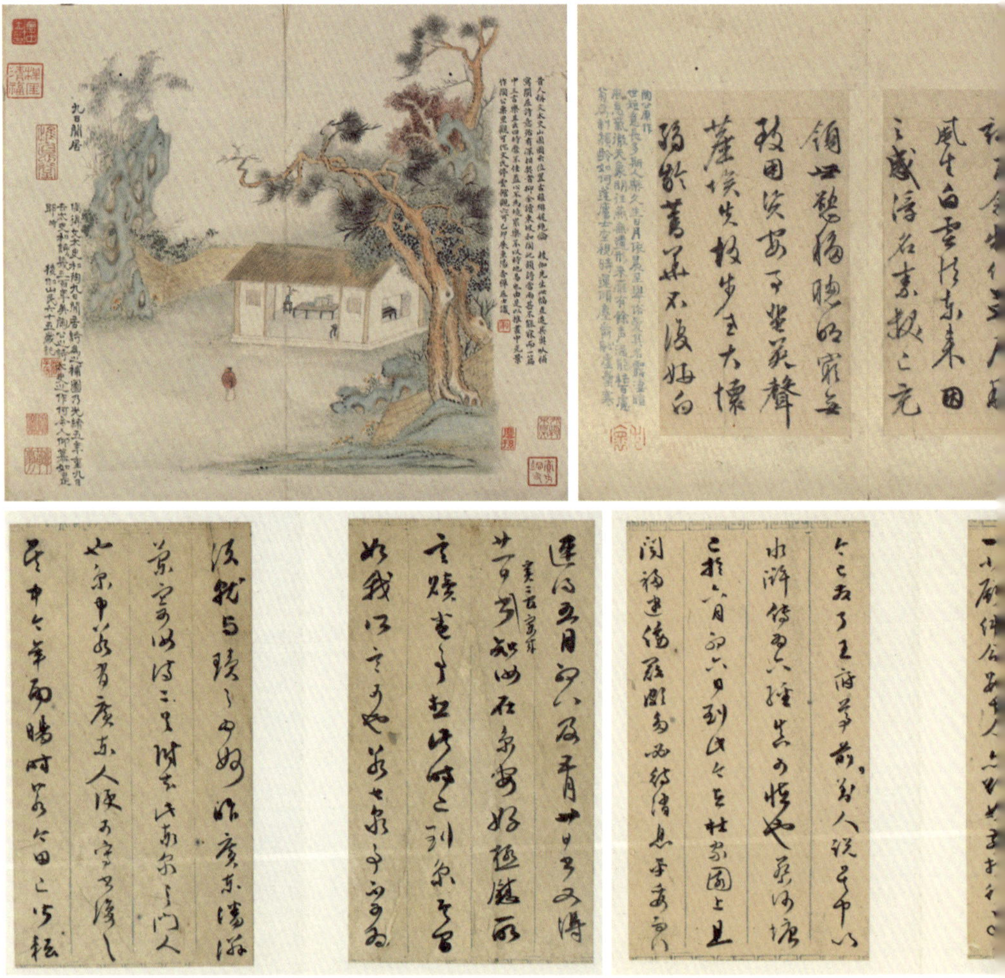

图2 ［明］ 文徵明 《和陶九日闲居诗、二文信札》册 纸本 21.5cm ×12cm（每开）
无锡博物院藏

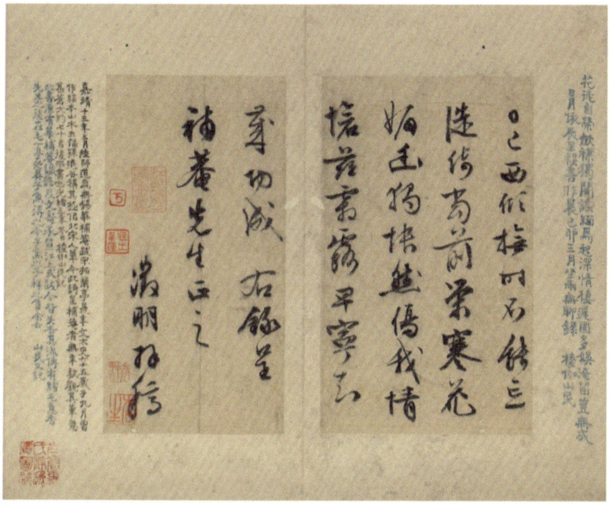

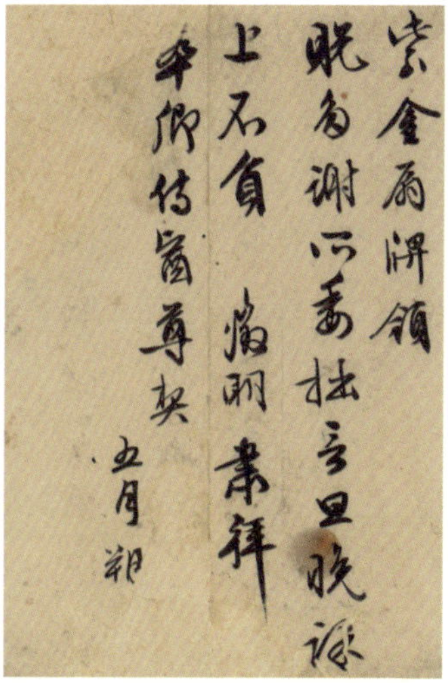

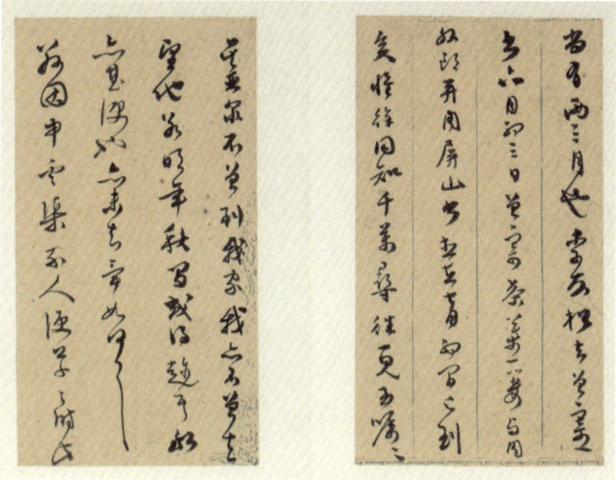

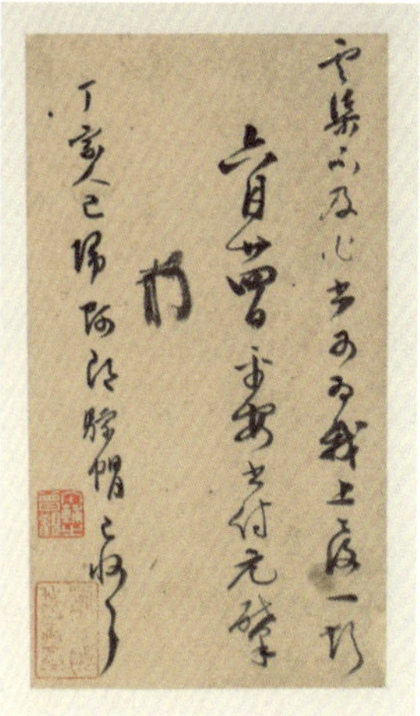

九日，去太史和诗几三百年矣。陶公之诗，太史之作，何令人仰慕如是耶。棱伽山民六十五岁记。

后钤顾氏“顾子长”朱文方印、“鞟翁”朱文方印、“仙阶一品”朱文方印。画心右侧则有顾氏好友潘钟瑞的楷书题识：[2]

昔人称文太史山园图云，位置古雅，绯娓绝伦。楞伽先生此幅直造其奥，以补写闲居诗意，殆有深相契者。抑余读东坡和陶此韵诗，当雨甚不能寐，而一篇中三言乐其云，四时靡不佳，盖心不为境累，乐不以时地易也。由是，以推画中光景，作陶公栗里观，可作文氏停云馆观亦可。己卯（1879）展重阳香禅居士识。

后钤“香禅”朱文方印。根据印色和自号（潘钟瑞号“麟生”）来推断，右下角的“麟孙”朱文长方印也当为潘氏之印。蓬庐、菊花等物象均出现在画作之中，说明该图为顾氏根据陶诗文字而作，是一个图像意义上的“九日闲居诗”。[3]

四、五、六开则是文徵明《和陶渊明〈九日闲居诗〉》，行草书五言律诗：“九日闲居用渊明韵。端居念物化，草屋秋风生。白云往东来，因之感浮名。素发已充领，世欲移聪明。穷无致用资，安事蜚英声。尘埃失故步，老大怀若龄。菁华不复妍，白日已西倾。抚时不能忘，徒倚当前荣。寒花媚幽独，怅然伤我情。怆兹霜露早，宁知岁功成。右录呈补庵先生正之，徵明拜稿。”

后无年款及文徵明本人钤印。实际上文徵明有着一种很深的陶渊明情结，因人生际遇使他觉得陶渊明就是自己的异代同道与知音，[4]以至于陶渊明的许多诗词都成为文徵明的创作来源。诗中“素发已充领”“菁华不复妍，白日已西倾”等句，表达出作者因岁月无情，年华老去所生的悲怆之情。文氏在诗末注“右录呈补庵先生正之”，表明此诗是写赠无锡华云的。

华云（1488—1560），字从龙，号补庵居士，无锡人。少颖异，能诗文，曾师事邵宝、王守仁。嘉靖二十年（1541）进士，榷税九江。时严嵩用事，以刑部郎中乞休，是明代著名的书画收藏家。华云家饶于资，晚岁仿范文正公义庄事，捐田千亩以赡族，肖先世孝子像其中。筑真休园于宅旁，法书名画充牣其中。文徵明与无锡华氏家族素多交往，其中，交往最密切者莫过于华云、华夏及华世祯。

在这为数不多的几开墨迹中，顾曾寿反复题记，可见他极其喜爱该书。第三开左侧裱边顾氏用工整的楷书抄录了陶渊明的《九日闲居诗》原文，第六开左右裱边均有顾氏题记：

嘉靖十三年（1534）三月，陆师道为无锡华补庵跋宋拓兰亭，是年文太史六十五岁，于九月曾作绢本山水五幅。孙退谷称其极似北宋人笔。今此诗呈补庵者，无年款，观其笔意甚苍，大约七十以后所书也。光绪三年（1877）冬日棱伽山民记。

紧接着又是两行蓝色题识：

此书原有华补庵识语及文寿承、笪江上二跋，今皆失去。其流传有绪，毛意香先生之后在毛一亭处，吴子鱼得之。今子鱼之子祥之售余云。山民又记。

这段文字极为清楚地交代了该书册的流传过程。书册最初为文徵明写给无锡华云的，后归清人毛意香，[5]他在这件作品上钤盖了“毛怀”朱文方印一枚。光绪己卯年（1879）三月，顾曾寿又写了一段题识，多是抒发情感之辞，正如他在文尾所说，“己卯三月坐雨无聊录”。令人不解的是，书册本幅出现了“彦冲”朱文方印，说明刘泳之也曾收藏过此物。[6]严格意义来讲，非藏家不会轻易钤印于书画本幅上。此外，“万”字朱文方印、“梅崖藏之”朱文方印、“万中立印”白文方印、

“梅崖清福”朱文方印、“中立”朱文长方印为晚清藏家万中立的藏印。[7]在上述藏家中，华云、笪重光、毛怀、毛一亭、吴子鱼、吴祥之、顾曾寿、万中立等人皆有可靠印章和文字佐证他们和书册的关系。而毕泷[8]的藏印“太仓毕氏静逸图记”则不见于《中国书画家印鉴款识》一书，[9]疑伪。

至于第一开绘画上的“唯德堂”朱文长方印，则是顾曾寿的印章，“唯德堂”造于道光十九年（1839），同治五年（1866）为顾曾寿购得，成为顾氏的私家厅堂。另，“外物不可必”朱文方印也是顾氏的印章。[10]至于裱边上的“姜”朱文圆印、“实节”朱文方印是清初姜实节的观赏印，[11]说明姜氏曾过目此物。由是可知该诗册早年过目与经手之人都相对较多。

文氏书册后是一开信札，其文曰：

紫金扇牌领贶，多谢所委，拙言旦晚课上不负。徵明肃拜。□卿侍医尊契。五月朔。

确属文徵明真迹无疑，上款人为“□卿”，由于字迹较少，亦难以推敲清楚其中的具体信息。笔者猜测它当与《和陶渊明〈九日闲居诗〉》无甚关联，应是后世藏家将其主观装裱为一体所致。尔后的七通则是文彭（1498—1573）写给其子文元肇（1519—1587）的信札：

连得五月初八及五月廿日书，又得廿一日奚二友寄来书，知汝在京安好，极慰。所言赎卷事，想此时已到京。其间如我所言可也。若七泉事不可为，须就与赎之为妙。昨广东潘滋兰寄汝诗二首，附知。此泰泉之门人也，京中若有广东人，便可寄书复之。吴中今年雨旸时若，今田已皆耘好矣，但未知秋成何如耳？想必不至狼狈也。昨有望气人说，吴中九月有兵事，未审如何？彭至泉家，一小厮纠合数十人，亦欲如前打行事，今已报了王府尊前。对人说吴中以《水浒传》

为六经，真可怪也。蔡河塘已于六月初六日到此，今在杜家园上，且闻福建倭寇颇多，必待消息平妥而行，尚有两三月也。李友松去曾寄一书，六月初三日曾寄茶叶一篓与周外郎并周屏山书，想在七月初间已到矣。唯徐同知千万寻往一见，至嘱嘱。吴亚泉不曾到我家，我亦不曾去望他。若明年秋间或得趁耳船，亦甚便也，亦未知毕如何耳？兹因申云渠家人便，草草附此。云渠不及作书，可为我上一复一声。六月廿四日平安书付元肇，丁家人已归，阿郎骔帽已收之。

文元肇，又名肇祉，字基圣，号雁峰，文彭长子。十试有司不售，就选上林苑录事。诗文草隶，仿佛其父。该书信纯属父子之间的私人信函，文彭不仅教导儿子如何处理人事关系，而且亦谈及了家中近来所发生的事情，很有意思的是，信中谈及苏州流行《水浒传》，且人们将之当“六经”阅读，可见流传之广，影响至深。

此外，信中谈及的“倭寇”也是明代中后期一件极为重要的政治事件。明代嘉靖年间持续到隆庆、万历年间的四十年（1522—1620），是明朝倭寇为害最烈的时期，史学界称“嘉靖大倭寇”。《明实录》中就曾多次记载倭寇数侵苏州的史实，文彭的书信也吻合了当时的时代背景。文彭书法各体兼善，且都很有功力，其草书出入于钟、王、怀素、孙过庭等，且常为其父代笔。这封草体书信书写流畅自然，带有唐人遗风，由于是家书的缘故，写的更是轻松自然。结尾没有印章，却有近代篆刻家兼书画家丁辅之的“丁辅之曾观”的白文方印，[12] 说明该信札曾被丁氏过目。另有一“刘□□秘藏章”的朱文长方印，字迹漫漶不清，难以考证。

## 三、文徵明《书杨维桢〈春草轩辞〉》册页考释

此册页为纸本，共十五开，每开纵 32 厘米，横 15.5 厘米。（图 3）该书册由文徵明书于乌丝栏纸上，经重新剪贴装裱，今每开三行，每

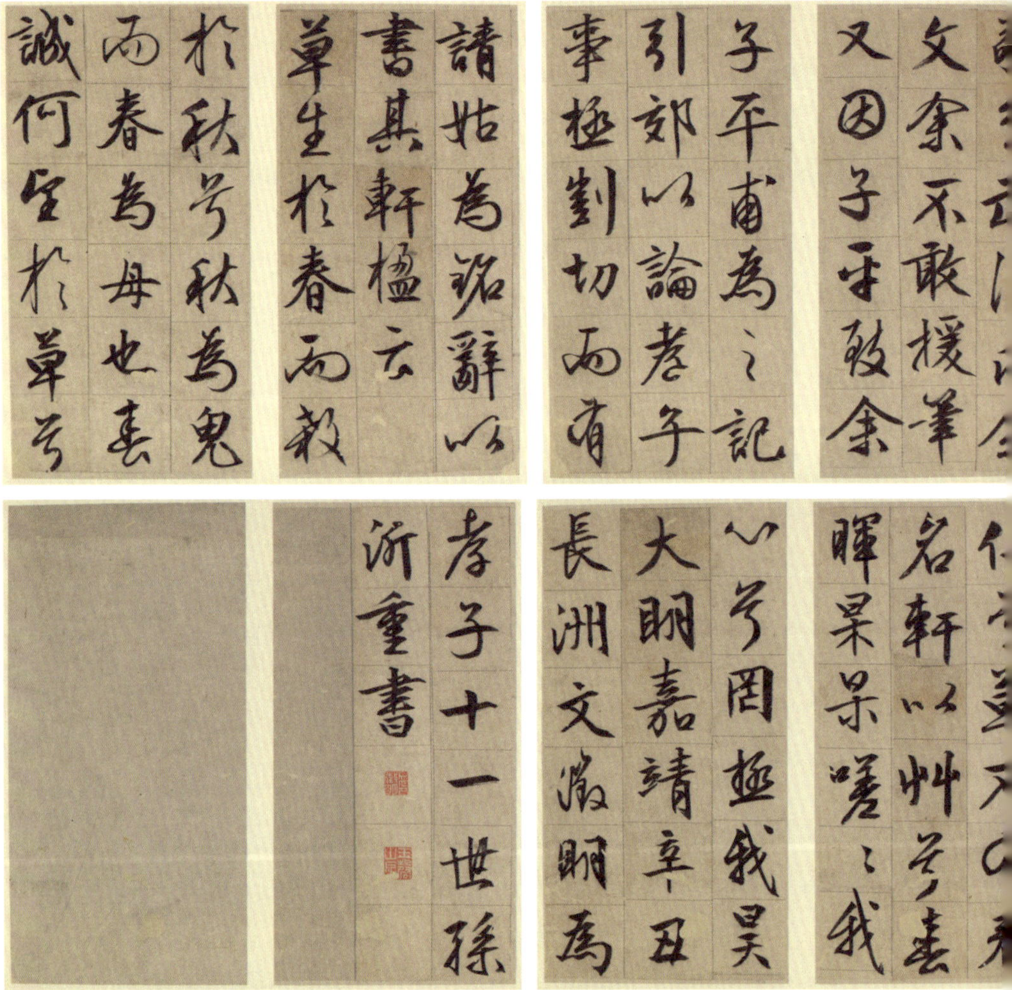

图3　［明］　文徵明　《春草轩辞》册　纸本　32cm×15.5cm（每开）　无锡博物院藏

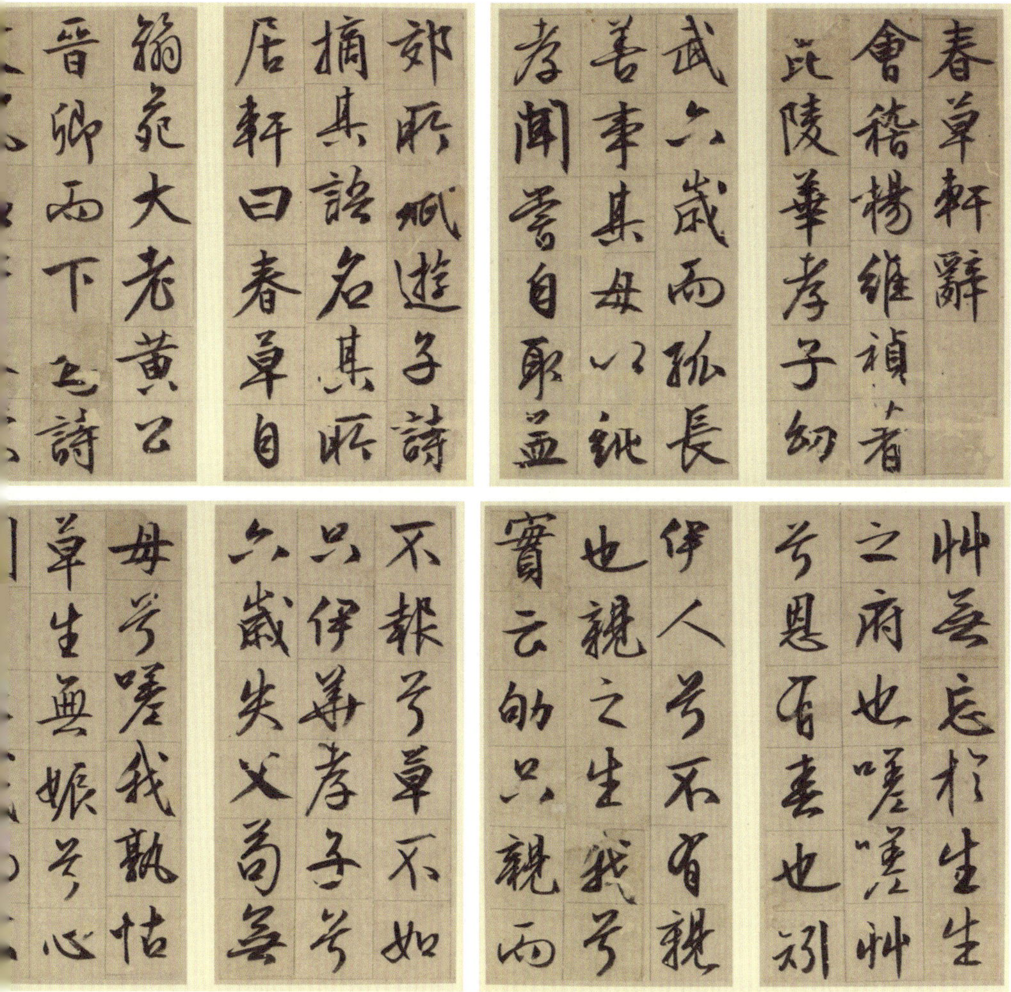

行六字。所书内容为元杨维桢（1296—1370）为华幼武所作《春草轩辞》。杨维桢（1296—1370），元末明初著名诗人、文学家、书画家和戏曲家，字廉夫，号铁崖、铁笛道人，又号铁心道人、铁冠道人、梅花道人等，晚年自号老铁、抱遗老人、东维子，会稽（今浙江诸暨）人。与陆居仁、钱维善合称“元末三高士”。泰定四年（1327）进士，历天台县尹、杭州四务提举、建德路总管推官。著有《东维子文集》《铁崖先生古乐府》行世。该册页装裱时，第五、六开倒置，全文如下：

春草轩辞，会稽杨维桢著。毗陵华孝子幼武，六岁而孤。长，善事其母，以纯孝闻。尝自取孟郊所赋游子诗，摘其语，名其所居轩，曰春草。自翰苑大老黄公晋卿而下，为诗文凡若干人。陈子平甫为之记。引郊以论孝子事，极剀切而有警幻。武复求余文，余不敢援笔。又因子平致余，请姑为铭辞，以书其轩楹云。草生于春而杀于秋兮。秋为鬼而春为母也；春诚何望于草兮，草无忘于生生之府也。嗟嗟草兮，恩有春也。矧伊人兮，不有亲也。亲之生我兮，实云劬。只亲而不报兮，草不如。只伊华孝子兮，六岁失父。苟无母兮，嗟我孰怙。草生无娠兮，心则有仁，我而不仁兮，草不有春。名轩以草兮，春晖杲杲，嗟嗟我心兮，罔极我昊。大明嘉靖辛丑，长洲文徵明为孝子十一世孙沂重书。

大明嘉靖辛丑年（1541），文徵明时年七十二岁。文徵明于册首写明所书为杨维桢著《春草轩辞》，册尾亦注明乃为孝子后裔华沂重所书。华幼武（1307—1375），字彦清，号栖碧，工诗，有《黄杨集》三卷传世，后收入《四库总目》。自晋“孝祖”华宝以来，华氏代有孝名。华幼武六岁失怙，事母陈氏至孝。元至正二年（1342），陈氏获“贞节”旌表。华幼武名其居为“贞节堂”，又构“春草轩”，取唐人孟郊《游子吟》中“谁言寸草心，报得三春晖”诗意，以示感恩其母。全文字体为行楷书，楷中带行，结构严谨，字形隽秀，不知何故失步之处亦多，这种现象在文氏书法中极为罕见，如第四行的“孤”字、第十四行的“不”字等。本册上钤印较少，只有结尾的“文徵明”白文方印和“玉磬山房”白文方印，其余信息皆无。由于该书册是华氏家族旧藏之物，且一直深藏华府，其内容更是与华家密切相关，再加上书册本身纸墨气息甚古，故不应轻易断其为伪。

## 四、文徵明、文彭、文嘉《与无锡华氏家族书函》册页考释

此册页共十九开，其尺寸每开纵 31 厘米，横 14 厘米，[13] 其中一些尺寸略有不同，是反映明中叶江浙地区书画鉴藏家们彼此往来的第一手资料。该信札内容虽非全部涉及书画鉴藏，且多以日常生活琐屑为主，但这也说明了他们之间的友谊不仅建立在对于书画鉴藏的共同爱好上，也建立在紧密的利益基础上。

其中文徵明信札八通十开，其中致华泮的有七通，致华云的一通。文彭的则有三通六开，一通致华世祯，两通致华夏。最后一通则是文嘉致华夏的，共两开。华泮，字师鲁，一字汝鲁，号晋斋。华氏山桂支十七世，水西公华钥之子，诸生，生于正德年间（1505—1521），文学韩、欧诸大家，著有《晋斋文集》。这七通信札内容分别如下：

别久耿耿，忽承惠教，兼拜佳仪之辱，良用感浣。新凉，伏维侍奉多暇，进学不倦，为慰。徵明衰病荒落，无可为吾友道者。使还，草草奉覆。徵明再拜，上覆汝鲁文学尊契。一月十二日。（图4）

承示教佳篇，捧读健羡。人还，承尔附谢，对客草草，徵明再拜。晋斋文学侍史。

此为疮毒所苦，备寻亦不月未得。脱然向老，气味自应如此，无足恠也。承记念谆谆，不胜感荷。荆妇拟古，出月初四日举殡，目今人事倥偬，不得稍暇坐逋。尊委想能察恕也。生鹅扁豆拜贶，多谢。徵明再拜，奉覆师鲁文学尊兄侍史。

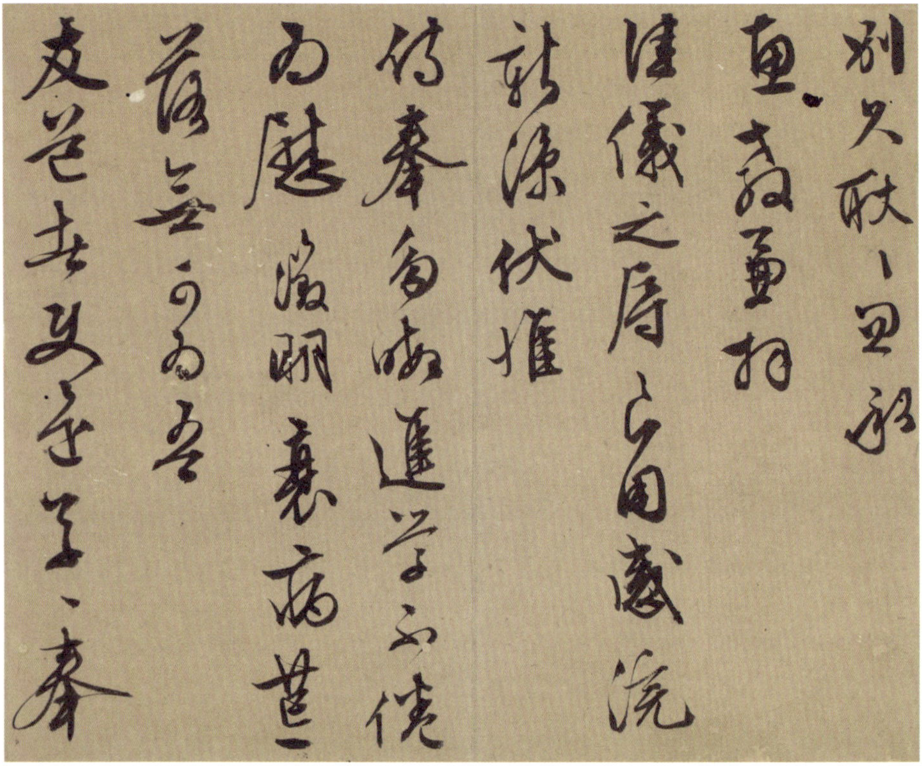

图4 ［明］ 文徵明 《致华氏书札》 纸本 31cm×14cm(每开) 无锡博物院藏

得书兼领珍馈，感谢感谢。所委拙文，更迟两日，方得具上。缘此，间有一二文字要紧，□□钝拙，谨支目前，重厘使人不胜唯悚。徵明再拜，奉覆晋斋文学至孝苫次，九月廿又一日。

向辱顾访，匆匆不能奉欸，得罪得罪，所须寿诗，草草具上，不足以副雅意，如何如何。录帕二方，聊往奉祝，尊夫人遐算，轻渎唯恐，徵明肃拜，师鲁文学契家，腊月廿九日。

使至辱书，兼领高篇，多谢雅意，所付高丽扇虽佳，然不可着笔，不能仰副盛委，谨随返使，上方命勿怪。徵明再拜，奉覆汝鲁文学契家，二月七日。

徵明此来病冗愦愦，略无好怀，四方逋吏，皆置不办。唯执事所委，日夕在心，因不得稍间耳。数厪使人无□惭悚。今一面操当三五日间得课上也。惠麦多谢不悉，徵明顿首，奉覆师鲁文学尊兄侍史，五月廿一日。

上述七封乃是文徵明写给华泮的信札，因为华泮字汝鲁，号晋斋，所以信中多次使用其字号。这些信札提及了如下几件事：一是文徵明在信中反复提及自己身体不好，患有疮毒等病，有时精神气也欠佳，但是书画应酬较多，使其力不从心，说明该信札作于作者晚年。二是提到文徵明妻子亡故，根据周道振《文徵明年谱》一书知，文徵明妻吴氏卒于嘉靖二十一年壬寅年（1542）农历八月二十一日，[14] 文氏时年七十三岁，由此可以极为准确地断此信札的书写时间。三是信中多次提及书画应酬以及高丽扇等，令人怀疑华泮是否为文徵明的书画经纪人，文氏的一些书画应酬由华泮做中人进行运作。四是文氏信中也反复提到一些有关文、华两家的生活琐屑，这说明他们是多年交情，且非同一般朋友可言。作为文氏七十多岁的笔迹，这些信札全用行草书写成，笔力雄健，笔法精到，骨力挺拔而又自然静穆。很有意思的是，文徵明年长华泮较多，至少在三十岁以外，但是书信的用语却显得极为亲切自然，没有明显的长幼之分，说明二人当是忘年交。

再看文徵明写给华云（1488—1560）的信札：

向承远顾，忽遽失欵，至今愧悚。所委寿安堂记，雅意所属，不得控辞。弟芜劣之笔，恐不足以副来辱之意耳。嘉仪郑重，祇领感怍。使还，草草奉覆，不宣。徵明顿首奉覆。从龙进士先生尊兄侍史，腊月七日。

前文述及华云为明代著名书画收藏家。该信札说的十分清楚，华云派人带去重礼，请求文徵明撰写《寿安堂记》，[15] 文氏复函并托人带回。华云与文徵明年岁相对差距较小，二人交往极多。

另一信札为文徵明长子文彭写给华世祯（1483—？）的，其文如下：

彭顿首，书奉西楼世契长兄先生，别来忽忽又已五年。怀思之情，未尝少置，先君下土，又承枉驾墓所，非通家之谊，何以有此计？兄今年八十有四，每于豫庵处询知动静安好，深慰远怀。昨得高阳六月望日之书，亦甚安适。寄画银二钱，乃大锭之边，亦可喜也，一笑一笑。区区冷淡如昨，所谓食之无肉，弃之有味，无足为道也。明年亦已七十矣，归期尚未可卜，如何如何。

华世祯，字善卿，号西楼，人称湖桥生。少从王鏊学经，补博士弟子，以才藻见推。其为人侠烈自负，寄托旷远，喜鉴定法书名画、钟鼎彝器。时文彭年七十，则信当作于1567年。而华世祯时年八十四岁，可推知其生于1483年。信中述及文徵明去世时，华世祯还曾到墓地，两家堪称通家之谊。信中所提及“画银二钱”，也使人得以知道文彭在当时的画价。信中又及豫庵，应指无锡人华启直（1533—1597），字礼成，号豫庵，嘉靖四十一年（1562）进士。

作为明中叶江南地区最大收藏家的华夏，文氏父子与其来往书函就显得极为重要，其中文彭给华夏的信札如下：

彭顿首，书奉东沙契兄先生侍史，奉别以来，几易寒暑，思念之心，未尝少置。追想齿序，足下今年政七十耶，且闻有弄璋之庆。所谓“无官一身轻，有子万事足”，乐当何如？区区株守如昨，无足为左右道者，但得豫庵在此，与之同事，若不落寞耳。令侄海涛选官时曾相会，既而进表来京，又得一面。询知动静安好，深慰远怀。近日此间一友用钱二百，收得柳公权书兰亭诗，前有裕陵签题，后黄伯思跋录绢上，书裱作册子，亦是宋内府物。今已将梨木草草刻成，尚未完。先寄一纸去，亦可以见天地奇物流传世间，但有造化者乃得之也。盛使一面即归，诸不能一一。若余谿家有人入京，不惜片楮以慰悬悬，切恳切恳。二月廿日，彭顿首。

中不仅谈及两家之间的生活琐屑，而且涉及到了古代法书柳公权书《兰亭诗》的鉴藏，由是可以窥见华、文两家在书画方面来往的一些情况。此《兰亭诗》卷今藏故宫博物院，专家定为晚唐写本，非柳公权所书，黄伯思跋亦不真。明代以后因定为真迹，故有多人题跋，包括王世贞、莫是龙、文嘉、张凤翼及清代王鸿绪等人，这些题跋都是真迹原跋。学术界向以为华夏“真赏斋”的大量收藏多经文徵明父子“掌眼”，此信札无疑为之提供了确凿的文献证据。另一封信札更极为简短明了地谈到了华夏、文彭二人之间的书画活动：

别来忽复三月，多事未得闲暇。所委遂尔迟滞，极深惭悚，今已完其八，尚有两卷，一二可奉事。使者且令先归，上已前复，当奉纳也。草草附复，不次。彭顿首，东沙尊兄先生。

似乎华夏有几件书画要文彭来写，文彭对于完工情况复函华夏。

文彭的弟弟文嘉也给华夏写了一札，文中亦是同样谈及华夏托付给文嘉的事情：

侍生文嘉再拜东沙老兄先生执事，前日使至，得手教兼委全补云山，已草草全去，并拙作三首呈览，想目入之矣。兹有舍亲张颙甫善制纸匣，近闻吾兄尝欲之而未得，今偶有入乡之便，欲求通于门下，谨为先容。颙甫读书知道，吴之名家也。相见幸赐与进，不胜及乌之感。不宣。十月十三日。

信中提及到非常有意思的事情，文彭推荐自己的亲戚张颙甫到华家制造纸匣，且告知华夏，张读过书，对于苏州地区的书画名家有所了解，让华夏接纳。

由是，文徵明、文彭、文嘉父子三人分别跟华家的华泮、华夏、华世祯进行书信往来，构成华氏家族和文氏家族两代人的世家通谊。其中文徵明和文彭的书信字体都为草书，且和二人常见的书风极为相近。文徵明行草书用笔精到，行笔较为干练老辣，提按明显，整个书风呈现出清逸典雅、古健遒伟的特点，尤其中晚年，其行草书的个人风貌极为突出。而这批信札都具有这些特点，属于文徵明行草书的常见路子。就其两个儿子来说，文彭行草最似其父，且常为文徵明代笔。[16] 文中提及的六开文彭书信，其书风最像乃父，但行笔不及其父老辣干练，遒劲之感也不及其父，却是温润潇洒过之。文嘉的书信为行草，在现存书画实物中极为少见，比起父兄而言，文嘉书法确实逊色不少。文嘉书法细劲清秀，略显拘谨，较之文徵明之严谨劲健、文彭之潇洒奇倔，略有不如。信札落款下钤一白文方印“肇锡余以嘉名”。册后有明末清初人顾苓题识：[17]

此三文先生与华氏三先生手札也。从龙讳云，别号琴山中，嘉靖辛丑进士，从王文成游，以理学名家，有剑光阁，收藏甚富。师鲁讳泮，晋斋其别号。诸生，有文艺名。东沙讳夏，世传《真赏斋帖》，其家刻也。诸札往还无非文章翰墨之事，龙叔集为一册，藏保墨阁，昭示子孙，庶几风流，不替云。

后款署“滁阳顾苓”，并钤盖“顾苓”白文方印、“顾云美”白文方印两方。顾苓题跋后有其后人顾千里题识一则：[18]

近数十年，赏鉴家尤重书札，予所见不少，如此册汇自华氏，家云美为之跋，洵属上，亦非寻常零星凑集者比也。道光丙戌（1826）元和顾千里呈观于扬州新城之翠筠馆，并记。

后钤“顾千里经眼记”朱文长方印。另左下钤收藏印两方，分别为“晋陵华氏”朱文方印、“褒忠旌孝之家”朱文方印，当为华氏家族的鉴藏印。该书册原非一册，清初顾苓的跋文中就曾明确指出“诸札往还无非文章翰墨之事，龙叔集为一册”，是一个顾氏称之谓“龙叔”的人将之集册。其上的鉴藏印亦寥寥无几，文徵明父子之后，顾苓、顾千里的款印是目前所能见到的最早鉴藏印记，至于款署“子湘”的题识则更为晚甚。

## 五、文徵明、文彭《致无锡华世祯信札》手卷略考

此手卷原为信札，纸本，每段尺寸不一。内容为文徵明、文彭父子致的华世祯手札十通，其中文徵明九通、文彭一通，后人将其合装成一卷。华、文两家是为通家之谊，华世祯与文徵明、文彭父子来往尤多。卷中文徵明的书信和上文《文徵明父子与无锡华氏家族书函》册页在字体上基本一致，整体书风也大抵趋同。其中的第四通提及到了明中叶著名的“华太师”，即华察（1497—1574），字子潜，号鸿山，江苏无锡东亭人。嘉靖十六年（1537），华察升任翰林院修撰，辅导过皇家孩子读书，所以尊称为“华太师”。这一称呼就是戏曲《唐伯虎点秋香》中“华太师”的原型。根据信札内容，我们可以知道文徵明主要因量田和赋税的事情而忧心忡忡。无锡华家为当地望族，华世祯还充任了当时的粮长，故对赋税一事苦不堪言。而当时的量田清丈事情被朝廷逼迫甚急，故华世祯苦不堪言，写信向文徵明诉苦，而文徵明由于自己没有官职而爱莫能助。文彭写给华世祯的书信，内容为文彭请华世祯转交华察、华夏二幅书帖的事情。文彭的草书闲散不失章法，错落有致，神采风骨，兼其父文徵明和孙过庭之长，甚见功力，信后有文彭款署“戊午（1558）二月十又九日”，文彭时年六十一岁，属于其晚年的墨迹，书写自然熟练，章法与结体均流露出学习唐人的痕迹，后有文彭“文寿承氏”朱文方印和“三桥居士”白文方印，书册纸张和印章的印色气息均和明代吻合，坐实了该手卷出自文氏父子的真实性。

上述四件法书以文徵明为中心人物，内容旁涉了书法以外的许多领域。在草书的释读与断句以及明代信札的处理方面难免有所出入，故求证方家，以待下一步进行更深入之整理研究。

（原载于《中国美术》2018年第1期）

# 注释

1. 顾曾寿，字子长，芸台，号鞾翁，棱伽山民，今苏州人。工于书画，是清末道光至光绪年间著名的鉴藏家。俞剑华在《中国美术家人名辞典》中记载："顾大昌，字子长，自号楞伽山民，江苏苏州人。工画山水，纯用古法，取径极高，一洗时下肤浅之习。乾隆四十八年尝写李德裕见客图"。（详见俞剑华《中国美术家人名辞典》，上海：上海人民美术出版社，1981年，第1531页。）关于顾氏的姓名记载亦不一，商务印书馆版《名人书画集》（第十四集），《顾子长临李德裕见客图》载："顾大昌字曾寿，号子长，又号古剑子，自号棱伽山民，吴人，工画山水，纯用古法，取径极高，一洗时下肤浅之习。"则棱伽山民原名顾大昌。棱伽山民的生卒年，据其所著《雪泥爪印》一文，自题光绪七年（1881），是年六十七岁。以此上推则生于清嘉庆十九年（1814），卒年不详。根据这些文献，顾子长应与顾大昌是一个人，其号有芸台、鞾翁、棱伽山民等，主要活动于清道光至光绪年间（1821—1908）。

2. 潘钟瑞，1822—1890年，原名振先，字麟生，号近僧、瘦羊、香禅，晚号香禅居士、瘦羊居士，今江苏苏州人。诸生，太常寺博士。精篆隶、工词章，长于金石考证，所交皆当世名士。

3. 据陶渊明《九日闲居诗》文："世短意常多，斯人乐久生。日月依辰至，举俗爱其名。露凄暄风息，气澈天象明。往燕无遗影，来雁有馀声。酒能祛百虑，菊解制颓龄。如何蓬庐士，空视时运倾！尘爵耻虚罍，寒华徒自荣；敛襟独闲谣，缅焉起深情。栖迟固多娱，淹留岂无成。"

4. 刘小兵：《桃花只待有缘人——从文徵明到陶渊明》，《天中学刊》，2013年第6期，第86—88页。

5. 毛意香即毛怀，字士清，号意香、野鹤、铁道人等，今江苏苏州人，工书，善谈谑。彭秋士、吴时中辈皆善之。其书不下于时中,尤工题跋。毛氏主要活动于清乾隆至道光初年。详见俞剑华《中国美术家人名辞典》，上海：上海人民美术出版社，1981年，第54—55页。

6. 刘泳之：1809—1847年以后，初名刘泳，字彦冲，号梁壑寺，今四川铜梁人，侨寓苏州，朱昂之弟子，工诗文，善山水、人物、花卉。顾曾寿曾师事之。

7. 万中立，号梅厓，汉阳人，甲午光绪举人，收藏古彝器甚富。

8. 毕泷：1733—1797年，字涧飞，号竹痴、静逸庵，今江苏太仓人。工诗、画，富收藏，遇翰墨精粹，不惜重价购藏，故多宋、元、明人珍品。

9. 上海博物馆编：《中国书画家印鉴款识》（上册），北京：文物出版社，1987年，第893页。

10. 黄浩然：《华绎之旧藏文物捐赠图录》，扬州：广陵书社，2013年，第68—69页。

11. 姜实节：1647—1709年，字学在，号鹤涧，山东莱阳人，居苏州。明礼科给事中，入清不仕。善书，笔势如篆籀。画法倪云林，工诗。

12. 丁辅之：1879—1949年，原名仁友，后名仁，字辅之，号鹤庐，又号守寒巢主，今浙江杭州人。其家以藏书闻名海内，名印金石，代有收罗。喜篆刻，擅画花卉瓜果。

13. 黄浩然：《华绎之旧藏文物捐赠图录》，扬州：广陵书社，2013年，第68—69页。图册中称该行草书册为《文徵明父子致华夏家族信札》。

14. 周道振：《文徵明年表》，转引自《周道振文集》，《无锡文博》，2014年增刊，第180页。

15. “寿安堂”为明无锡秦夔（1433—1496）所构，然秦夔去世时华云方年幼，故此寿安堂或非指秦夔，亦或为秦氏后人沿用祖堂者。

16. 徐邦达：《古书画伪讹考辨》（下），南京：江苏古籍出版社，1984年，第123页。

17. 顾苓，字云美，号浊斋居士，今江苏苏州人。主要活动于崇祯至康熙年间（1628—1722）。工诗文，书善篆隶、行楷，精篆刻。

18. 顾千里，1766—1835年，名广圻，以字行，别号思适居士，人称“万卷先生”，今江苏苏州人。清代著名藏书家，其藏书处为“思适斋”。师事经学、文字学专家江声，于经、史、小学、天文、舆地、诗、文、词、曲，无所不通。根据生卒年判断，顾千里当为顾苓的孙辈，因为信中曾言“家云美为之跋”。

# 无锡华氏家族旧藏明代王问法书探析

2011 年至 2013 年间，无锡博物院从旅居台湾的无锡华氏家族后人手中无偿征集到一批珍贵文物。这批文物主要为解放前大陆民族企业家华绎之（1893—1956）的旧藏，包括古代书画、碑帖和古籍善本等，其中不乏十分珍贵、罕见的文物。在这批古代书画中，就有明代中叶无锡大书法家王问的三件法书：草书《武林登晴晖楼简臬司诸公》卷、草书《五言律诗》卷和草书《诸家诗》卷。华氏家族捐赠的这批书画绝大部分属于家族秘藏，经年秘不示人，多不流传于书画市场，亦不曾进入到中国书画史的架构中去，具有较高的艺术价值和学术价值。

这三卷法书的作者王问（1497—1576），字子裕，号仲山，无锡人，明嘉靖（1522—1566）中进士，授户部主事等职，旋弃官归，隐居宝界山，悠游湖上，日以诗文书画为乐，人以“高士”称之。擅画，长山水花卉，出入南北宗。尤善书，取径米芾和黄庭坚，以秃笔作大字，雄健豪爽，一时唯陈道复可与雁行。在中国书画史上，王问的活动时间当在明代中期，即明成化、弘治到嘉靖前后，即 1465—1566 年的一百多年时间里。这个时期，是吴门派绘画的活跃时期，同时也是明代书法艺术的兴盛期。当时许多文人书画家集中在江、浙一带，特别是苏州地区，当时的文坛领袖王世贞（1526—1590）曾在其著作《艺苑卮言》中如许说道：“天下书法归吾吴。”[1] 其中，祝允明、文徵明、王宠和陈淳被称为“吴中四家”，祝允明、文徵明、王宠又被称为“吴中三大家”，他们的书法上追晋、唐，一变“台阁体”的面貌，具有自己独特的风格。这一书派形成和活动的时间大致在明景泰至万历年间（1450—1620），以苏州为主要活动基地，以“吴中四家”为骨干，其中也包括徐有贞、沈周、李应桢、吴宽等前辈，以及陈淳、文彭、文嘉、彭年、陆师道、周天球、居节等后辈在内的书法群体，历时达一百多年。这些书家的籍贯也不一定是苏州，但多以苏州为主要活动中心。从传世的吴派书法实物来看，其整体书法呈现出崇尚平和优美、疏朗开阔、格高韵胜的风格，少有狂怪书风。[2] 王问书画兼善，且水平不低，但不见于大多数版本的艺术史著作，关于其人其艺的研究著述亦是少之又少，这在一定程度上影响了王问艺术的知名度，以及受众对其艺术的看法，而且造成了近乎冷僻的感觉，这实与真实的境况大相径庭。

王问存世作品数量亦不算少，也许由于当时吴门地区翰墨高手林立的缘故，王问遂不被后世主要书画史家们所选择。翻阅目前存世的重要书画文献，王问及其书画创作见之于书籍的主要有如下四条：

王问，字子裕，锡山人，门人称曰仲山先生。其卒也，私谥曰文静。嘉靖进士，官至广东佥事，诗律清新，擅名东南。晚年谢绝世务，足不他出，穿绿萝小径，每遇月白风清，净几明窗，或写或画，辄数十幅，如有神助，自谓径丈大字至老有进。[3]

王问，字子裕，号仲山，无锡人。官户部车驾司郎中，善画山水人物花卉，不用搠架，每登眺，乘兴运笔如飞，最得山水闲趣。但笔墨稍落南路，虽为吴人，不入吴派。[4]

王问，字子裕，号仲山，无锡人。嘉靖中由进士官吏部改粤东佥宪，谢归。工诗文行草，画花鸟竹石运笔迅速，点染已足生趣，至山水人物时谓格近南路，不入吴派。[5]

王问，字子裕，学者称为仲山先生，常之无锡人。嘉靖中官至广东按察佥事。问有高名，作行草及署书无所师承，而风骨遒劲，渴笔纵体，往往与醉翁亭记法同。[6]

上述文献的作者朱谋垔（17 世纪）、徐沁（1621—1683）、沈辰（1723—1795）等其实在中国美术史上都不属于特别重要的美术史家。这四种关于王问的文献，其中尤以朱谋垔为早，他对王问的记载主要来自资料搜集，进而逐一编纂成书。徐沁和沈辰二人的做法亦是如此，他们关于王问的相关文字描述几乎都不是第一手的资料。通过这些文献描述，对于王问的艺术，我们大致可以勾勒出如下信息：一是王问诗名较高，是明代一位比较著名的诗人；二是王问善画山水、人物、花鸟，尤以山水为最；三是王问能书，但名气似不如其画和诗，且师传不明。纵览文献里的“王问”，他留给后人的形象，首先应是一位有才的文人和政绩颇高的官员，其次才是一位书画家，说明王问是一位典型的深受儒学影响的古代士子。就其书法而言，其主要特点是“风骨遒劲，渴笔纵体，往往与醉翁亭记法同”，也就是说他的书法风格属于狂放的一路，用笔比较有力，而且多用渴笔，字体稍长。至于“往往与醉翁亭记法同”一语，则存有歧义，即王氏书法究竟是法自宋人欧阳修，还是取法刻本《醉翁亭记》，实皆有可能。对于王问书法特点的把握，沈辰在其《书画缘》里的描述，为我们留下了极为珍贵的文献依凭，比对图像文本，发觉这些描述基本上都较为客观准确。

王氏草书《武林登晴晖楼简臬司诸公》卷，纸本，纵 27 厘米，横 825 厘米。该卷书法内容为王问自作诗词《武林登晴晖楼简臬司诸公》卷，此诗著录于王问的诗集《王仲山诗选》。[7] 其文如下：

湖水明于鉴，晴晖共徘徊。洲随碧山转，寺逐金沙开。海上神山宛相似，绛楼绀绀殿虚无里。岁岁游人踏落花，日月清明与上巳。星轺西望荆湘远，犹为名湖生缱绻。随君玉节上高楼，水色山光在栏楯。迩来值春暮，水边桃杏稀。轻阴拂朝淋，尚见春禽飞。春禽飞，春草碧，落花飞絮何嗟及。此中兴亡感慨多，转眼相看已成昔。君不见宋家中叶惊胡沙，南国曾经度翠华。遂将此作龙池水，一日栽遍离宫花。湖中游人洛阳客，恋却江南忘河北。芙容苑落野马嘶，常使精忠眼流血。吁嗟此情不可道，徒将宿昔伤怀抱。山中诸陵岁月长，鄂王祠在松杉老。昭代文章全盛时，况复诸贤尽在兹。讼平江清出游豫，风日正与人相宜。东山出云西山雨，楼下乐鸣楼上舞。与君有酒但饮之，别后相思渺何许。

卷后款署："嘉靖戊子（1528）春日仲山王问书于原筮斋"，后钤白文"台宪之章"、朱文"王氏子裕"。根据题识始知是年王问三十二岁，正值书家青春年少之时，此卷书法当属于其早年之作。卷后有一署名"瓢叟"者的题跋："仲山书画卓然尔雅，此卷自书诗，草若游龙蹲虎。明季唯重考功（徐有贞），足以媲美。枝山（祝允明）虽号名家，较此犹有习气，愿与识者共参之。甲子端阳重装并记，瓢叟"，后无钤印。该题识书写流畅，字体隽秀，其书风当属清代。"瓢叟"究竟是谁，由于此卷相关信息含量极少，实难推测书写者的真实身份。笔者根据董其昌《仿富春大岭图》卷（纸本墨笔，纵 28.5 厘米，横 297 厘米，1627 年作，见于 2012 年秋季中国嘉德国际拍卖有限公司拍卖图录）拖尾处的题识文字，推断此处的"瓢叟"当是民国时期北平著名政治家、收藏家颜世清。颜世清，1873—1929 年，字韵伯，号瓢叟，广东连平人，寄居北京。进士出身，曾任直隶洋务局会办。民国成立后，任直隶都督府外交厅厅长、北京大总统府军事参议、井陉矿务局督办、奉天巡按使署政治顾问、财政部印刷局局长、张家口税务监督。在政界多年，提倡文化最力，曾任东方绘画协会干事。善鉴赏，收藏极富。能作山水、花卉，以古拙胜，毫无近习。颜氏认为王问这卷草书妙若"游龙蹲虎"，给予极高的评价。因为"游龙蹲虎"一语，源自六朝时期梁武帝萧衍（464—549）评价"书圣"王羲之的书法，萧衍在其《古今书人优劣评》一书中曾说："王羲之书字势雄逸，如龙跳天门，虎卧凤阙，故历代宝之，永以为训。"[8] 将古人评价王羲之的言辞挪用到评价一个青年才俊的书法作品中来，实有言过其实之嫌。接着，他又说该作品不仅可以与当时的知名书家徐有贞（1407—1472）相颉颃，更使吴中大家祝枝山（1460—1527）汗颜，文字品评属于逻辑思维的范畴，在中国的文化中它同时又具有诸多审美赏鉴的特点，这种属性使得这些评价时有过度阐释的诟病。撇去这个并不重要的评价，我们将王氏的这卷草书《武林登晴晖楼简臬司诸公》卷，置于一个书法图像的文本序列中去，理性地看待其图像渊源与审美旨趣。很显然，这卷草书和北宋大书家米芾（1051—1107）的行书《多景楼诗》册（纸本，纵 31.2 厘米，横 538.1 厘米，上海博物馆藏），在用笔、审美、气息诸方面都极为相似，虽然在字体上有差异，但内蕴却极为接近。米芾书法略微柔美多姿，王问则多硬朗隽秀之气。文献中说王问法书主要取法米芾和黄庭坚，但在这幅书法作品中，黄氏的影子似乎没有，米芾的气息遮盖了一切，显示出书家的所宗。根据法书创作时间和卷后“甲子端阳重装并记”的题识，并结合手卷装裱的材质和气息来看，此处的甲子年当是民国十三年（1924），也就是在公元 1924 年的农历五月初五这一天，颜世清重装了这卷书法并留下了上述题跋。按照古书画鉴定的一般常识来讲，作品的鉴藏印章往往和作品的流传密切关联，这卷法书本身除了王问的“台宪之章”“王氏子裕”以及卷首的“可吟亭”，其他任何印章皆无。1924 年端午节，颜世清重装了这卷书法，这距离王问创作时的嘉靖戊子（1528）春天，已是相距整整四百年之遥。期间，这卷书法是否几易其主，我们不得而知，从目前的作品全貌来看，颜世清当是它的最后一位主人。颜氏之后，这卷书法就到了无锡华家。从鉴藏学的理论上讲，这件对于研究王问艺术极为重要的图像文本，却从未进入到艺术鉴赏的领域，那么它也就没有参与到王问书法史的构建，其文本阐释的学术空间就十分宏阔。

另一卷草书《五言律诗》卷，纸本，纵 57.5 厘米，横 1009 厘米。该手卷内容为王问书写的陆粲《名都篇》五言诗，字体为狂草，其文如下：

名都天下饶，闾里藏豪雄。跹跹轻侠子，结友相追从。依凭董君宠，著籍期门中。联骑出近郊，翩翩若游龙。击毬平乐观，逐兽长杨宫。纵横驰道上，意气轻王公。司隶不敢呵，敛手避其锋。暮投北里馆，张组陈歌钟。嘉肴列千名，酒醴旨且丰。坐拥燕赵姬，巧笑姿芳秾。转喉变新声，折肢舞回风。为欢竟永夜，挥霍千金空。天明掉臂去，复会平陵东。日月信徂迈，淫乐何终穷。

款署："隆庆丁卯夏旦仲山王问书于原筵斋。"后钤朱文"王氏子裕"、朱文"台宪之章"。隆庆丁卯，即1567年，时年王问七十岁，说明这是王问极晚年的作品，也是迄今为止王问存世作品中纪年最晚的一件墨迹。仔细审读作品，字里行间并无透露出丝毫老年人的气息，说明书写人当时良好的精神状态。整卷书法笔力老辣，气势磅礴，气息一一贯通，毫无懈怠之意。看其渊源，当属唐人张旭、宋人米芾一路，格调狂而不野，实不脱文人书法的窠臼。比对作者三十二岁时所做的草书《武林登晴晖楼简臬司诸公》卷，在创作时间上二者相距三十八年，笔力上的差距极为明显，气息上的老幼之别亦然，师承上出入明显，《武林登晴晖楼简臬司诸公》卷似乎具有较多的唐人气息，其中张旭的痕迹较为突出，但略显硬朗松散，显示出书家学习阶段的面貌，而《五言律诗》卷则是书家极晚年的作品，可谓人书俱老矣。

另一草书《诸家诗》卷，根据卷后款署，始知为王问六十三岁时所作。该手卷纵25厘米，横575厘米，书家采用狂草的字体书写了王问自作诗词八首以及北宋大文豪苏东坡的《春梦婆》一词。其一为王问自作《林中散步至石塘庵》：

朝随野尘寻幽去，每踏晴雪到暝烟。山寺莺花春日里，渔人网罟夕阳边。荒庭碧藓绿阶合，古岸苍藤白水悬。更启禅扉入深竹，老僧高卧不知年。

其二为《九日登高后寻龙祠》：

诸峰未尽登高兴，更觅荒祠苦竹阶。山路每从樵者问，禅门犹见老僧开。枫林挂锡飞黄叶，石室藏经半绿苔。潭洁已无龙出入，夜深仍有白云来。

其三为《可吟亭独坐》：

野鹤巢边细语悬，虚亭无壁岭云边。晴湖近出步林上，夕鸟群飞返照前。应业尚存三径半，渔家久住雨溪烟。独坐岩花下庭石，春风重佳果蔬篇。

其四为《春日山中喜越客至》：

东邻隐处如巢许，陇亩一官生野菜。落日矶头荷半绿，春风江上故人来。隐岩松子和云种，倚栏花枝拂曙开。此后山中多胜事，与君携手几登台。

其五为《山中午睡见斜日入檐，凉闻鸟鸣拥衾而吟》：

一住春山春后分，五湖初霁净谶云。蝶来少幌林中见，鸟唤花树竹不闻。蓬蓼新炉常寂寂，薜萝门巷日欣欣。沧洲懒吏无京谒，布褐高眠自落曛。

其六为《山中喜诸生至》：

半堂远寄白云阔，寂寂寒林自落树。病客山中行茶后，诸生阶下执谁来。江莺历乱飞春问，花叶参曾拂露台。洮洮和风满襟袖，浴河归去共徘徊。

其七为《送陈初都守广州五别》：

东风吹江树，鸟鸣何嘤嘤。清晨携斗酒，送子东南征。仆去早岩驾，别驱已挽推。攀欢鹿相及，掸援系中情（一别）。悠悠子兮迈，行行日云远。夕宿潇湘滨，朝登成明坂。同心而禽居，何由历嫵婉。眼望知路尘，肠如半轮转（二别）。广州多耆老，皇皇下丰情。皆来叹迟暮，道上一浪迎。千里结叶思，何以赋屏菅。谅唯玙珠美，下国持休声（三别）。讼庭多休暇，运甓为京师。志士存远图，树德宜及兹。景色茂才贤，愧余藻劣姿。辅半既离绝，常恐陨驰驱（四别）。驰驱亦何益，愿言谐素襟。醉之猿鹤群，妄系手中林。形影在异域，君子无遐影。飘飘晨风发，迟尔金玉音（五别）。

最后一首为宋人苏轼的词《春梦婆》，其文如下：

春梦婆，奈尔何？东西京洛相过，陌上才人细马驮。邀京畹里臙脂坡，甲第干霄势嶒峨。朱门大谁虎皮韡，连房结驷紫玉珂。主人金张仪委蛇，早年名籍駊娑。昼日承恩赐拳騧，禁庭兰入谁敢诃。庭下食客肩相摩，吐嚼珠麝论悬河。东风吹动珊瑚柯，乳莺啼花墀日和。高堂绮筵金叵罗，翠盘紫峰封槖驼。轩炙猩唇臛燕窠，醅泼金缸香白醝。金钗两行花月娥，脂凝腕皓横秋波。弹丝吹竹发清歌，屡舞柘枝影傞傞。旅进三爵颜微酡，醉归洞房侧弁俄。象床流苏铃索拖，娇姬当夕眉黛螺。笑回娟婵见微涡，褥絺鸳鸯眠绿荷。九叠池单结绣孤，小猊压角璊玔磨。燕寝香凝云锦窝，流光去人一掷梭。一朝零落归山阿，牛羊下来夕露多。春梦婆，奈尔何。

卷尾款署："嘉靖代庚申（1560）夏六月既望，仲山王问书奉鸿山太史先生览教"。后钤白文方印："台宪之章"、朱文"王氏子裕"。该手卷是王问应华察之邀而作，书写流利，乃书家一气呵成之作。比起前两卷书法而言，这卷字体虽小，却极为潇洒自然，毫无造作之感，显示出书家在驾驭草书方面的深厚功力，完全可以作为王问草书的经典之作。

上述三卷法书均为华氏旧藏，似乎有清以来，它们都一直深藏华家，并未流传于世，显现出旧时藏家们对于书画珍品"秘不示人"的特点。作为书家的王问，在当时的书坛，乃至后世的美术史上，其地位向来不为人所重，这三卷书法的显身无疑可以还王问一个真实的书法面目，学术意义极为重要。

（原载于《荣宝斋》2014 年第 2 期）

# 注释

1. 佚名：《明清书法论文选》，上海：上海书店出版社，1994年，第180页。

2. 向彬：《文徵明与吴门书派》，北京：首都师范大学硕士论文，2002年，第8页。

3. [明]朱谋垔：《书史会要》，转引自卢辅圣：《中国书画全书》（第四册），上海：上海书画出版社，1992年，第489页。

4. [明]朱谋垔：《画史会要》，转引自卢辅圣：《中国书画全书》（第四册），上海：上海书画出版社，1992年，第570页。

5. [清]徐沁：《明画录》，转引自卢辅圣：《中国书画全书》（第十册），上海：上海书画出版社，1992年，第28页。

6. [清]沈辰：《书画缘》，转引自卢辅圣：《中国书画全书》（第十册），上海：上海书画出版社，1992年，第125页。

7. 《王仲山诗选》（卷下），介福堂刻本，清光绪十四年（1888），无锡市图书馆藏。

8. 上海书画出版社编：《历代书法论文选》（上卷），上海：上海书画出版社，1979年，第81页。

# 华贞固《黄杨集》册明代跋文研究

元代文人华贞固，其人其艺在中国书法史上均不显要，存世墨迹更是寥若晨星。然而对于江南望族华氏家族而言，华贞固的地位就极为重要，他是江苏荡口华氏家族的始迁始祖，与无锡华氏“孝祖”华宝、南宋初自汴京返徙无锡隆亭的“始祖”华原泉并称华氏“三祖”。华氏为无锡甲族，《泰伯梅里志》云：“四百年来，高门巨阀，栉比鳞次，皆华姓也。”特别是在华贞固迁居荡口之后，华氏家族儒、商并举，成为明清时期当地第一望族。

华贞固（1341—1397）名悰韡，字公恺，号贞固，元代隐士、文人华幼武次子。华幼武，1307—1375年，字彦清，号栖碧，工诗，在元时较有盛名，与大画家倪瓒、文坛领袖赵孟頫、康里巎巎、陈方、陈谦等多有交谊。华幼武存世诗作较多，主要散见于各种地方志文献中。最集中的诗集则是其子华贞固所编纂的《黄杨集》，这是一部华幼武的诗集总汇，其名“黄杨”，系元人陈方所题。陈方，生卒年不详，一作陈元，字子贞，自号孤篷倦客，江苏京口人。工诗，尝与倪瓒唱和。至元初为华幼武延聘至家，坐馆课子。陈方在《黄杨集》的序言中如需说道：

“彦清爱诗甚笃，而莫于多事。予来此二年矣，见其录成帙者，未肆然而为之也，因戏题其帙之端曰‘黄杨集’。世传黄杨之为木，遇闰岁则厄而不长。彦清能不为闰所厄，则干霄耸壑，予将承其余阴之下矣。”陈氏借黄杨木的习性来喻人，故取其名。存世的《黄杨集》古本目前所知有三种：其一为明末山阴祁承㸁的“澹生堂”钞本六卷，[1]所据以华贞固曾孙华守方于成化十八年（1482）辑刻者为底本；其余二种各为三卷本或四卷本。著录四卷者，其一卷为补遗，皆为明万历四十六年（1618）华五伦所辑刻，即清乾隆间修《四库全书》之进呈者。此刻本国内多所图书馆有藏，且《北京图书馆古籍珍本丛刊》及《续修四库全书》均据以影印，已广为流传。[2]但最珍贵的版本莫过于华贞固亲自手抄的墨迹《黄杨集》，翻阅《中国古代书画目录》，也不见华氏墨迹，所以从这个意义上来讲，华贞固手抄本《黄杨集》应为存世的孤本墨迹，更兼册后有祝允明、文徵明、唐寅、钱福、杨循吉、朱选、都穆、熊伯龙、邵弥、孙竑禾、顾翃、杨象济、唐员、顾文彬、秦缃业、华学易、华鸿模、华文川等十八家明清诸名家及华氏后裔题跋，且皆为真迹，有的甚至是极为少见的早年之笔，如文徵明、祝允明、唐寅以及都穆等人的题跋，有的则是孤本墨迹，如华贞固的墨迹，它们不仅对于研究吴门书派的早期书风具有极高的学术价值，而且对于鉴定文徵明、祝允明、唐寅等人的早年书法提供了一个极为可靠的参照范本。

存世的华贞固手书《黄杨集》墨迹，纸本，一共十九开，每开纵16.3厘米，横34厘米，原为台湾华氏家藏，现藏无锡博物院，著录于《华绎之旧藏文物捐赠图录》一书。[3]所抄内容分《黄杨集》与《续黄杨集》两部分，共录诗集一〇七首。其中前集五十首，有陈方作序；后集五十七首，有陈谦作序。该诗集现为册页形式，装裱时一整开纸对折为二开，左右各一，包首为楠木夹板，其上有佚名楷书题签：“黄杨集”，后无款印。引首册页为明代显宦、书法家吴宽（1435—1504）之侄吴奕三字擘窠篆书：“黄杨集”，下钤“嗣业父印”朱文小长方形印。吴奕，生卒年不详，字嗣业，号茶香居士。吴奕存世的书法作品极少，目前仅知香港中文大学博物馆藏有一件他写给伯父吴宽的信札（纸本，纵23.8至25.6厘米，横22.3至66.5厘米），内容多是吴奕告诉伯父乡里之事。[4]书法水平极好，其风格完全酷肖吴宽，字形微扁，结体严谨，注重取势，笔划粗细浓重对比强烈，格调劲秀，显示出不俗的书法审美格调与扎实的功力。其书写渊源和吴宽一样，皆是来自宋人苏轼，说明吴奕的书法深受伯父影响，具有承继家学之风。此外，唐寅的《王鏊出山图》卷（纸本墨笔，纵 20 厘米，横 73.5 厘米，故宫博物院藏）后亦有一段吴奕的跋文，书风和吴宽极为接近。然吴奕篆书则极为罕见，此处的“黄杨集”三字，受到了石鼓文的影响，结体与笔道都显示出不凡的功力，显示出吴奕较高的书法造诣，至少说明吴奕在篆书和行草书领域成就皆高，但不知何故其书名被湮。

华贞固书写的《黄杨集》全文，皆用小楷，结体端庄敦厚，结构十分严谨，笔划之间交代极为清楚，具有“颜”、“柳”笔意，虽不能称得上书家，但由于华贞固存世墨迹仅此一册，所以仍旧值得重视。然诗册中涉及到其父华幼武名讳时，却多不避讳，如序言中三次出现其父的字号“彦清”（华幼武，字彦清）等，极有可能是元代避讳风气不严格所致。因为华贞固存世墨迹绝少，所以在真伪鉴定方面应持审慎态度。

第一段题跋为文徵明所写，该文言简意赅地交代了诗集的书写、入梓以及流传情况，文、华两家有通家之谊，故对华氏家事了解甚详，其文如下：“无锡华顺德示余黄杨集写本，盖其远祖栖碧翁所为诗，翁之子贞固所手书也。前集五十篇，陈叔方子贞为叙，续集五十七篇，陈子平为叙。此诗洪武丁卯（1387），具门人吕纬文，尝刻入梓，俞贞木叙之，而吕亦自为之，引此有二陈叙，而无俞吕之文，盖未刻前所录。但刻本类分六卷，共五百余篇，而此仅仅百余篇，又是漫录，岂选本耶？其所分前后，自有深意。而后人妄意乱之，赖此册之存，犹得孝见顺德尚取刻本刊正之，庶几不失前人之思也。弘治甲子（1504）腊月望衡山文壁书。”钤印“衡山”朱文方印。写此文时，文徵明时年三十五岁，更兼“文壁”的款署，更说明是文为衡山早年之笔。衡山楷书成就最高，尤其是小楷，终其一生，变化甚少，故真假最难以判别。故宫博物院藏文氏《致吴参政十札册》是目前所知最早的衡山早年小楷，明显受到了欧阳询的影响，与此书风相距甚远。该跋文结体较扁，捺笔较重，隶书意味浓郁，《黄庭经》《乐毅论》的影子随处可见，说明衡山小楷师承路子之广。“衡山”朱文印尚佳，也见于《中国书画家印鉴款识》一书。[5]由是，对于文徵明楷书的早期师承，应当有一个新的看法，也就是说文徵明的楷书师承，不仅有智永、褚遂良、欧阳询、虞世南、赵孟頫等，而且有“二王”，尤其是《黄庭》与《乐毅》，用力颇多。

祝允明的题跋与衡山文连在一起，多为抒发情感之辞：“士君子文章行世，大师在师友以广之，子孙以守之，师可从也，友可择也，子孙可教不可必也。又况乎岁月之眇绵，陵谷之迁革，井邑之宁乱，是以泯之易，而存之难也。观黄杨集感慨系之。子贞之叙勗，贞固之缮录，顺德之购藏，可胜道哉？缅想一时作者，无乃泯者犹多乎？华氏之欣，殆它族之戚也，祝允明记”，下钤“祝允明印”朱文方印。据书风与前后诸家题跋的写作时间推断，此文亦为祝允明早年之作。该文书写矜持，字体精密秀挺，遒劲而又不乏生气，楷中带行，深受岳父李应祯书法影响。文徵明就曾有过清楚地记载，说他早年的楷书“笔精谨，实师妇翁（李应桢）。而草法奔放，出于外大父（徐有贞）”，“李公尝为余言：‘祝婿书笔严整，而少姿态’”。[6]虽然祝氏的这一开题跋文字的书风较为少见，但与文献描述相较，却又显得极为吻合，应当属于其十分早年的笔迹。存世的祝允明书法，除去草书外，其余字体风格十分多样，缺乏鉴定依凭的可靠参照，故在鉴定方面难度较高。

唐寅的跋文甚为具体地考证了诗集的流传过程：“常州为江东望郡，人物文章，奕世称美，而国初兵燹亟加，故遗墨旧文往往流行人间，而姓族衰微者，漫不收拾。华氏顺德自少年便知远纨绮，从游荐绅先生，在行辈间，彬彬号嘉子弟。弘治乙卯（1495），以高资购得七世祖贞固所写栖碧先生黄杨集，箧以为家宝，间又丐诸士大夫题识，其未使先世旧物，有所付讬，而不与故楮同陨于覆酱瓿，手泽词气宛然在目，百世而下子孙有所瞻仰，是二先生可谓有后矣。吴郡唐寅识”，下钤“唐寅私印”白文方印。唐寅存世书法，“有年款的特变少，而伪品远较真迹为多”，[7] 常见的作品多有徐季海的厚重，李邕的欹侧，赵子昂的秀美，实际上其早年书法受李应桢影响最大。该题跋与现藏故宫博物院的《自书旧作诗》卷创作时间极为接近，即弘治乙卯年左右，唐寅时年二十六岁。虽然用笔显得稚嫩，结体也不算谨严，但是行楷相间，参差错落，率意之趣跃然纸上。但第三行的“华氏顺德”的“德”字却不避讳唐父名讳，却是一个令人不解之处。

明代状元钱福，1461—1504 年，字与谦，号鹤滩，松江人。他在读了《黄杨集》之后，题写了跋文：“予读华氏传芳集，未尝不叹其世悳之长也，及读西碧先生黄杨集，又知其上世有植悳之余，而又能刻意于诗学如此者。今诸云礽好词翰，甚于饥渴，岂非先生有以启之也哉。集书于先生之子贞固翁，世宝之而潢以成秩者，则先生之七世孙顺德。君之拳拳也，于此可以徵。君之克承而可以考见其世矣。弘治乙卯（1495）秋七月望华亭钱福志”，下钤“与谦”朱文方印、“龙飞第一秏状元”朱文方印。钱氏以诗文见长，其书法却甚少传世，该题跋文字结体方扁，捺笔多有隶书意趣，写得一丝不苟，十分认真。但是全篇缺乏韵味，实与书家有一段不小的距离，故仅可作为一则稀见的史料看待。

杨循吉（1456—1544）一文告诉我们华顺德的另一个名号叫“桐石”，他和杨循吉关系应当很好，故将家传之宝《黄杨集》存放杨处达二年，后杨氏为其做跋：“桐石华君购得此册，以留予家者几二年，予方在艰中营治葬事，未暇书题，而桐石亦竟隔岁不覩。秋九月二日甫与其秀饭，忽承访，及相与道契阔，问情素，知君亦坐累踰年故也。桐石先世之旧，江表第一，雅不俟评。独其祖宗佳制妙墨，有兼两世之美者，悉萃于兹。此岂易得哉？宝而藏诸，毋再留人家可也。正德辛未（1511）前进士弘农杨循吉于小雁荡之菜饭斋，时年五十四岁，在月下笔。”杨循吉存世书法尚能看到几件，不论行楷，抑或是草书，其结体都较扁，笔划粗细变化不多，时有顿折僵滞之感，但厚重与欹侧的体势显示出其独特的面貌。

都穆（1458—1525）早年曾做过华家的馆师，对于华家的事情亦是知之甚多，其跋文如下："昔吾乡陈先生子贞，当元之季，尝馆于无锡华氏。栖碧翁亲承指授，故其诗清妙绝尘，列于作者，迄今百有余年。而翁之诗则已入梓，传之四方，独此翁之子贞固所书，盖贞固亦学诗子贞者也。顺德以其先世手泽袭而藏之，可谓知所重矣。丁巳（1497）蜡月廿二日吴门都穆书。"下钤"都穆之印"白文方印、"虎丘樵人"白文方印。都穆是明中叶著名学者与藏书家，并不以书法见长。他的跋文字体端庄，笔划疏朗，布局规整，书写一丝不苟，与唐寅《风木图》卷（纸本墨笔，纵 28.2 厘米，横 107 厘米，故宫博物院藏）后的都穆题跋书风基本一致，前者为楷书，中规中矩；后者为行书，自然老辣，说明二者写作时间相差较远。但是都穆存世的书画题跋较多，整体书风保持了一致。都穆的题跋对象，绝大部分属于同时期活跃在吴地的书画家，只要被题跋的作品为真迹，那么他的跋文一般亦为真。

"画中九友"之一的邵弥跋文："黄杨集著之者为华栖碧先生，书之者为栖碧之子贞固先生。题识者则有钱鹤滩、唐子畏、祝希哲、文徵仲、杨君谦、都玄敬诸先生，真华氏之天球银瓮也。自元季迄今垂三百年，其间世运之迁斥，俗尚之浇淳，人心之真伪，不知其几，而子孙之贤不肖，又不知其几。此集岿然独存，披玩之余，先辈文章品艺溢于心目，夫岂寻常书画之可比拟哉？秦氏子双读书好古，悟赏是集，不轻示人，乃以其外舅燕超先生为栖碧后裔，俾予识而归之，令世守勿失，真仁人君子之用心哉。崇祯岁舍丁丑（1637）孟陬廿又七日，瓜畴邵弥题于颐堂"，下钤"邵弥"朱文方印、"僧弥"白文方印。邵文说《黄杨集》明末在无锡秦子双处，后赠华氏后人华凤超，多次的辗转流传使其多发感慨情怀。邵弥并不以书法见称于时，多被画名所掩，他的书法多以楷书行世，且书风始终保持一致。单个字结体修长，布局规整疏朗，捺划多有隶意，竖划多露锋，修长有飘逸之态，骨力内含，显示出浓郁的“柳体”气息，这种风格在邵弥的绘画款题中较为常见。

《黄杨集》册后的题跋一共有十八个，始自明中叶，终至民国，前后持续四百余年。其中清代以后的题跋者皆非书家，其跋文的文献价值远大于书法价值。而明代的题跋者则多为书画名家，依据衡山、子畏以及都玄敬等人的跋文，大抵上可以推断出这些跋文绝大部分作于弘治年间（1487—1505），尤其是衡山、子畏、枝山以及都穆的书法，都属于极早年的墨迹，而且有些书风与常见的墨迹尚有不小的距离。但是，做为真迹的华氏家族传家之宝的《黄杨集》，毋庸置疑提供了一个研究文徵明、唐寅、祝允明以及都穆诸家早期书法的详实文本，凸显出独特的书法史价值。

（原载于《中国书法》2019 年第 2 期）

# 注释

1. 祁承㸁，1563—1628年，字尔光，号夷度，又号旷翁，晚号密园老人等，今浙江绍兴人。明代著名图书馆学家、目录学家和藏书家。

2. 赵承中点校：《黄杨集》，苏州：苏州大学出版社，2018年，第8—14页。

3. 黄浩然：《华绎之旧藏文物捐赠图录》，扬州：广陵书社，2013年，第26—47页。

4. 黄炜均：《吴奕行书致吴宽尺牍》，《书与画》，2017年第6期，第10—15页。

5. 上海博物馆编：《中国书画家印鉴款识》（上册），北京：文物出版社，1987年，第178页。

6. 周道振：《文徵明集补辑》（卷二十四），上海：上海古籍出版社，2014年，第1330—1331页。

7. 王连起：《唐寅书画艺术问题浅说》，转引自《唐寅书画全集》，北京：故宫出版社，2016年，第21页。

责任编辑　章腊梅
执行编辑　金晓昕
装帧设计　李　文　谢先良
责任校对　杨轩飞
责任印制　张荣胜

**图书在版编目（CIP）数据**

闲居与雅玩 ： 明代吴地书画收藏世家研究 / 王照宇著. -- 杭州 : 中国美术学院出版社, 2022.5
（艺术鉴藏丛书 / 范景中主编）
ISBN 978-7-5503-2829-7

Ⅰ. ①闲… Ⅱ. ①王… Ⅲ. ①书画艺术－收藏－江南(历史地名)－明代 Ⅳ. ①G262.1

中国版本图书馆CIP数据核字(2022)第050669号

**闲居与雅玩**
**——明代吴地书画收藏世家研究**
王照宇　著

出 品 人：祝平凡
出版发行：中国美术学院出版社
地　　址：中国·杭州市南山路218号 / 邮政编码：310002
网　　址：http://www.caapress.com
经　　销：全国新华书店
印　　刷：浙江省邮电印刷股份有限公司
版　　次：2022年5月第1版
印　　次：2022年5月第1次印刷
印　　张：15.5
开　　本：787mm×1092mm　1/16
字　　数：280千
印　　数：0001—2000
书　　号：ISBN 978-7-5503-2829-7
定　　价：98.00元